本音のエコハウス

X-Knowledge

著　鎌田紀彦

はじめに

高断熱・高気密住宅（高断熱住宅）への関心がようやく高まってきている。住宅を建てようとしている人、リフォームを考えている人などは、ネットや雑誌で高断熱住宅のことを知ると誰しもが自分の家がそうなってほしいと願い、その一方で高断熱住宅にするにはどうしたらよいのかで考えたり、戸惑ったりしている人も多い。住宅建築を生業とする工務店、ハウスメーカー、設計事務所などの専門家たちは、そうしたユーザーに接することも増え、また国が2020年に住宅の省エネ基準義務化を打ち出していろいろな施策を実施し始めている状況のなかで、ようやく重い腰を上げ始めたり、あるいは生き残りをかけて真剣に取り組み始めたりしている。

私が北海道でいわゆる寒地住宅として在来木造住宅の高断熱住宅の最初の住宅をつくり、その構法マニュアルを公開してから、もう30年近くになろうとしている。高断熱住宅によって初めて冬の寒さから解放され、快適で省エネな住宅をつくってみて、このような住宅は日本中に普及すべきだと確信した。私は学生時代11年も東京に暮らし、東京の家の、冬の寒さも体験していたからである。日本の住宅は不幸にして断熱材を施工してもそれがまったく効かず、寒い家のまま建設され続けてきた。冬は家の中も寒いのが当たり前で、暖房費を節約しながら寒さを我慢し、寒さを耐えしのいできた。暖房が「小」エネルギーで済ますことができたのは、こたつという極めて効率のよい採暖器具のおかげであろう。私はこの「小」エネルギーな暖房費を増やさずに家中を快適に暮らせる断熱レベルで家をつくり普及させていこうとしたのである。

高断熱住宅の技法はまた、住宅の設計自由度を高めてくれることも実感した。当時、北海道でも建築家と称される人たちが、気取って大きな吹抜けと大きな窓を持つ家をつくっていたが、そこには多額の設計料を払った施主が寒さに震える姿があった。しかし、高断熱住宅ではこうした空間をつくっても何の問題もなかった。ただ、小エネルギーな住宅の暖房費を増やさずに快適な全室暖房を目指すとなると、総2階のシンプルなデザインのほうが熱的にもコスト的にも有利で、往々にしてまるで倉庫みたいな箱の家と揶揄されたこともあった。これを打開すべく、カーポートや車庫、屋根付きのアプローチなどを配置するなどして外観のデザインに変化を付けたり、木の羽目板や真壁デザインの外装、内装も真壁の柱梁露し、プランも大きな吹抜けやオープンな間取りを採用、そして住宅には全室を快適に温める暖房システムを採用するなど、住宅の居住者の生活とそれを支える新しいデザイン、建築空間要素、建築構法、建築材料、設備機器などを多面的に開発してきた。私も住宅はデザインがよくなくてはならないと思い続けてきた一人なのである。

私はこうした住宅を、実験住宅と称しながら大学の研究室で学生諸君とともに設計し、現場では大工ともに施工し、竣工後は施主の生活を観察し、温湿度や暖房費を測定してきた。これらをいろいろな建築雑誌を通して積極的に紹介してきたつもりではあるが、建築雑誌に掲載される「建築家」と称される人が設計した住宅が、高断熱・高気密住宅になっているものは皆無という状況が続いてきていた。

最近、ようやく住宅建築設計に携わる人たちや建設を行う工務店の人たちが、真剣に高断熱住宅に取り組み始めた姿を見て、とても感慨深いものがある。ただ、ちょっと気になるのは、高断熱住宅に関する情報が膨大に流れるなか、明らかに間違いと思われる情報も少なくないことである。またさまざまな工法、納まり、材料、機器の選択には、納得がいかないものもとても多い。自分が絶対正しいとは言わないが、これまでの30年の間に、疑問点があれば研究室で実験し、実際の住宅で検証することを繰り返してきた私には、それらについて確信がある。私はこうした確かな情報の発信に心がけてきたのだが、当時は、高断熱住宅に関する情報密度が薄く、それに触れて理解してくれる人も多くはなかった。大きな混乱や間違った住宅、工法が蔓延してしまう前に、多くの人が間違った住宅を建てて後悔するよりも前に、多少とも私のこれまでの経験と知識を最新情報も含めご紹介したいと思う。

私は、新住協（一般社団法人新木造住宅技術研究協議会）の代表理事をしている。この団体は発足からすでに30年も続いている。私の信念として、高断熱の安くて良質な住宅を普及させることが活動の目的である。会員は中小工務店と設計事務所が中心に７５０社で、当初は東日本が中心だったが、今は西日本にも広がり今も増え続けている。私が10年以上前に提案したＱ1.0住宅は、省エネ基準住宅に比べて暖房エネルギーを半分以下にする高断熱住宅であるが、会員各社の手によりすでに５０００棟を越えている。こうした住宅の建設を通して、今も構法技術、住宅デザイン、コストダウン手法を開発し続けている。

私は日本の住宅を、冬は寒いのが当たり前の世界から暖かくて省エネが当たり前の世界に変えていきたい。住宅の基本性能として最も大事なことはやはり耐震性能などの構造強度だと思う。次に大事なことは、断熱性能であり快適な環境をつくる手法だと思う。そのための高断熱住宅である。高断熱住宅の工法は耐久性の問題もほぼ解消する。耐震性能は大地震が来て初めてそのありがたみを実感できるが、熱性能は毎日の生活の中で実感し、生活そのものを変えていくことができる。もちろん住宅デザインもとても重要だが、この性能を満足していないデザインは何の意味もないと思う。断熱レベルをどのくらいにするかは議論の分かれるところであろう。厚い断熱の住宅を断熱オタクと軽蔑する向きもある。

国が、省エネ基準義務化を打ち出したことはとても大きいことだが、省エネ基準レベルで断熱をよかれとしないで欲しいと思う。省エネ基準レベルでは快適な寒くない生活を始めると、寒さを我慢してきた小エネルギーな暖房エネルギーが、北海道を除く全国で1.5倍にも増えてしまう。平成11年の次世代省エネ基準から20年近く経過し、その間の断熱建材の進歩はとても大きいにも関わらず、義務化されると言われる省エネ基準は20年前の次世代省エネ基準とレベルはまったく同じである。言い換えれば、進歩した断熱建材・設備を取り込むことで、より高性能なＱ1.0住宅を容易につくれるようになっている。こうした住宅を最近は「エコハウス」と呼ぶことが多くなってきているようだ。名前はどうでもよいのだが、「エコハウス」が日本の住宅として普通になる日を待ち望んでいる。

鎌田紀彦

CONTENTS

はじめに …… 002

第1章 日本の住宅を大きく変革した高断熱住宅 …… 007
01 日本は小エネルギー大国？ …… 008
02 日本とヨーロッパの暖房文化の違い …… 010
03 現代日本のスカスカ住宅の実態 …… 012
04 高断熱・高気密住宅の登場 …… 015
05 スカスカ住宅と高断熱住宅の比較 …… 021
06 高断熱・高気密住宅の成り立ち …… 029

第2章 結局、断熱は何をどう施工すればよいのか …… 043
01 住宅省エネルギー技術講習会の怪 …… 044
02 充填断熱工法の開発と改良の経緯 …… 046
03 ボード気密による新しい標準断熱工法 …… 048
04 壁105㎜断熱でどの程度省エネが可能か …… 052
05 暖冷房エネルギーはどのくらいになるか …… 055
06 安くて施工しやすいQ1.0住宅をつくる …… 059
07 安くて質の高い断熱・耐震リフォーム …… 062
08 耐震性の低い住宅を効率的に耐震改修する …… 071
09 外張り工法の問題点 …… 078
10 外張り工法の火災で何が起こったのか …… 080
11 外張り工法の開発経緯と問題点 …… 087
12 問題の多い防火構造の認定制度 …… 091

第3章 気密・換気はどこまでやればいいのか …… 093
01 日本に高気密住宅は必要なのか？ …… 094
02 住宅の隙間はどこにあるのか …… 098
03 住宅の気密性能はどれだけ必要か …… 102
04 換気回数0.5回／hは本当に必要か …… 105
05 計画換気という嘘 …… 108
06 熱交換換気はC値で省エネ性が変化 …… 112
07 パイプファン換気はフードで決まる …… 115
08 第3種換気とパッシブ換気を使いこなす …… 118
09 熱交換換気システムを賢く選ぶ …… 122
10 換気と一次エネルギー消費量の関係 …… 126

第4章 お金をかけずに燃費を半分以下に抑える …… 129
01 燃費半分で全室暖房を …… 130
02 U_A値では省エネ性を評価できない …… 132
03 暖房エネルギーはどう計算するのか …… 137
04 暖房エネルギー計算はQPEXで簡単に …… 140
05 燃費半分のQ1.0住宅とは …… 143
06 暖房エネルギーの減らし方 …… 146

07 まずは換気の熱損失を見直す……154
08 窓は熱損失と日射取得で考える……158
09 断熱で床・壁・天井の表面温度が変わる……163
10 安価に熱損失を小さくできる床断熱……166

第5章 快適でローコストな暖房を実現する……169
01 高断熱住宅の快適性は暖房設計が左右する……170
02 一般住宅の寒さと高断熱住宅の暖かさ……172
03 高断熱住宅の熱損失と暖房負荷……176
04 ローコストで快適な暖房方式を求めて……180
05 床下温水放熱器による床下暖房……195
06 FFストーブによる床下暖房……199
07 Q1.0住宅ならストーブ1台暖房が復活できるか？……204
08 壁掛けエアコン・ダクトエアコンによる床下冷暖房……206
09 高断熱住宅はサバイバル住宅になる……214

第6章 暑すぎる夏をどうやって快適に過ごすか……217
01 西日本の夏の猛暑にどう対処すべきか……218
02 冬は一様に寒いが、夏の暑さには地域性がある？……220
03 断熱を厚くすると冷房負荷が増加？……224
04 夏中全室冷房の冷房費はいくらか？……227
05 日射遮蔽は意外と難しい……230
06 風がなくても通風が起きるように通風計画は断面で考える……233
07 エアコンが止められない西日本の夏の夜……236
08 壁掛けエアコンだから冷房病になる……239
09 エアコンによる床下暖房と床下冷房……242
10 ダクトエアコン全室暖冷房システム……246

第7章 間違いだらけの日本の省エネ政策……249
01 省エネ基準義務化とZEH政策の関係……250
02 ZEHとQ1.0住宅どっちがえらい……252
03 試行錯誤する経産省主導のZEH……254
04 WEBプログラムの不思議な内実……256
05 WEBプログラムの詳細……261
06 WEBプログラムの過大な暖冷房費……266
07 設備の消費エネルギー……269
08 全室暖房で住宅性能を評価しないわけ……276
09 義務化するなら基準を明快にすべし……280
10 結局省エネ基準はどうあるべきか……282

用語索引……285
おわりに……287

デザイン：マツダオフィス　DTP：シンプル　印刷：シナノ書籍印刷

第1章

日本の住宅を大きく変革した高断熱住宅

寒さに震え耐え忍ぶしかなかった日本の住宅、20 〜 30年の耐久性しかなかった日本の住宅が、高断熱・高気密住宅の登場によって大きく変貌した。実際の暖房エネルギーの変化などでその省エネ効果を分析するほか、高断熱・高気密住宅の技術上の肝である気流止め、気密化の手法についても解説する。

01 日本は小エネルギー大国？

日本の住宅における暖房エネルギー消費は、欧米諸国と比べて極めて少ない（北海道や東北の寒冷地域を除く）。したがって住宅の省エネは、暖房以外のエネルギーを中心に推進すべきであると、国は考えているらしい。その根拠としてしばしば登場するのが、図1のようなグラフである。東京大学の前真之先生の著書『エコハウスのウソ』（日経BP社刊）にも、国土交通省が作成したと思われる同じようなもう少し新しいデータが掲載されている。ここで、前先生の言葉を引用させていただくと、「建物はスカスカで熱ロスが多いのに不思議な話だが、何しろ日本人は暖房の仕方がつつましい。欧米のような**全室連続暖房***なんてもってのほか。コタツやストーブで必要な部屋を必要な時だけ暖房する『部分間歇暖房』が一般的なので意外と暖房エネルギー消費量は少なく抑えられてきた。建物性能ではなく『忍耐』で省エネしてきたのが日本人なのである」。

確かに、図1を見ると日本の暖房エネルギーは欧米に比べて極端に小さく、そのほ

* **全室連続暖房**：家全体を24時間連続で温める暖房方式のこと。必要な時間だけ暖房する間歇暖房に比べて暖房費は増えるが、暖房時間の比率ほど増えるわけではない。就寝時の温度設定を下げたり、暖房を止めたりする場合も、広義には含まれる。

かの給湯や照明のエネルギーがイギリスやドイツに比べてかなり大きくなっている。これは、入浴習慣の違いや、日本人は明るいのが好きで、欧米は家の中をあまり明るくしないとかいわれて、何となく理解できる。この日本の暖房エネルギーが急速に増えだしていて、これに対処すべく打ち出されたのが1999年の**次世代省エネ基準**＊であり、それから15年近く経てようやく打ち出された平成25年省エネ基準なのだが、この基準がそのまま2020年には義務化されるといわれている。これらの方策の本気度が余り感じられないせいで、これで日本の住宅の省エネが大きく推進するかといえば、私はそうは思われない。高断熱住宅の登場で、ようやく冬の寒さから脱却できそうな今、日本人は『忍耐』を捨て、快適さを求めて本格的な暖冷房が始まり、暖冷房エネルギーは増加し、ジリジリと住宅全体のエネルギー消費は増え続けるだろうと考えている。

図1　一世帯当たり用途別エネルギー消費

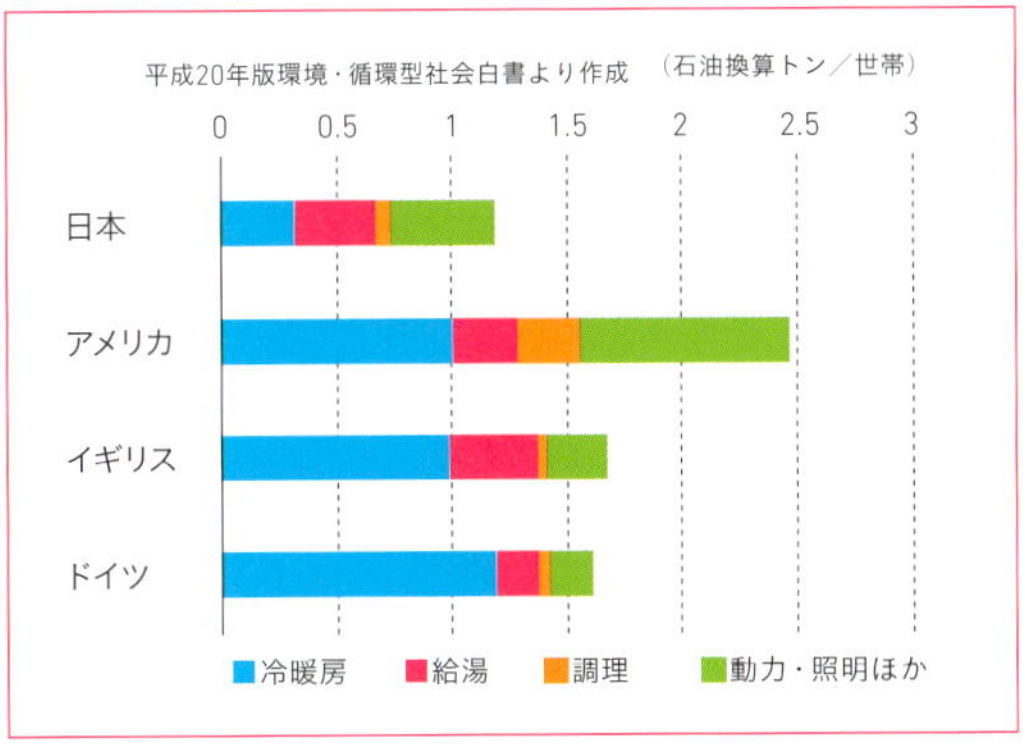

＊**次世代省エネ基準**：1999年（平成11年）に改正された住宅の省エネ基準。平成11年基準ともいう。その後何度か改正された省エネ基準だが、基本的には次世代省エネ基準と断熱性能などの面では大きく変わらない。この基準以降、住宅の気密性が上がり、断熱性能も施工した断熱材の厚さに応じて発揮されるようになった。

02 日本とヨーロッパの暖房文化の違い

なぜ、日本人は「忍耐強く我慢強い」のか。同じ人間でそんなに違うはずはない。これについてもう少し考えてみたい。

ヨーロッパの住宅は古くから、漆喰やモルタルで目地をふさぎながらレンガや石を積み上げる構造である。また、組積造のため幅の広い窓は構造的に造りにくく、幅の狭い窓に開き形式の建具が納まる。気密性の高い建物になるのは必然である。このような住宅のなかで煮炊きをするには、煙突を設ける必要がある。また、煙突があるので、暖炉によって部屋を暖めるようになった。気密性の高い住宅で、ストーブや暖炉を炊きながら調理や暖房を行うと、冬は結露だらけになってしまう。そこでヨーロッパでは、湿気を排出することが換気の第一の目的になった。**熱交換換気***でも水蒸気は交換せずに外に排出する顕熱型が大半なのも、これが理由である。

他方、日本の住宅は木と土と紙でつくられているため隙間だらけである。冬の寒さに対処する工夫はほとんどなく、囲炉裏や火鉢、コタツの周囲に集まって暖をとるし

***熱交換換気**：住宅は換気することで、空気と一緒に熱も外に排出されるが、これが大きな熱損失になる。そこで、この熱を使って外気（新鮮な外部の空気）を温めることで、熱を回収する熱交換換気設備がつくられた。熱と一緒に排出される水蒸気を回収する全熱型、そのまま水蒸気を排出する顕熱型がある。

かなく、夜は寝室に全員が身を寄せ合って寝るしかなかった。囲炉裏や、かまどの煙は天井裏に抜ける構造で、せいぜい屋根の高い場所に煙出しが設けられる程度で、煙突のようなものは生まれなかった。

つまり、ヨーロッパの冬は部屋を暖める暖房の文化であり、日本の冬は火の周りに身を寄せる採暖の文化といえる。これが、現代になってヨーロッパでは、気密性の高い住宅の中で排気ガスを出す暖房器具は使えないことから、煙突式の温水ボイラーによる全室連続暖房が普及し、日本では開放型ポータブルストーブによる**部分間歇暖房***が普及したと思われる。そして「コタツ」という日本独特の超省エネ型採暖器具と併用する暖房方式になった。これが日本の暖房エネルギーが欧米に比べて極端に少ない背景となっていると思われる。こうした日本の室内環境も、近年変わりつつある。高断熱・高気密住宅によって快適な冬の生活が可能であることが次第に認知され始め、さらに、ヒートショックによって脳・心臓疾患が引き起こされることが多いことが知られるようになり、健康志向の日本人の住宅感が変わり始めたのだ。こうして日本の暖冷房エネルギーはいま増え続けている。これを抑制するには、徹底的な実効ある住宅の省エネ構造化によって対処するしかないのである。

＊**部分間歇暖房**：家全体ではなく、部屋ごとに暖房を付けたり消したりする暖房方式のこと。日本の大半の住宅ではこの方法で冷暖房が行われている。建物の断熱性能が低くても、暖房費を抑えることができるが、快適性には劣る。

03 現代日本のスカスカ住宅の実態

日本でも昭和30年代後半から灯油のポータブルストーブが普及しはじめ、部屋を温める暖房が始まった。1973年（昭和48年）の石油危機を受けて'79年（昭和54年）に**省エネ法***、'80年（昭和55年）に**旧省エネ基準***が制定され、日本の住宅には50㎜厚以上の断熱材を施工することが義務づけられた。この断熱材がある程度効果を発揮していれば日本の現代住宅と、その中での生活も大きく変わったと思うのだが、実際は体に感じるほどの効果は発揮されなかった。その理由は日本の在来軸組構法の構成が原因となり、断熱材がほとんど効果を発揮できなかったことと、それに対してきちんと効果が出る施工法が採用されなかったことにある。

図2に示すように在来木造工法は壁の空洞部が床下と天井裏につながる構成である。元々は土壁で壁に空洞部はなかったのだが、戦後合板や石膏ボードなどの新建材が普及するにつれ間柱工法に変わり、この空洞が生じた。欧米で普及した、壁内の空気層が密閉構造となる枠組壁工法とは大きな違いである。この空洞部に断熱材を施工

***省エネ法**：オイルショックによって、あらゆる分野でエネルギーに関する規制が設けられた。建築分野では、大規模建築物に限定されたが、翌年の1980年（昭和55年）の省エネ基準で住宅にも断熱性能に関する基準が設けられた。

図2　在来木造工法に発生する気流の流れ

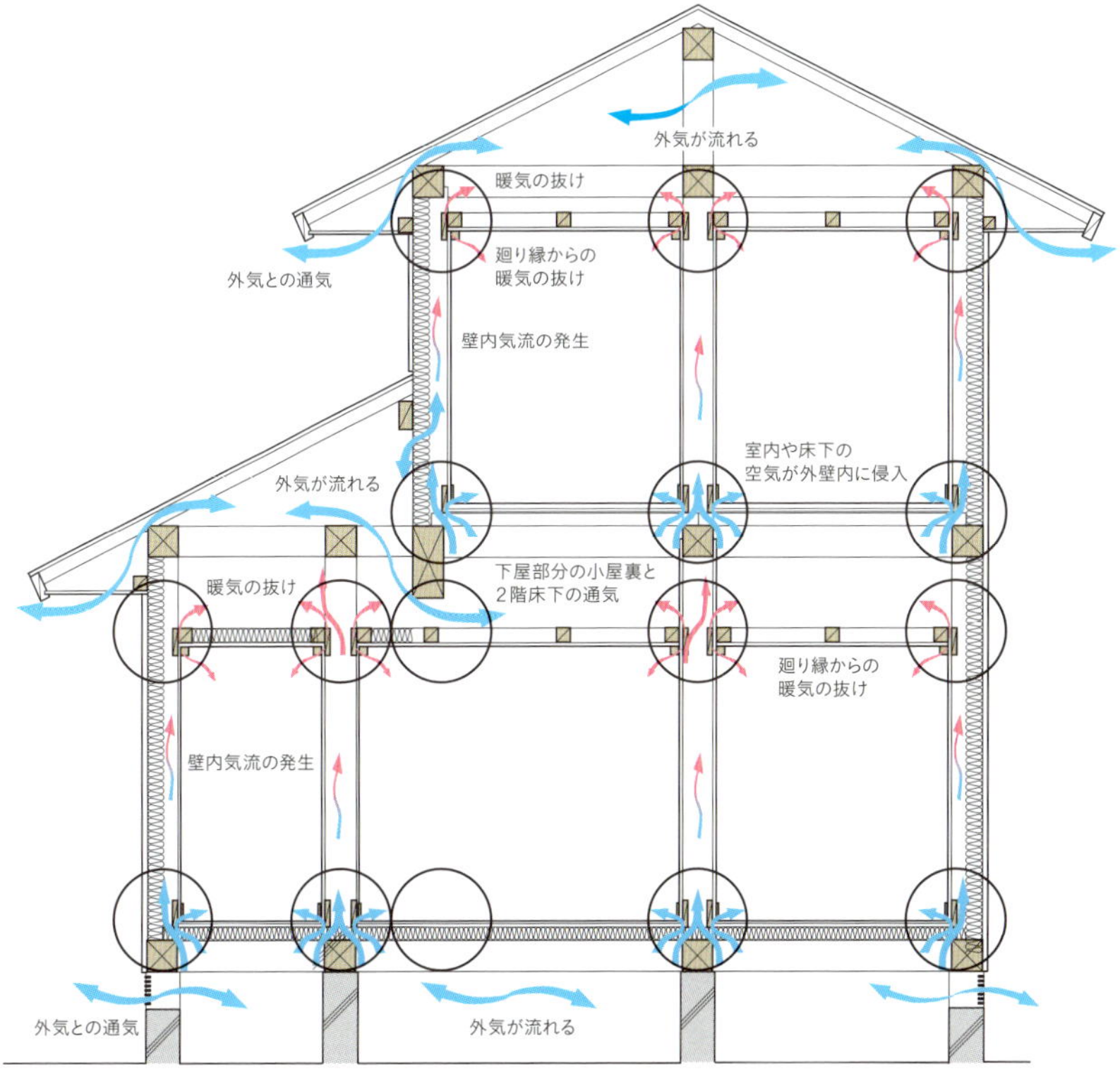

冬の間、居間、食堂、台所はストーブなどで暖房するのが一般的である、この熱や室内で発生する熱、日射熱で室温は上昇する。同時に壁の中の空気も温められる。このため、壁内の空気は上昇気流となり天井裏に抜ける。これにより床下の冷たい空気や室内の温かく湿った空気が壁内に吸い込まれ、冷気流が生じる。この冷気流が断熱材の内側を通過するため、断熱材が効かなくなる一方で、天井裏に大量の水蒸気を運び、小屋裏結露を生じる。

＊**旧省エネ基準**：1980年（昭和55年）に施工された住宅における最初の省エネ基準。壁に断熱材を入れることが明記されるなど、住宅業界全体が住宅の断熱について考える契機となった。住宅性能表示制度の断熱性能等級2に当たる。

するにあたり、室内側の下地である胴縁という極めて日本的でていねいな工法があだとなって、断熱材を室内側の壁面に密着して施工することができなかったのである。当時の断熱材メーカーの施工マニュアルには、欧米の工法を鵜呑みにして室内面に断熱材を密着する工法が示されていたが、現場の大工には不可能な工法であった。

したがって、当時の木造住宅の大半に、断熱材の室内側に空洞が生まれ、暖房の熱で温められた壁内の空気が上昇気流となり、床下の冷たい空気を壁内に引き込んでしまい、断熱材はその効果を発揮しなくなったのである。また、幅木、廻り縁、額縁廻りに生じる隙間はすべて壁内を通じて外部につながるため、住宅は平均1.5回／時の自然換気を生じる極めて気密性の低い状態にもなった。省エネ基準住宅といっても、断熱性能がほとんど期待できない住宅だったのである。

その後、日本の省エネ基準はひたすら断熱材を厚くするように仕様変更されていったが、気密や**壁内気流***の問題を根本的に解決しないできたため、実質的な断熱性能はほとんど向上しなかった。

＊**壁内気流**：住宅を暖房すると壁内は煙突効果により上昇気流が発生するが、この上昇気流によって断熱性能も著しく低下してしまう。そのため、この気流が発生しないように壁の上下を木材や袋入り断熱材などで塞ぐ必要がある。

04 高断熱・高気密住宅の登場

日本で最も寒い地域の北海道では、1973年（昭和48年）の石油危機以降、木造住宅に施工される断熱材の厚さが急速に厚くなった。10年位の内に約3倍にもなったのであるが、省エネ化や快適化といった効果はほとんど実感できなかった。それだけではなく断熱材が厚くなると同時に外壁内部や床下、天井裏で多量な結露が生じ急速な木材腐朽が起こったのである。こうした状況を打開すべくいろいろな実験、研究を行い、私たちは1984年にグラスウール充填工法の高断熱・高気密工法を提案した（図3）。時系列で考えれば1980年（昭和55年）の旧省エネ基準ではこれらの問題は解決されていないのは当然であろう。

この工法は在来木造工法に対して次のような改善を行ったものである。

❶壁の上下に**気流止め**＊を設け、冷気流の発生を抑える
❷室内側の見え掛かりの細かい隙間が壁内などを通して外部につながらないように、隙間を防ぐための気密層を設ける

＊**気流止め**：壁内に発生する上昇気流を抑制するために、壁の上下を塞ぐこと。剛床工法の普及によって床一面に合板を張るようになったため、以前に比べて気流止めが容易になった。もちろん、それでも隙間ができる場所はあるので、壁の上下はしっかりと塞ぐようにしたい。

❸内部結露を防止するための通気層を設ける

工法の詳細は後で述べるが、その効果は著しいものであった。断熱材の性能がきちんと発揮され、住宅の熱性能は初めて計算どおりになった。木材腐朽もほとんど防ぐことができるようになった。ただし気密性が向上したことで、自然換気では換気量が不足するため、**24時間機械換気**＊が必要になってしまった。それでも、気密化による熱損失低減はそのデメリットをはるかに上回る効果があり、これを私は高断熱・高気密住宅と名付けた。これがこうした住宅の日本における初登場である。

高断熱・高気密住宅（以下、高断熱住宅）は、ヨーロッパのような全室連続暖房を最初から目指し、それでも暖房エネルギーが増えることがないように、必要な断熱厚さや窓構成を備え、快適で健康的な生活と省エネ性を両立させることを目指した。なお、高断熱住宅の仕様が平成11年の次世代省エネ基準に組み込まれたのはよかったが、同基準が温暖地に対しては部分間歇暖房を前提にしていたためか、北海道以外の地域の性能値が低く設定されてしまい、本州以南では全室暖房を行うと増エネになるようになってしまった。（図4）

高断熱住宅は、これまでの日本の伝統的な隙間だらけの家とは異なり、ヨーロッパ的な気密住宅の木造版を目指したものである。気密住宅で暖房しない閉め切った部屋

＊**24時間機械換気**：シックハウス症候群が社会問題化したことを受けて、2003年の建築基準法の改正で義務付けられたもの。1時間で0.5回、つまり家中の空気の半分が入れ替わるように設定されている。

図3　気流止めしていない壁と気流止めした壁

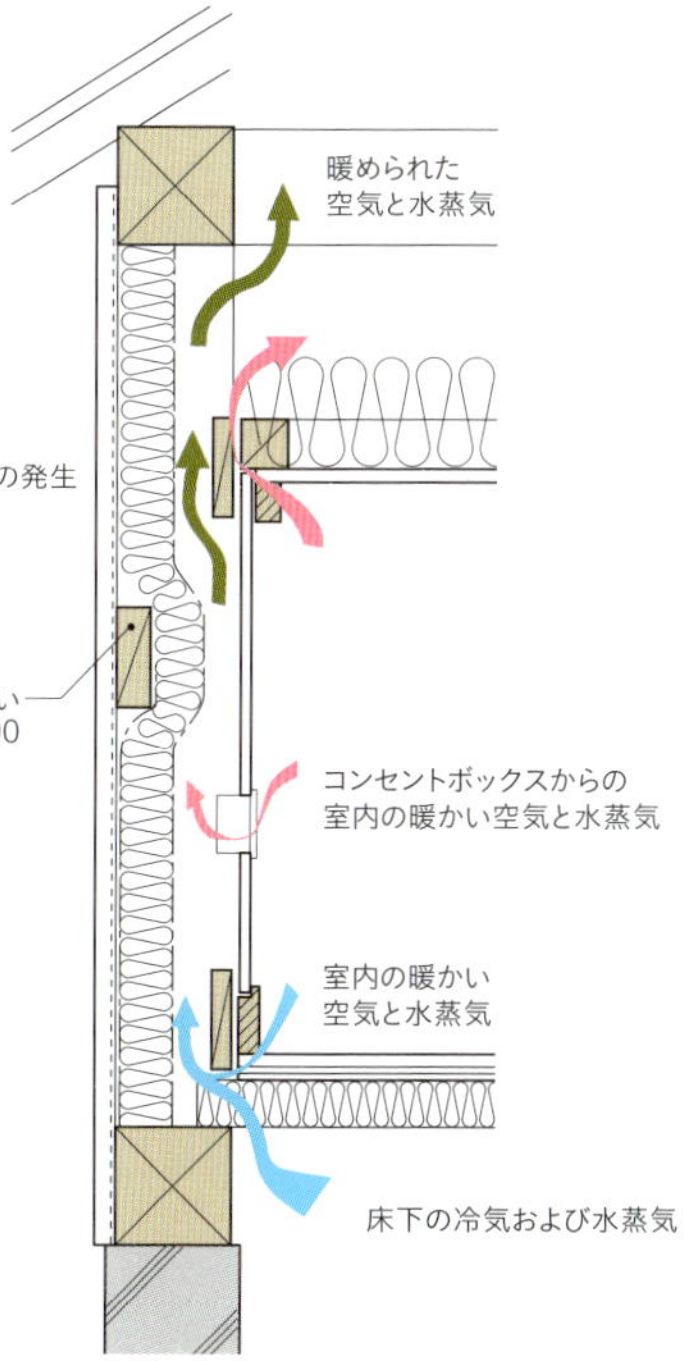

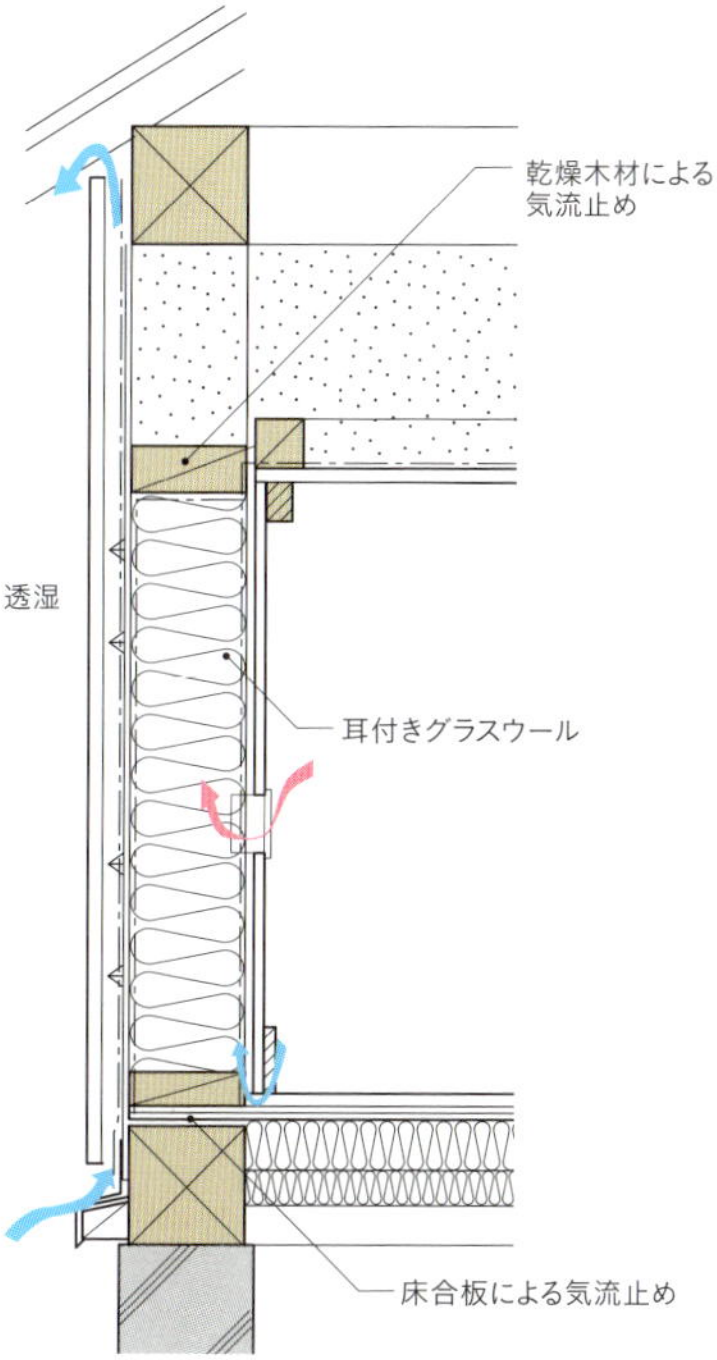

13頁の図の外壁部分を拡大した。かつて日本中で施工されていた50mm厚のグラスウールは、壁の外側に施工されることがほとんどで、グラスウールの内側を冷気が走るため断熱材があまり効かない。しかも気流止めがないため壁内に大量の水蒸気が流れ込み、壁内結露や小屋裏結露を生じる。

壁内の気流を止めるため、壁の下部は大引や土台、必要に応じて根太を入れ、それらを同面で揃えたうえに合板を床全面に張り、壁上部は柱間に木材を渡すなどして壁の上下を塞ぐ。これで断熱材はしっかりと効き、壁内に侵入する水蒸気は激減する。

があると、その部屋の湿度が高くなり結露の危険が増してしまう。そのため、ヨーロッパでは一定以上の温度で家全体を保つ全室暖房が普及した。高断熱住宅と全室暖房は切っても切れない関係であり、全室暖房を行ううえでは一定程度の断熱性能の確保が必須なのである。したがって、国の意図する温暖地では部分間歇暖房という考え方は、高断熱住宅ではとるべきではないし、取れないのである。

全室暖房という話となると、当時も関東以西のほうにはどうしても贅沢というイメージがあったようだ。しかし、寒冷地ではそういう意見は少なく、全室暖房について歓迎されこそすれ、贅沢という声はなかった。暖房費はこれまでとは変わらずに家中が快適になったためである。私は北海道の大学に勤務していたし、盛岡生まれで現在は仙台に住んでいるが、学生時代に約10年間東京で暮らした印象としては、東京の冬もかなり寒い時期が長く、全室暖房は日本中で歓迎されるであろうと確信していた。

しかし、24時間家中隅々まで20℃に保つのはやはり多少贅沢であろうということから、全室暖房では、生活時間帯は暖房で20℃を維持し、就寝時は暖房を止めておくと朝は15℃ぐらいまで下がるというパターンを前提とした。また、物置などは15℃くらいに保つようにした。高気密住宅では、締め切って暖房しない部屋でも結露を防ぐために一定以上に温度を保つ必要があったのである。この状況をシミュレートするに

図4　省エネ基準住宅の全室暖房時の 暖房灯油消費量

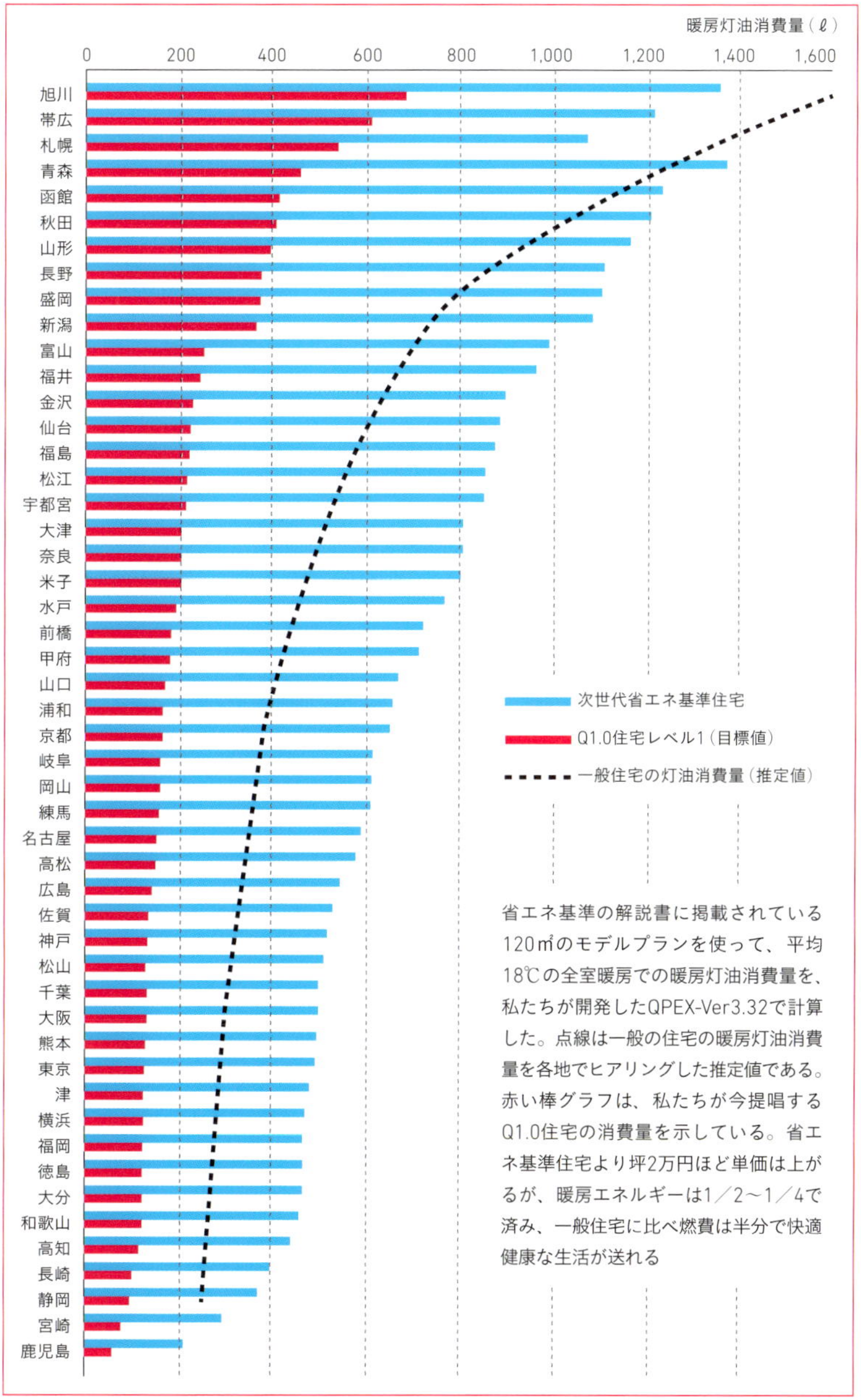

省エネ基準の解説書に掲載されている120㎡のモデルプランを使って、平均18℃の全室暖房での暖房灯油消費量を、私たちが開発したQPEX-Ver3.32で計算した。点線は一般の住宅の暖房灯油消費量を各地でヒアリングした推定値である。赤い棒グラフは、私たちが今提唱するQ1.0住宅の消費量を示している。省エネ基準住宅より坪2万円ほど単価は上がるが、暖房エネルギーは1／2～1／4で済み、一般住宅に比べ燃費は半分で快適健康な生活が送れる

は、家全体が平均18℃で計算するとだいたい合うようで、実際に暖房エネルギーの実測値と計算値はかなりよく合っていた。もちろん最近は夜も20℃に設定する人が結構多く、その場合は10〜20%暖房費が増えることとなる。

やがてこのような住宅が、北関東や甲信越でも建設され、贅沢という声はやはり聞かれなかったし大いに歓迎されてきたという。その後、より南の関東、関西でもつくられたが、反応は同じであった。しかし、国はそうは考えなかったようである。温暖地では全室暖房は贅沢で日本人はそのような生活はしないであろうという前提の元に、20年前の次世代省エネ基準を中途半端なレベルで決め、増エネにしかならない高断熱住宅を大量につくり、そしていまもそれと同じレベルで2020年に義務化しようとしている。

05 スカスカ住宅と高断熱住宅の比較

これまで、日本における省エネルギー住宅に関する議論や研究論文のなかでは、昭和55年の省エネルギー基準住宅（S55住宅）と、平成4年の**新省エネ基準**＊住宅（新省エネ住宅）、そして平成11年の次世代省エネ基準住宅（次世代省エネ住宅）の3つのグレードで論じられることが多かった。それぞれの住宅の熱性能を計算値として設定しその住宅の特性を論じるのだが、前述のようにS55住宅と新省エネ住宅は、実際にはまったく断熱性能が出ていないので、計算通りの住宅はほとんど存在しないことになり、何を論じているのかまったく分からない話になる。

ちなみに新省エネ住宅で初めて高断熱・高気密工法が規定されたのだが、義務づけられたのは北海道だけで、本州では高断熱・高気密工法であれば断熱材は薄くて済むという規定となったため、面倒な新工法はほとんど選択されず、断熱材を厚くすることが選択され、その断熱性能はほとんど向上しなかった。

次世代省エネ住宅でようやく住宅は計算どおりの性能をもつに至ったのであるが、

＊**新省エネ基準**：1992年（平成4年）に改正された省エネ基準。初めて気密住宅という呼び方の仕様が取り入れられたが、必須とされたのは北海道のみで本州は断熱を厚くするか気密住宅の仕様で薄くするかの選択性となった。実際には気密工事が避けられ、気密工事の仕様はほとんど採用されなかった。

その後の基準改正で気密性能の規定がなくなってしまった。気密測定には手間もコストもかかるため、すべての住宅の気密性能を測ることができないことが理由であろうが、この気密性能基準があまりにも低すぎたため、気密性能は容易に確保されていることも理由になったようだ。実際に調べてみると、最近建てられた住宅の多く、特にいくつかの大手住宅メーカーの住宅の気密性能は、私が必要と思うレベルよりかなり低い住宅が多い。

昔、気密測定を私たちが始めた理由は、気流止めがきちんと施工され断熱性能が出ていれば、気密性能も高くなるという相関関係に注目したからで、気密性能が低く、基準を満たしていない住宅は、断熱性能も低いということがいえよう。

私たちが開発したQPEX*という暖冷房エネルギー計算プログラムには、そのような性能が計算どおり発揮されないスカスカの既存住宅の、全室暖房時の暖房エネルギーを計算する機能が備わっている。これは主に断熱改修による効果を推定するために用意されたのだが、これを使って部位別熱損失と暖房エネルギーを比較してみよう。関東以南の5～7地域を想定する。

❶スカスカの既存住宅：S55住宅相当（床・壁・天井：グラスウール10kg／m³ 50㎜厚）

❷スカスカの既存住宅：新省エネ基準住宅相当（床・壁・天井：グラスウール10kg／

＊QPEX：新住協が提供する熱計算プログラム。キューペックスと読む。EXCELのマクロを利用しており、項目を選択したり必要な数値を入力したりするだけで、暖房エネルギーなどの住宅の熱エネルギーに関する数値を算出できます。

m^{3}100㎜厚）

❸❶に気流止めを設置

❹❷に気流止めを設置

❺現行（平成25年）省エネ基準にU_A値をピッタリ合わせた住宅

❻グラスウール充填工法の標準的な現行省エネ基準住宅

❼**Q 1.0住宅***レベル1相当

❽Q 1.0住宅レベル3相当

の8種類のパターンで、部位別熱損失係数と平均温度18℃で連続全室暖房を行った場合の暖房エネルギーを図5に示す。開口部の設定は、❶～❹がアルミサッシ単板ガラス、❺～❻がアルミサッシ6㎜ペアガラス、❼～❽が断熱アルミサッシ16㎜アルゴンガス入りLow-Eペアガラスである。

❶❷は、気流止めがないため、壁内冷気流が生じ、外壁の断熱材はその計算値の1／5しか発揮されず、気密性能も低く換気は自然換気で1.5回／hという想定で計算している。この計算で既存住宅の全室暖房時の暖房エネルギー消費量は、実測値とかなりよく合うようである。

❸❹は❶❷に対して気流止めだけを施工する断熱改修を行った想定である。これに

＊**Q 1.0住宅**：キューワン住宅と読む。Qは熱損失係数（Q値）から来ており、北海道の次世代省エネ基準住宅で全室連続暖房とした場合の暖房費を半分に削減するのにおおよそQ値で1.0W／m^{2}K前後になり、本州各地でもQ値1.0台（2.0未満）となるためこう名付けられた。

よってグラスウールの性能が入っているぶんだけきちんと計算通りに発揮され、同時に気密性が向上して、換気の熱損失が小さくなったと想定している。図でも❶❷に比べて❸❹は、外壁と換気の**熱損失***が大幅に少なくなっている。❶❷に気流止めのみの改修を行うと、実際にこの程度は性能が向上する。実際には天井の断熱を増やしたり開口部の改修も行ったりするので次世代省エネ基準相当への改修は可能である。

❺❻の現行の省エネ基準住宅では、開口部の熱損失と天井床の熱損失が若干少なくなった程度で、開口部の占める割合がとても大きい。そもそも5〜7地域の開口部の基準が低くすぎることが分かる。何しろ高断熱住宅といっても、開口部は断熱サッシではなくアルミサッシに薄いペアガラスを入れただけで済むのである。

❼のQ1.0住宅レベル1では、この省エネ基準住宅に、開口部のサッシとガラスを強化し熱交換換気の採用を行っているだけである。私たちは、この仕様をこれからの省エネ住宅の標準として推進している。省エネ基準住宅に比べてかかる費用は坪1〜2万円で済む。後の暖房エネルギーの計算結果を見てもらえば分かるが、わずかな費用でこれまでの寒い住宅から暖房費は半減して、快適で健康的な生活が手に入るのである。

❽のQ1.0住宅レベル3では、レベル1に外壁の断熱厚を**高性能グラスウール***210

＊**熱損失**：室内の熱が、壁などからの熱伝導や隙間風などによって外部に流出すること。それを数値化したものが熱損失係数（Q値）である。

図5　住宅仕様別の部位別熱損失係数と暖房エネルギー（東京都練馬）

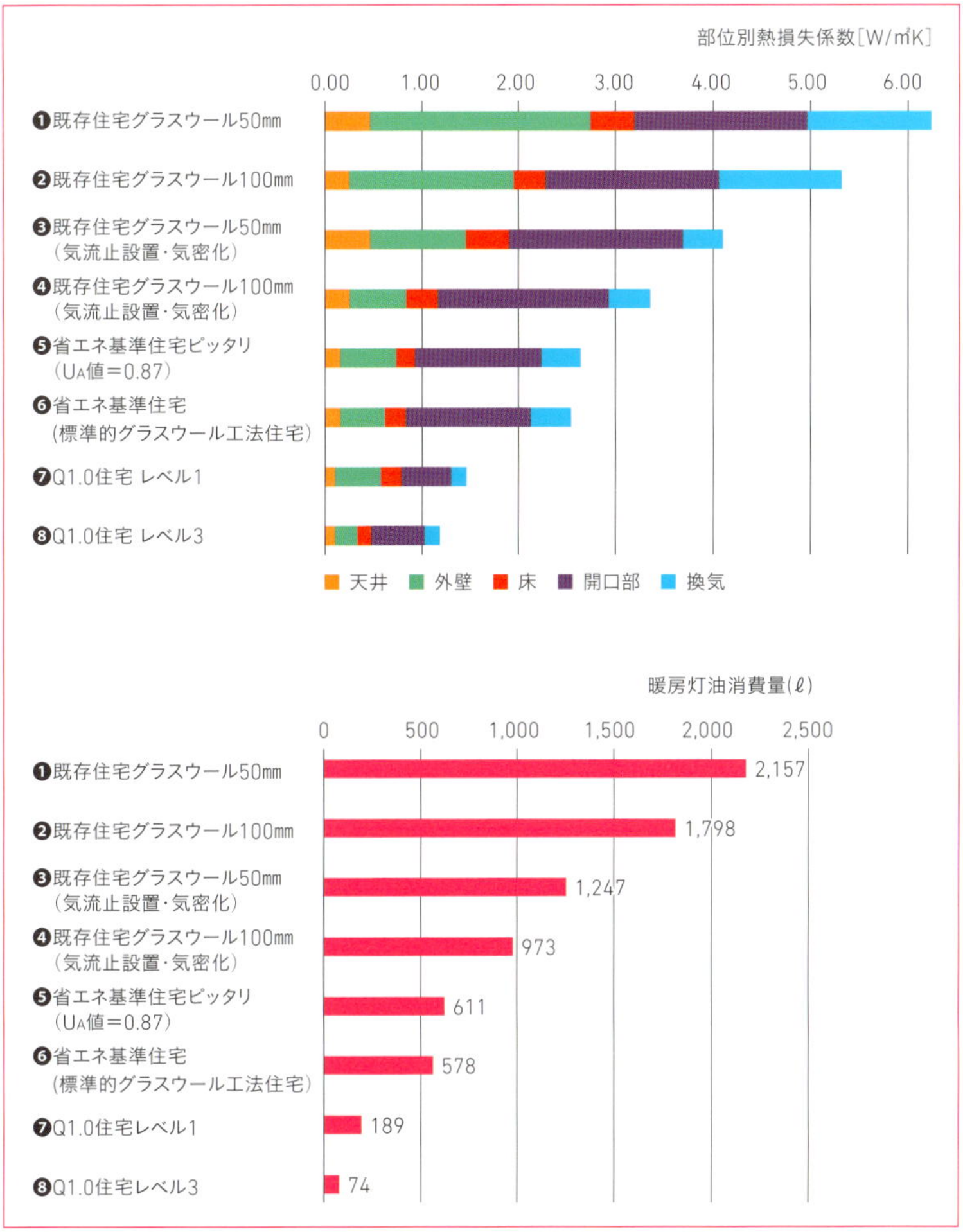

＊**高性能グラスウール**：従来のグラスウールに比べてガラス繊維が細く、そのぶん断熱性能が高くなっている。同じ16K表記でも、高性能グラスウールのほうが1ランク性能は高い。細繊維グラスウールともいう。

㎜に厚くしている。びっくりするような厚さだと驚かれるかもしれないが、この厚さは北海道では普通に行われているし、もともと外壁の熱損失の占める割合が大きいのでとても有効である。

問題は暖房エネルギーである。図5には、東京都練馬区での計算結果をグラフにした。スカスカ住宅は灯油2000ℓ程度、金額で十数万円が必要となり、これでは全室暖房をする気にはなれない。日本の住宅が部分間歇暖房に留まった一因であろう。❸❹では、❶❷の半分近くに減り、❺❻の現行省エネ基準住宅ではさらにその半分近くなる。これなら暖房費もそれほど負担にはならないので、全室暖房も可能であろう。

しかし、ここに大きな問題がある。部分間歇暖房で生活している東京に住む人の暖房エネルギーの目安は、灯油週1缶（18ℓ）程度、ひと冬で約400ℓ程度なのである。つまり省エネ基準住宅が義務化して、多くの人が全室暖房に近い生活を始めてしまうと、暖房エネルギーは約600ℓ、1.5倍にも増えてしまうことになる。もちろん、こたつにもぐって部分間歇暖房で生活していくぶんには国が目指す「省エネ」は実現するのだが、多くの人たちがこれまでの冬の寒さを改善して、快適なヒートショックのない生活を求めていることは確かである。

図6　5〜7地域の都市別・住宅仕様別の暖房エネルギー

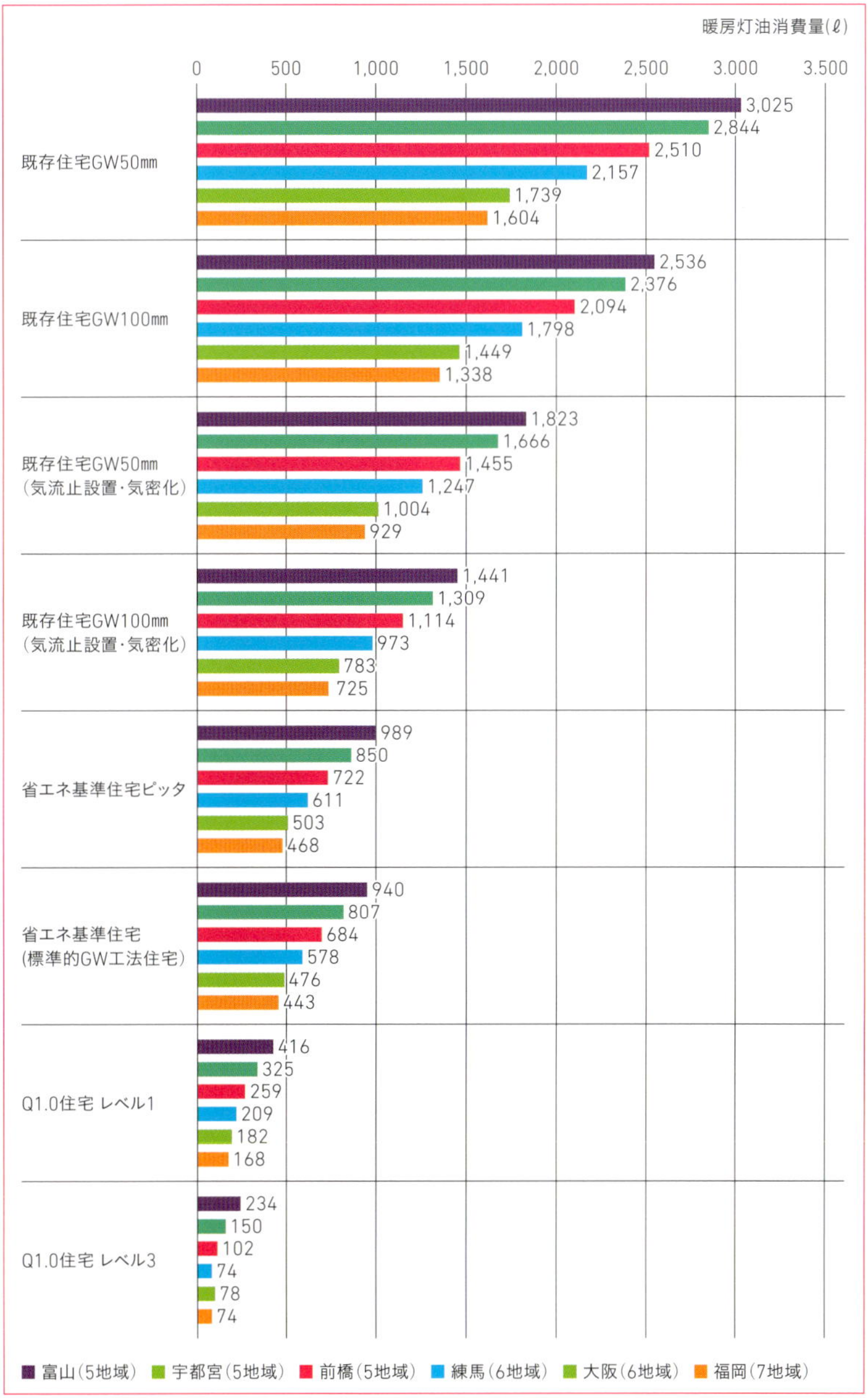

❼のQ1.0住宅では、一般のスカスカ住宅で、寒さを我慢して生活している暖房エネルギー（灯油約400ℓ）の半分以下（187ℓ）で全室暖房が実現する。これこそが私たちが目指している住宅である。このレベルの性能を義務化するのは難しいかもしれないが、省エネに対して少なからず意識をもって設計している皆さんは、せめて全室暖房を導入しても暖房エネルギーが増えずに済む高断熱レベルを目指して家づくりをする必要があるだろう。

❽では、外壁の断熱厚さを2倍にして、暖房エネルギーは74ℓとなる。このレベルは、もうほとんど**無暖房住宅**＊に近く、ほんとに寒い日だけ少し暖房するというレベルである。外壁の断熱厚さを2倍にするのにかかる費用は坪1.5万円ほどである。

図6には、5〜7地域のかなり寒い地域から九州までの代表的な都市の暖房エネルギーをグラフにした。Q1.0住宅 レベル1位の暖房エネルギーならば誰しも全室暖房の快適な生活を望むであろうと私たちは考えている。これに少しのコスト増でさらに半減し、もはや暖房のことを意識することなく生活するようになるのである。該当する地域の人はこれを見て、省エネルギー住宅の目指すレベルのあり方について、考えてほしいと思う。

＊**無暖房住宅**：暖房しなくても日射熱や生活で発生する熱だけで寒さを感じずに過ごせる住宅を指す。地域にもよるが冬にある程度の日射が見込めれば、断熱性能をかなり高めることで、無暖房で冬を過ごすことが可能になる。しかし、日射のない日が何日も続く場合などは、無暖房を維持するのは困難であり、何らかの暖房設備は設置する必要がある。

06 高断熱・高気密住宅の成り立ち

在来木造工法住宅を高断熱化するために、以下の3つの工法改善を行ったと述べた。

❶壁の上下に気流止めを設け、冷気流の発生を抑える
❷室内側の見え掛かりの細かい隙間が壁内などを通して外部につながらないように、隙間を防ぐための気密層を設ける
❸内部結露を防止するための通気層を設ける

これらは、いわば在来木造工法の断熱・気密上の欠陥を解決するための原理原則である。これらを実現する具体的な工法はいろいろ考えられる。しかし、重要なことは、この工法改良により、近年の日本の在来木造住宅で生じてきたいろいろな欠陥の多くも大幅に改善できたことである。例えば、基準法やいろいろな仕様書通りの小屋裏換気のための仕掛けを設けても、日本中の住宅で冬期間生じていた**小屋裏結露***の問題は、天井部の壁気流止めと防湿気密層の設置により解消した。同時に寒冷地での「すがもり」と呼ばれる現象も起こらなくなった。また、長い間、雨漏りが主原因と

＊**小屋裏結露**：冬期に室内の水蒸気が天井に漏れ出て、屋根下の野地板で結露する現象。小屋裏換気を行うことで防ぐことができるとされているが、実際は壁内の気流や天井の隙間などから大量の水蒸気が流入するため、それらの対策がなされていない住宅の大半で発生していると考えてよい。

されてきた壁内の木材腐朽には、**壁内部結露***というまったく別な原因を提示し、通気層工法によってこれを大幅に軽減した。さらにこの通気層工法は、防水工法としてもとても信頼性が高く、外壁材の耐久性も改善し住宅全体の耐久性向上にも大きく寄与している、住宅躯体全体を熱的にしっかり区分することにより、いろいろな水蒸気、水に関係する問題が解決したのである。

私たちが、これらの開発研究を行い、その成果を発表したのは30年も前のことである。これによる改良工法を私は当時から、いろいろな実験結果を基に論理的に説明し、工法を変えることを提案してきたのだが、行政がこれを取り入れるのには随分時間がかかった。今省エネ基準2020年義務化でようやくすべてが取り入れられることになろうが、最近の住宅技術系雑誌などで見られるいろいろな記事の中には、明らかな間違い、勝手にへりくつを並べた記事も多く見かける。ここで、もう一度この原理原則を立てるに至った実験結果を含めて紹介したい。合理的な技術、工法の展開を望むためでもある。

通気層工法と外壁内部結露

壁内部結露防止の研究に取り組み始めて、すぐ分かったのだが、壁内部結露の要因

＊**壁内部結露**：壁の内部に浸入した水蒸気が冷やされ結露する現象。壁の防湿・気密層が隙間なく施工されていても、壁内気流によって床下や室内からの湿った空気が吸い込まれ、壁内の外気側に大量の結露が発生する。

が多すぎて簡単には説明が付かないということだった。そこで、実大の実験建物を建て、その北側の外壁をいろいろな工法で施工し、室内を暖房し壁の中の湿度を測ったり、室内側から解体して内部の状況を実際に観察したりすることを始めた。2〜3年継続し、毎年異なる条件の壁を合計40種類ぐらい施工し、そのデータをとって、ようやく全貌が見えてきた。

図7は基本的な外壁のグラスウール50㎜断熱工法である。当時まだ**通気層工法***はなく、外壁はモルタルやサイディングで防水下地としてアスファルトフェルトを使用していた。グラスウールは10kg/㎥で、北海道は裸の100㎜厚、本州では耳付きの50㎜厚が使われていた。日本の住宅はほとんどこの条件に当てはまる。

在来木造は、軸組工法で、床は土台や胴差しに根太を乗せかけ、天井は野縁を梁から吊し、壁上部の横に留め付ける。このため壁内の空洞は床下、天井裏に開放された状況になる。こうした構成は、戦後合板や石膏ボードなどの面材が普及し、間柱工法になって始まった。戦前までは、貫と木舞による土壁工法でありこうした空洞はなかった。また欧米の枠組壁工法では、この空洞の上下は枠材で密閉されていることに留意されたい。この空洞部に、昭和40年代後半から、欧米から導入されたグラスウールなどの断熱材が充填され始めた。ポータブル灯油ストーブが普及し、部屋を暖房す

***通気層工法**：外壁通気工法ともいわれ、外壁下地に透湿防水シートを張り、その上に胴縁などを取り付けて、その隙間を通気層として活用する。外壁の隙間からしみ込んだ雨水を排出させる、壁内の水蒸気の排出を促すなどの効果があり、多くの住宅の外壁に採用されている。

るようになった時期である。室内を暖房すると、壁内の空洞部の空気も暖められ上昇気流となる。それにより、壁内には床下の冷たい空気が吸い上げられ、同時に室内の暖かい湿った空気が吸い込まれていく。こうして大量の水蒸気が壁内や天井裏に流入し、外気温が低いときは結露する。小屋裏換気量をいくら増やしても小屋裏結露は止まらず、また北面の外壁では、壁内結露は蓄積していく。この状況では、冷気流が断熱材の内側を流れることによって、断熱材はほとんど効かないことになる。また、気流によって隙間から室内の空気が吸い込まれるため、防湿層や、室内の壁仕上げ材の**透湿抵抗**＊には関係なく水蒸気が流入する。グラスウールは、この図のように外壁材側まで押し込むのではなく、室内側の石膏ボードなどに密着させて施工することがマニュアルには書かれているが、在来木造では室内側に横に胴縁を施工するためほとんどの住宅で、図のような施工が行われてきた。また、この結露により蓄積された水分は、その後、速やかに乾けばよいが、春〜夏には、北側の壁では日射もなく、また気流が生じるための温度差もなくなるため、乾燥が遅く、木材の腐朽が進行することとなる。

この壁内部結露を防ぐため、当時北海道で始まっていた通気層工法に、外からグラスウール内に冷たい外気が流入するのを防ぎ、同時に壁内の水蒸気を外に排出する

＊**透湿抵抗**：材料内の湿気（水蒸気）移動しにくさのこと。透湿抵抗値は（㎡・s・Pa）／ngで表される。壁内部結露を防ぐために、壁の内側は透湿抵抗値が高く、壁の外側は透湿抵抗値が低い建材で構成するのが望ましい。

図8　気流止めのない欠陥工法

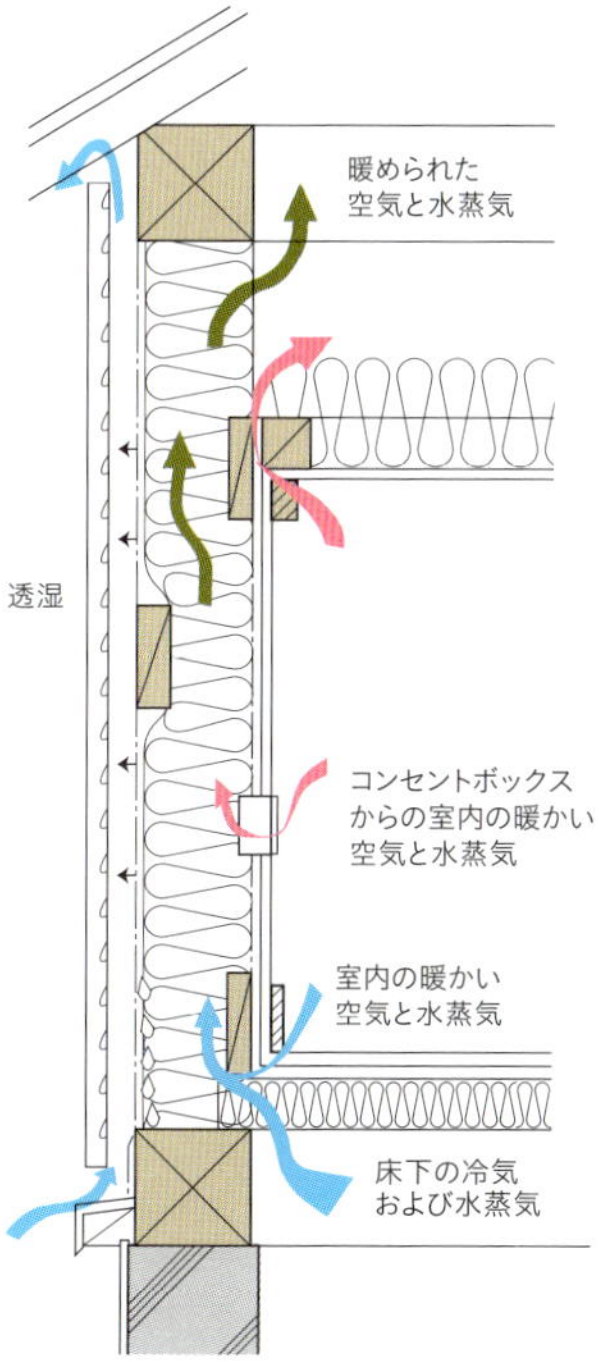

図7　グラスウール50㎜断熱

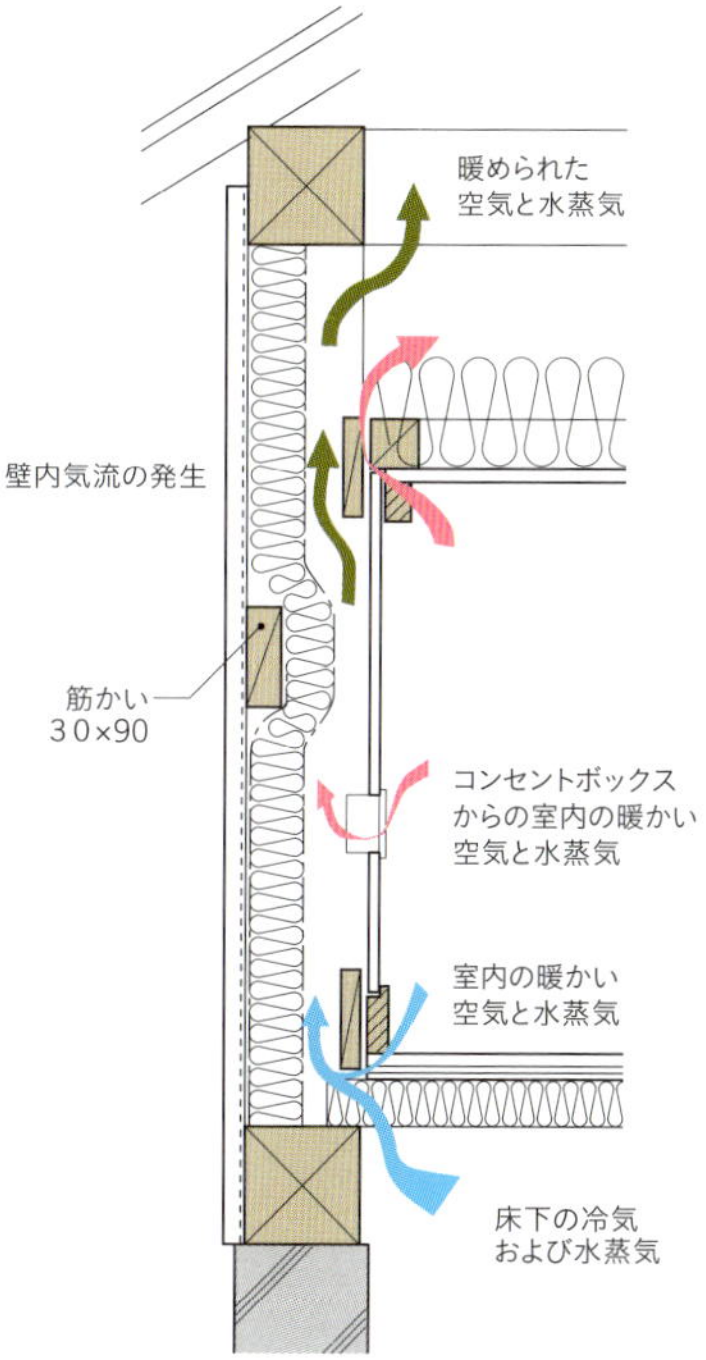

グラスウール50㎜厚だけでなく、壁一杯に100㎜厚を施工してもグラスウール自体の内部にゆっくりとした気流が生じ、これが壁内に水蒸気を吸い込んでしまう。もちろん、通気層との間が透湿防水シートだけであれば、そこから水蒸気が排出されるため結露を防ぐことができるが、構造用合板を張ってしまうと結露が生じてしまう。これも壁の上下に気流止めを設けることで防ぐことが可能だ。

シートを施工する必要を感じ、いろいろな材料を試してみた結果、現在の透湿防水シートを防風層として使う工法が最もよいことが分かり、新しい通気層工法が完成した。

図8は、**透湿防水シート***を用いた通気層工法を施工した壁である。グラスウール100㎜で示すが、この場合壁内結露は生じなくなる。透湿防水シートの透湿抵抗は一般的に建築で使われるシートやボード材料より2～3桁小さく壁内に水蒸気が蓄積しないため結露が生じない。ただし、この構成で柱の外側に構造用面材を施工すると透湿抵抗が高く、結露が生じる。また気流止めがないため、グラスウールの中や、内側の隙間に冷気流が生じ、断熱性能は低下する。この通気層工法によって，取りあえず土台や柱間柱が急速に腐朽する危険を取り除くことができた。

ボード気密工法とシート気密工法

次に、水蒸気が床下や室内から大量に壁内に流入する原因は，壁内冷気流が生じる壁構成にあることをたしかめて、この冷気流が起きないよう壁上下で気流止めを設ける方法を模索し始めた。当時から、壁上下にグラスウールを二つ折りにして詰める気流止めが金融公庫の仕様書などに掲載されていたが，これでは不十分と考え、木材な

＊透湿防水シート：その名の通り、水蒸気は通して水は防ぐというシート。住宅では外壁に防水下地として設置して、その外側に通気層を設ける。雨漏りを防ぎながら壁や屋根の内部に浸入した水蒸気を排出する。特に壁ではかなりの割合で従来の防水シートから透湿防水シートに置き換わっている。

どできちんと止める気流止め工法を目指した。特に床と壁の取り合い部は根太と間柱のピッチが異なり、ここの隙間をうまく塞ぐには工夫が必要だった。

図9は、根太を土台・大引きに大入れとし、床下地合板を土台に打ち付け気流止めとする。近年の剛床工法でもよく。上部は天井の位置で柱間に気流止め部材を横に渡す工法である。この工法では，大工が余計な手間を掛けずに自然に壁下部の気流止めが形成されるのがポイントである。壁と床に合板を張り耐力を持たせると同時に、これを気密層と見なしポリエチレンシートは防湿だけの役割とした。

気流止めによって、壁内に流入する水蒸気量は激減するため、外壁の外側に合板などの透湿抵抗の高い材料が有っても内部結露は生じない。実際に実験で確かめたのだが、コンセント廻りから流入する水蒸気でコンセント付近の合板には、外気の温度が非常に低いときは、わずかに結露が生じる。外気条件を札幌の最寒日が20日連続したという想定の実験で、コンセント前の合板に直径20㎝厚さ3㎜程度の霜が付く程度である。この工法は、根太大入れの加工に手間がかかったが、現場施工はとてもシンプルでよい工法と思えたが、外壁の合板張りがコストアップになることから、当初は余り普及しなかった。

図10は、コストダウンを優先して考えた工法である。厚手のポリエチレンシートを

図9　ボード気密工法

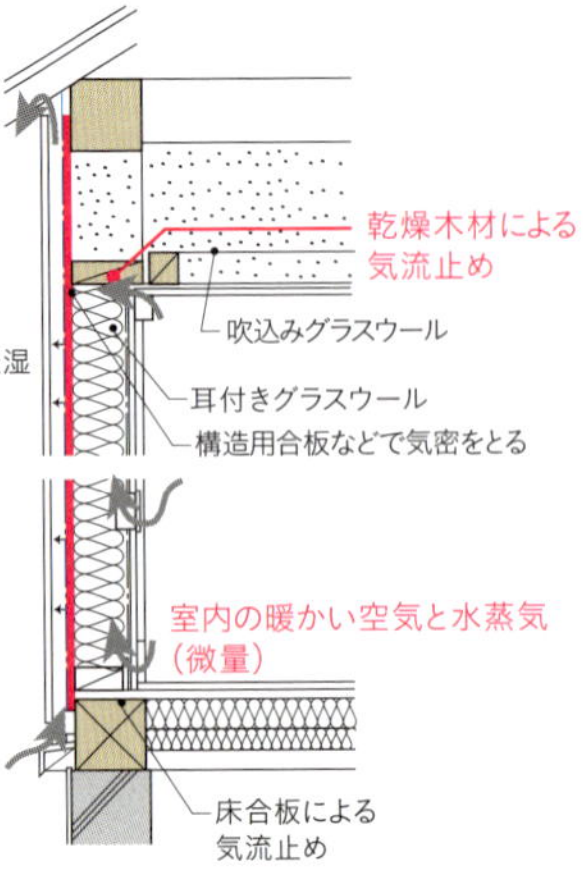

床根太を横架材を掘り込んで、上面を同面を揃え、その上に床下地合板を打ち付け、壁下部の気流止めとする。壁上部は柱間に半割材を渡し、気流止めとする。壁外側の合板と床下地合板が気密層となる。防湿層は必要だが、薄いシートでよい。合板が気密層になることから、ボード気密工法と呼んでいる。

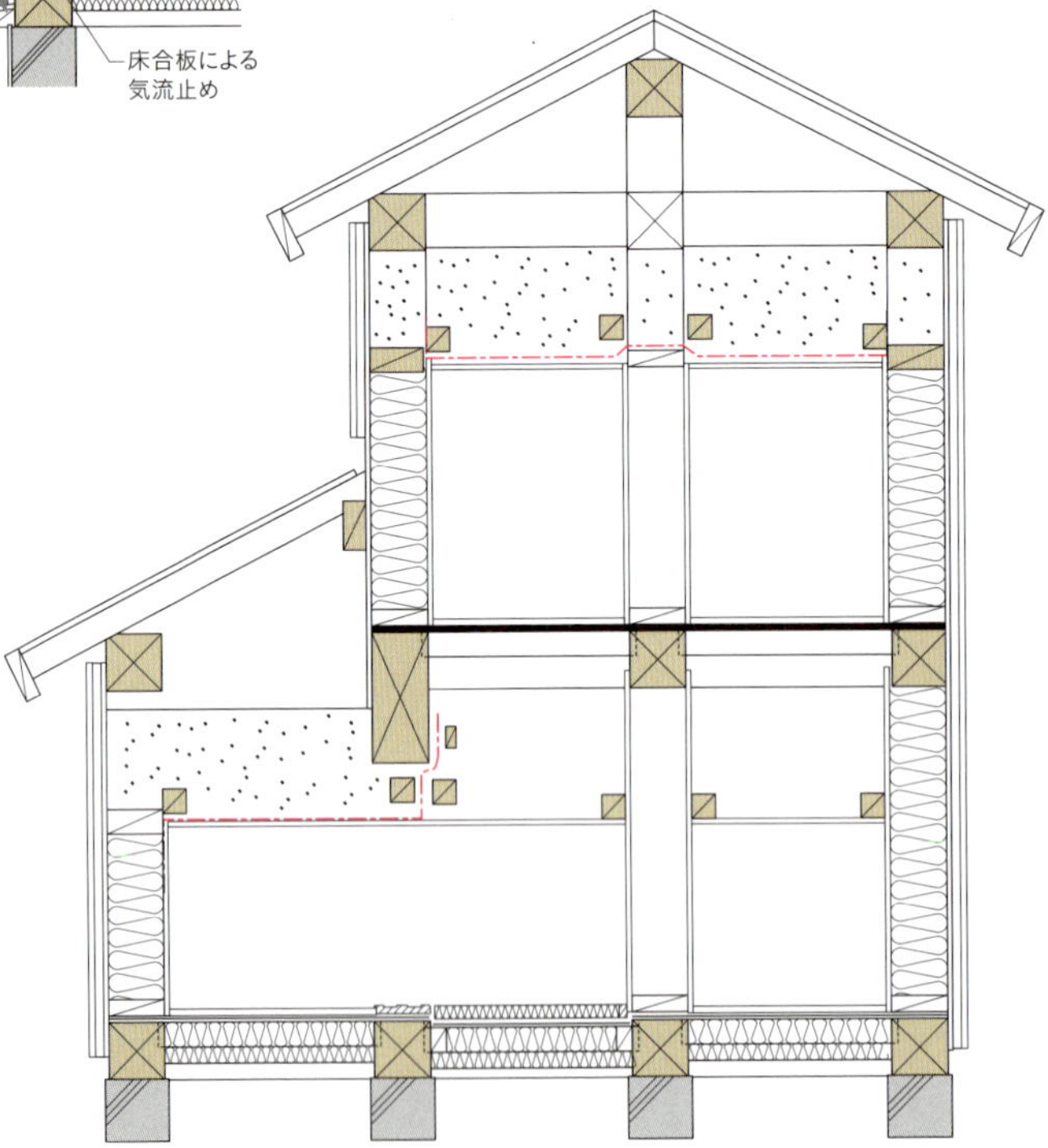

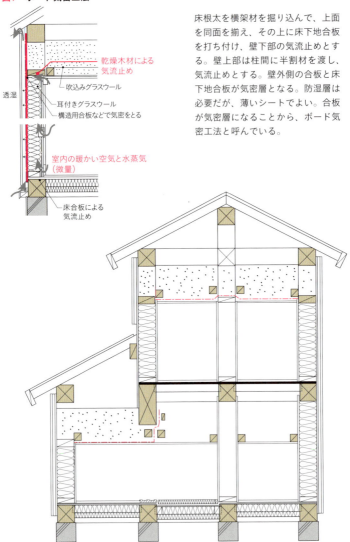

図10　シート気密工法

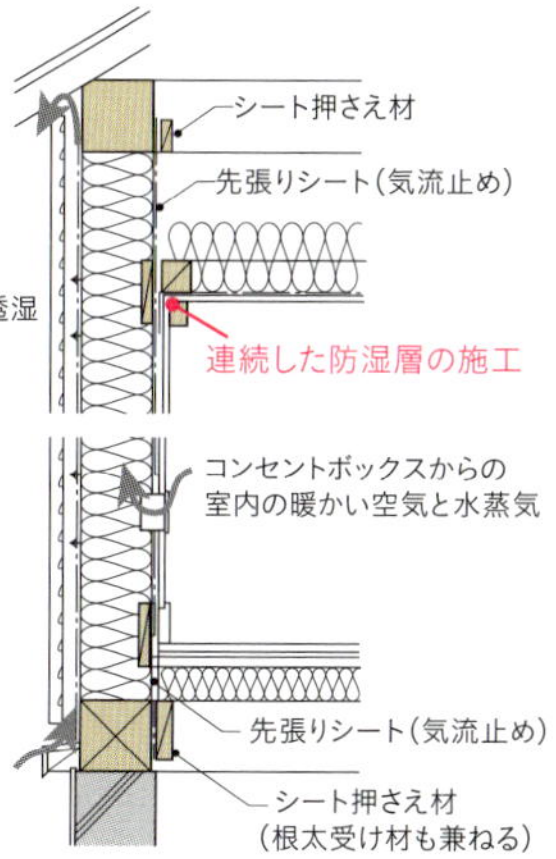

土台廻り、胴差し廻りは先張りシートを張り、気流止めとする。根太はこのシートの上に根太受け材を打ち付け、その上に乗せ掛ける。気密シートが気流止め、気密層、防湿層の役割を持つことから、シート気密工法と呼んでいる。ただし、床の気密シートは省略して、合板を気密層とする。

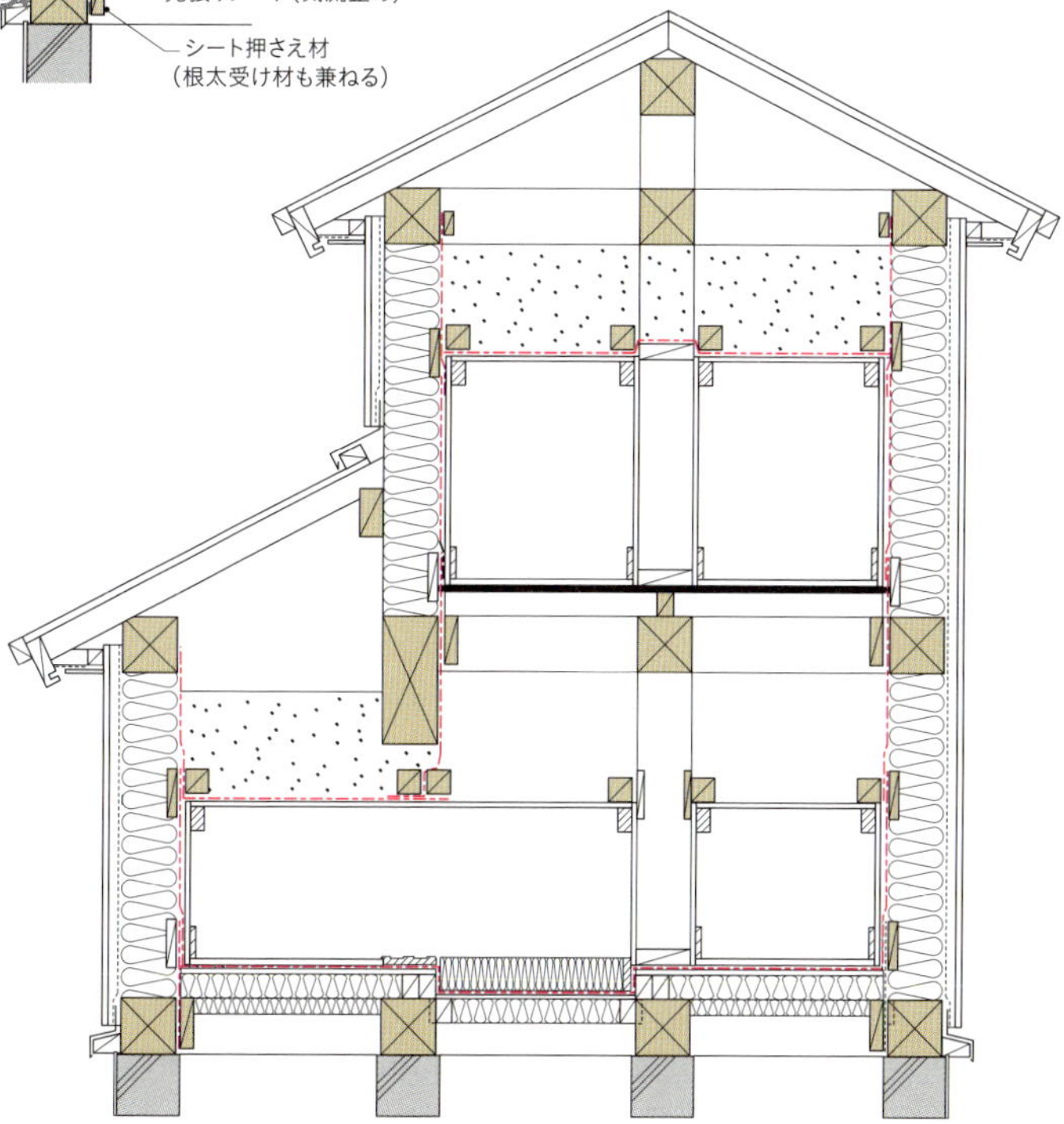

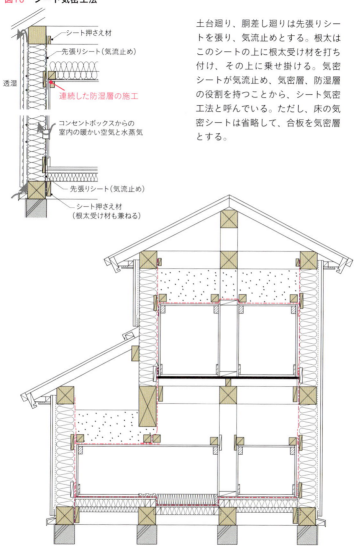

用い根太を土台の上に載せかけず、ポリエチレンシートを先張りし根太受け材で、シートを隙間なく押さえ根太を支える。壁上部もポリエチレンシートを、押さえ材で隙間なく固定する。ポリエチレンシート同士は、必ず木部の上で10㎝程度重ねを取り、その上から石膏ボードなどで押さえつけることにする。0.2㎜厚の厚手のシートを使うことでこの気密が確保されるようである。0.1㎜以下の薄いシートでは十分な気密性能が得られなかった。ポリエチレンシートが、気流止め、気密層、防湿層の3つの役目を果たすことになる。現場の工程では、根太の施工を行う前に土台回りや胴差周りの先張りシートと根太受けの施工が必要になるため、この手順に大工が慣れる必要がある。この工法では、外壁に合板を張る必要はないが、透湿防水シートだけだと通気層内にかかる風圧によって、室内の先張りシートによる気流止め部分にも風圧がかかることになる。気流止めのシートの留め付けには十分な強度と耐久性を考えて施工する必要がある。透湿防水シートやサッシ周りの防水テープにも風圧による引っ張りや剪断力がかかることになり、その耐久性を考えると、この工法でも外壁には合板を張り、この合板で風圧を受ける仕様としたほうがよいと思われる。

図9をボード気密工法、図10をシート気密工法と呼んでいるが、ボード気密工法でも天井はシート気密となり、大工は両方の工法の原理を理解する必要がある。

その後、在来木造工法は、ほとんどが工場でのプレカットに移行し、剛床工法が普及したことで、ボード気密工法が主流になっている。現在では石膏ボードを桁まで張り上げて気流止めとする工法や、省令準耐火構造とするなど、さらに改良された工法に変化してきているが、この詳細については第2章で紹介する。

高断熱工法は省エネだけが目的ではない

以上のことから、在来木造工法の高断熱化に最も重要なことは気流止めの設置であることが理解されよう。気流止めの設置によって、壁内に充填された断熱材が、性能数値通りの効果を発揮できるようになる。断熱材を施工してその効果を期待するならば、気流止めは必須条件である。しかし気流止めの効果はこれだけではない。室内の床壁天井の細かな隙間が、気流止めによって外部から遮断され、気密性能が高まる。冷気流によって床下や室内から壁内に吸い込まれる空気と水蒸気の浸入をなくし、壁内の結露を防ぐ。外壁、間仕切壁と天井との取り合い部の気流止めによって、熱と水蒸気が天井裏に逃げるのを防ぎ、小屋裏結露や「すがもり」を防止する。石膏ボードや木材などの防火的な材料で気流止めを構成すると、火災時の壁内の燃焼が天井裏に延焼するのを防ぐファイアーストップの役割も果たす。

外張り工法や最近増えてきている低密度発泡ウレタン吹付け工法などでも条件は同じである。必要に応じて気流止めを設置する必要がある。特に天井断熱に繊維系断熱材を併用する場合には、天井部の気流止めは必須条件となる。外張り工法では、屋根断熱がコストアップの要因となるため、天井断熱としてグラスウールなどを使うことがとても多く、その多くは気流止めを設置しない例が多い。これでは高断熱といえないばかりか、多くの欠陥を抱え込むことになる。

通気層工法についても、気流止めの役割は重要である。通気層はもともと気流止めのない工法でも、外壁の外側を透湿性の高い構成にすることによって内部結露を防ぐことを目的として開発されている。乾燥した外気が通気層を通して水蒸気を排出するというメカニズムで、これが多くの人が知っている説明である。しかし、気流止めの設置で壁内に流入する水蒸気量が大幅に減り、外壁外側に透湿抵抗が高い構造用面材を張ることを可能にしているのである。通気層の厚さを18㎜としたのは、空気の通りやすさを考えたからである。気流止めがあることを前提とすると、この通気層の厚さはもっと薄くてよく、通気層の出入口を透湿性のある材料で塞いで空気の流れを止めても効果は変わらないことが実験で確かめられている。通気層は、この条件では、外気が通気層の中を流れて水蒸気を排出するのではなく、壁内に流入した水蒸気の拡散層として働き、その外側の外壁から透湿で外部に排出されると考えられる。

実験的に、構造用合板を張り直接その上にモルタルを塗り、合板の内側に5㎜程度のスペーサーを入れグラスウールとの間に5㎜の空隙を設ける工法で実際の住宅を施工したのだが、これでも内部結露は生じなかった。しかし、10年後にモルタルのクラックから漏水し、この工法は失敗してしまった。このことから、通気層のもう一つの重要な役割があることが分かる。通気層によって外壁からの漏水を受け流し、壁内を乾燥させるという役割である。気流止めを施工する住宅では、通気層工法はこのより安全な防水工法としての役割が高い。

気流止めと通気層工法によって、住宅全体の木材の乾燥が確保され、住宅の耐久性が飛躍的に高まることが大きな効果である。明治時代以前の古い民家が木材が腐ることと真なく現存するのは、木材が露しになって雨で濡れてもすぐ乾くからである。ところが現代日本の住宅は20〜30年もすると木材が腐り物理的に耐久性が切れてしまっていた現状を、通気層工法によって本来の木材の耐久性を取り戻しているといえよう。少し前の金融公庫の高耐久仕様では柱を4寸にする必要があった。3.5寸より太いから腐るのに時間がかかり、耐久性が高いというのが理由であったが、木材は腐り始めたら、この違いは数年でしかない。腐る条件を取り除くことのほうが重要なのである。

通気層工法では4寸柱は必要ないのである。北米の3.5寸より遥かに細い木材を使う、2×4工法の住宅でも百年もつのが当たり前になっているのである。

日本の木造住宅は、省エネ基準義務化によって、ようやくすべての住宅で高断熱住宅の省エネ性と快適性をようやく実現しようとしている。本当に省エネ性能を求めるには省エネ基準では不十分でQ1.0住宅レベルが必要になることは、本書を通読して頂ければ分かってもらえると確信するが、大事なことは、夏冬を通して1年中今まで日本の住宅では体験できなかった快適な生活が実現することであり、同時に20年で腐るという日本の住宅が百年の耐久性を手に入れるのである。国は長期優良住宅という仕組みを推進するが、長期優良の認定を受けなくても、実は高断熱住宅をつくることだけでそのほとんどの性能は満足し、躯体を百年保たせることが可能になるのである。省エネ基準義務化にはこうした意味があることを、私は大きく評価している。

第2章

結局、断熱は何をどう施工すればよいのか

高断熱・高気密工法が登場して以降、長年にわたる技術革新によって、より安く簡単に施工できるようになってきている。気流止めがファイヤーストップとして省令準耐火構造に組み込まれたことでより施工が容易になったボード気密のほか、付加断熱、断熱・耐震改修の安く簡単な工法を紹介するほか、外張り断熱工法の問題点についても言及する。

01 住宅省エネルギー技術講習会の怪

2020年の**省エネ基準義務化***に向けて、国交省が住宅省エネルギー技術講習会を全国的に展開している。講習会は、施工技術者向けに断熱工法の納まりと施工方法、設計者向けに住宅の断熱性能と消費エネルギー計算の方法と2つの講座が用意され、それぞれ詳細なテキストを用いながら長時間にわたる講義が行われている。

この施工技術者講習会のテキストを見ると、断熱気密工法の解説部分ですでに高断熱住宅をつくっている人は初めて見る納まりにちょっとびっくりし、まだ高断熱住宅をつくったことのない人は、ずいぶん手間の掛かるものなのだなと思うような内容が見られた。私の周りの新住協会員も相当数が施工技術の講義の講師として要請され参加したのだが、テキストの内容に驚いた一方で、主催者側から「講習はテキストに忠実に行い、私見は挟むな」と厳命されたそうである。私もテキストに一通り目を通してみたが、断熱・気密工法としてあり得ない納まりや、欠陥施工が続出しそうな危ない納まりがちらほら見られるのである。何よりも全体像が見えにくい構成なのだ。

＊**省エネ基準義務化**：2015年に政府により発表された「住宅・建築物の省エネルギー対策に関する工程表」において示された政策。2020年に現行省エネ基準に示された断熱性能をすべての住宅に義務化するというもの。

現在普及している充填断熱工法の納まりと施工法は、基本的には私たちが30年ほど前に開発・提案した工法（新在来木造構法）が土台になっている。私たちはこの工法をできるだけ簡単に施工できるように改良し続けてきたのだが、そうした成果はテキストにあまり取り入れられておらず、施工しにくい昔の工法がそのまま掲載されているのだ。グラスウールを壁の上下に詰める気流止めの図を見たときには私もあきれてしまった。この時代遅れの技術が当たり前のようにテキストに記載されているのには、住宅金融機構のフラット35の仕様書で、いまだに高断熱の仕様が標準になっていないことと関係するのかもしれない。いずれにしても、このままでは省エネ基準を義務化しても、施行難易度が高いために高断熱住宅としての性能が十分に出ない住宅がたくさん生まれてしまう。

阪神・淡路大震災以降日本の在来木造は大きく変貌を遂げてきた。耐力壁には構造用合板などの面材が使われ、床は**剛床工法**（**根太レス工法**＊）となり、何よりも軸組木材の加工が大工の手を離れほとんどがプレカット工場で自動化されている。高断熱・高気密住宅が義務化されるのであれば、断熱・気密の工法もこの変化に対応する必要がある。私たちが開発した最初の断熱・気密工法は、こうした動きより前のもので、それが未だに講習会のテキストの中心にあること自体が不思議なのである。

＊**剛床工法**（**根太レス工法**）：根太レス工法ともいい、根太を省略して梁に直接厚みのある合板を張り付け、床全体の剛性を高めるというもの。もとは、居住時の床のきしみが発生しない工法として始まったが、近年、長期優良住宅や住宅性能表示制度などにより、地震力に対する床の剛性の重要性が見直されて普及した。

02 充填断熱工法の開発と改良の経緯

私は30年前、在来木造住宅の高断熱工法として、シート気密工法とボード気密工法の2つを提案した。シート気密工法は断熱材の内側に**防湿層***として張り回すポリエチレンシートを利用して、壁の上下の気流止めを形成し、防湿・気密層の連続性を取るというもの。従来の在来木造住宅にそのまま採用できるので、コストを安く抑えられる一方、現場の大工工事の手順をこれまでと変える必要があったため、大工の慣れが必要とされた。しかし、慣れてしまえば気密化が容易な工法でもあるので、高断熱工法のニーズが強い北日本を中心に普及した。そのため、平成11年の次世代省エネ基準にはこの工法が取り入れられている（1章図10）。

ボード気密工法は、壁の柱の外側に耐力面材を張り、1階の床の土台、大引・根太の上端を同面にして、そこに床下地合板を張る。そして、この壁と床の面材（ボード）を連続させて気密を取るものである（1章図9）。しかし当時の在来木造住宅では、壁に合板を張ることは少なく、筋かいなどに比べて材料費もかかるため敬遠された。

＊**防湿層**：水蒸気を防ぐ層のことで、木造住宅では床、壁、天井の内側に防湿層を設けて、躯体内部に水蒸気が浸入することを防ぐ。水蒸気が浸入する隙間ができないように家全体の防湿層を連続させることが重要だが、合わせて外側に排出するように促す工夫も行う。グラスウールなどの糖質性の高い断熱材では、室内の湿気が壁内や天井裏に入らないように、水蒸気を通しにくいシートを張る必要があり、これを防湿層と呼ぶ。ポリエチレンシートなどを用いる。

しかし、その後の阪神・淡路大震災を契機に、在来木造住宅も壁に耐力面材を張るようになり、床もきしみ防止のための剛床工法が急速に普及するなどして、私がかつて提案したボード気密工法が形を変えて、その主要部分が実現してしまった。この仕様に加え、壁上部の柱間に気流止めの木材を入れればボード気密工法の完成である。しかし、この気流止めがなかなか普及しなかった。このころから木材のプレカットが普及したのだが、そのソフトウェアでこの気流止め木材を加工することができなかったのである。しかしその問題も近年、省令準耐火構造の仕様が制定され、壁上部にファイヤーストップ材を入れることが必須となると、**プレカット***のソフトウェアにこの納まりが取り入れられた。ファイヤーストップ材は気流止めとして働くので、これにより完全プレカットによるボード気密工法が可能になった。

　ここで注意すべき点は、ファイヤーストップ材として、壁と天井の取り合い部に木材を入れる場合に、住宅金融支援機構の仕様書で見ると、木材を間柱に入れるのか、柱間にならい木材を入れるのか判然としないが、気流止めを兼ねるならば柱間に長い木材を入れて、間柱はここで止める構成とすべきだろう。

***プレカット**：木造住宅においては、構造材などの木材を建て方前に工場などで加工しておくこと。一般には専門のプレカット工場で、主に機械とソフトウェアにより加工を行う。プレカットの普及により、大工が継手や仕口を加工する機会がほとんどなくなった。

03 ボード気密による新しい標準断熱工法

30年前のボード気密工法を改良して、これからの新在来木造工法をまとめたのが図1である。また、防湿シート、気密層廻りの詳細を図2に示す。ボード気密工法の目標は、次の3つである。

❶省令準耐火構造のファイヤーストップを上部の気流止めとして利用し、**不燃断熱材***であるグラスウールやロックウールを用いて住宅の耐火性を高める。

❷床・壁に構造用面材を用いて安定した構造耐力を得る。

❸プレカットだけで現場で容易に高断熱住宅を施工できるようにする。

そして、断熱・気密上の要点は次のとおりである。

❶外周壁は省令準耐火仕様の石膏ボード12.5㎜厚を桁まで張り上げる工法とし、この石膏ボードがファイヤーストップと気流止めを兼ねる構成とする（A部）。

❷天井断熱と取り合う間仕切り壁上部（B部）は、柱間に半割の木材を入れる納まりとする。B′部のように外壁と同じ納まりでもよいが、配管・配線で多少不都合である。

***不燃断熱材**：無機系断熱材であるグラスウールとロックウールを指す。難燃剤を含浸させた難燃断熱材もあるが、燃焼しないというわけではない。

❸図1のC部は、下がり壁を設け壁室内側には外壁と同様に石膏ボードを張る。
❹天井はポリエチレンシートが気密層となるため、厚いシートで隙間が生じないように施工する。特に外壁の石膏ボードとの納まりに注意が必要である（図2）。
❺外壁下部の剛床との取合い部は図1のD部のように間柱受け材を流し、室内に張る石膏ボードが耐力面材になるように納める。
❻ボード面材の耐力により、筋かいはできるだけ使わず、断熱施工の容易化と性能向上を目指す。

特に**省令準耐火構造**＊の仕様を取り入れることにより在来木造住宅の耐火性能は飛躍的に向上する。従来から簡易耐火構造が認められてきたツーバイフォー住宅と同等の耐火性能になるのである。これについては多少のコストアップが発生するが、新築時の火災保険5年＋地震保険5年で20万円以上保険料が安くなるぶんで十分まかなうことができるし、30年間保険料を払い続けると、トータル約120万円も安くなるという。また、プレカット材と面材を張るという単純な工法なので、断熱・気密施工が初めての大工でも十分対応でき、十分高断熱・高気密住宅の性能が実現する。天井断熱部と壁との取り合いや床と壁の取り合い部などのポイントが分かってくると、容易に相当隙間面積（C値）＝1.0㎠／㎡以下が実現できるようである。

＊**省令準耐火構造**：建築基準法の準耐火構造に準ずる防火性能を持つ構造として、住宅金融支援機構の基準に適合する住宅をいう。木造でありながら火災保険料が、鉄筋コンクリート、鉄骨の戸建住宅と同等の金額となるほか、地震保険料も割安になる。

図1　繊維系断熱材による新しい高断熱工法

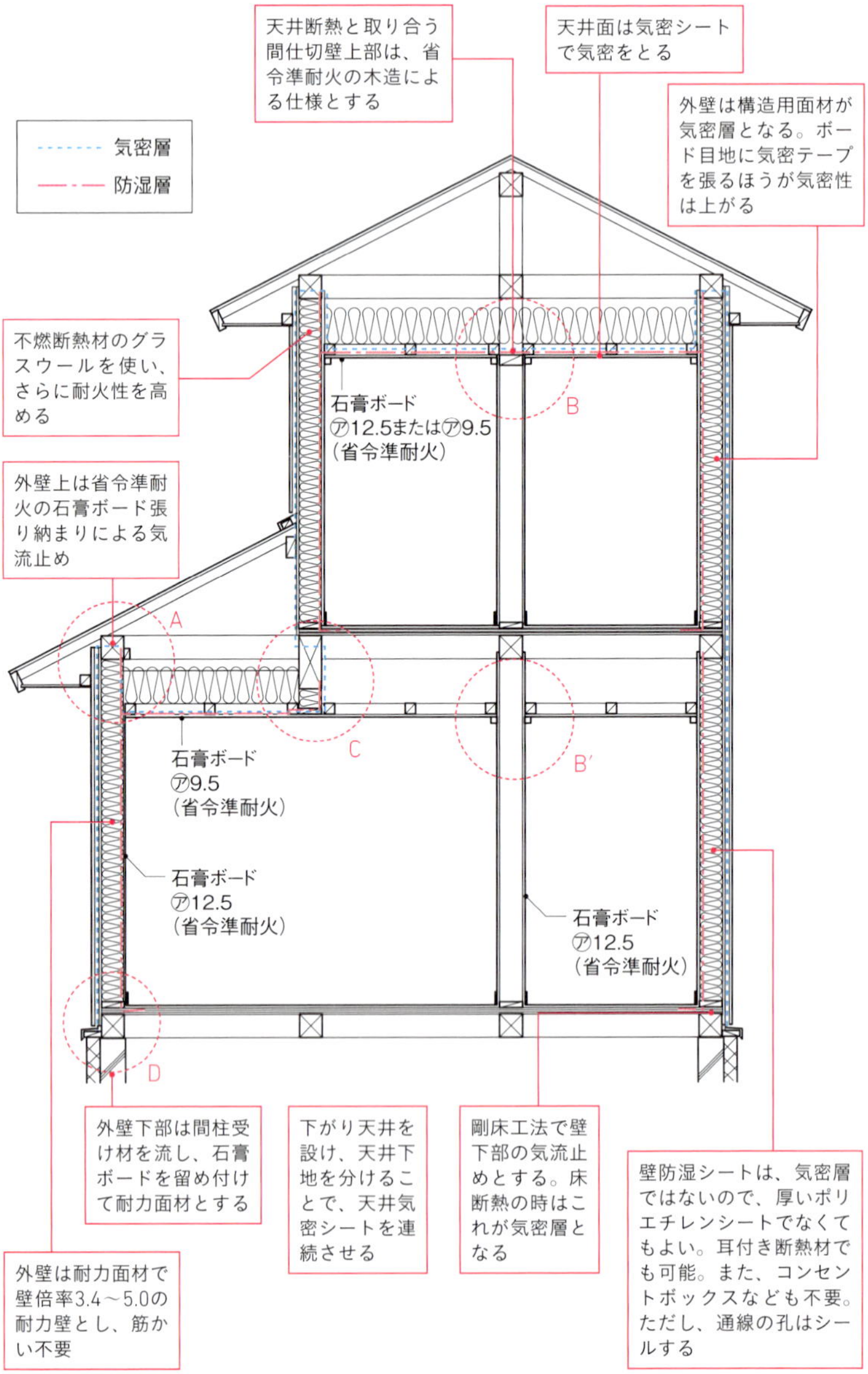

図2　新しい高断熱工法の気密層廻りの詳細

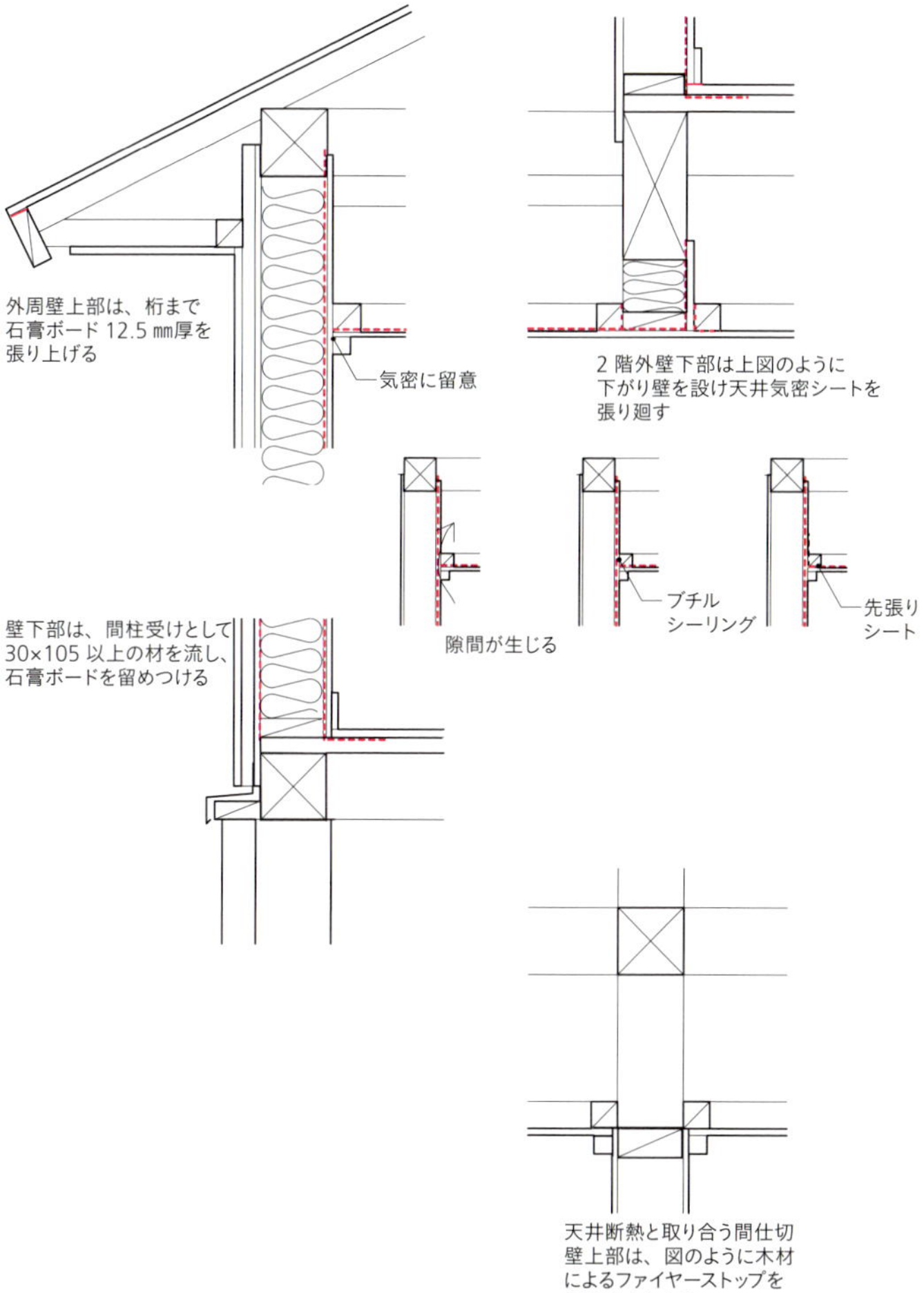

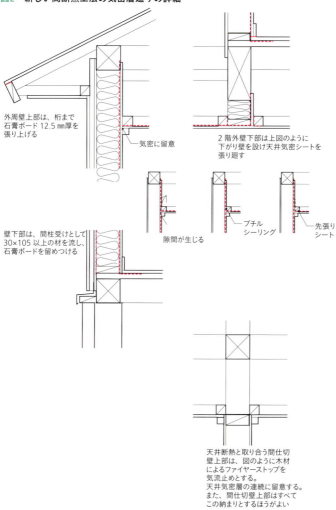

04 壁105㎜断熱でどの程度省エネが可能か

日本の人口の80％以上の人が住む5〜7地域（関東〜九州地域）で、この工法によって、省エネルギー住宅としてどの程度のレベルの住宅がつくれるのかを検証してみよう。5〜7地域では、省エネ基準住宅は、U_A値＝0・87（W／㎡K）以下とする必要がある。120㎡のモデルプランの住宅について、見なし仕様基準を参考に断熱仕様を決めると、表1のAとなる。**外皮平均熱貫流率***（U_A値）をぴったり0・87にするため、壁と天井の断熱厚さを調整した。

在来木造住宅の柱、間柱は105㎜が標準で、この壁に一杯の105㎜断熱材を充填するのが最も経済的な断熱厚さとなる。天井や床のグラスウールは、もう少し増やしてもコスト増が少ないので、天井を300㎜、床を105㎜と強化したものをBとする。さらに開口部を強化して、アルミ樹脂複合サッシ＋アルゴンガス入りLow-Eペアガラス16㎜としたものをC、開口部強化に加えて熱交換換気を採用したものをDとする。Dからさらに壁と床の断熱性能を強化したものをグレードに応じて

＊**外皮平均熱貫流率**：外皮平均熱貫流率：その名の通り、屋根（天井）、壁、床（基礎）と建物の外皮（外周）の平均熱貫流率のこと。建物全体の熱損失量の合計を、建物全体の外皮合計面積で割ることで再出できる。U_A値ともいい、単位はW／m^2K。

E・Fと合計6つの仕様を決めた。

表1のU_A値の欄を見ると、天井・壁・床の断熱性能が同じB・Cで、開口部を強化するだけでU_A値を40%も削減できる。これは一般に流通している最新の高性能ガラスを最大限利用したもので、コスト的にもプラス約1万円／坪で達成可能だ。もともと5〜7地域の開口部の基準が余りにも低すぎるのが原因である。さらに性能の高い樹脂サッシやLow-E*トリプルガラスを採用すれば、U_A値をより小さくすることができるが、温暖地においてはその性能強化分に比較して暖房エネルギーはそれほど減らない。樹脂サッシやLow-Eトリプルガラスは寒冷地でこそ効果を発揮する。

熱交換換気の採用の有無で異なるC・Dでは、U_A値はまったく同じだが、Q値が15%程小さくなる。これで暖房エネルギーが20%程削減できることは次の表2で分かるが、このようにU_A値が同じでも暖房エネルギーが大きく異なるポイントである。熱交換換気設備としては、カセット型の直流モーター採用の省電力型で、風量50〜60㎥／h程度のものを2台使用することを想定した。熱交換効率は80%である。コスト増加分も、通常のダクト式第3種換気設備のプラス約10万円で済む。省エネ基準ぴったりのAに比べて開口部強化、熱交換換気、天井・床強化を行ったDは、工事コストとしてはプラス約2万円／坪の工事費で済む。

***Low-E**：Low Emissivity（低放射）の略で、酸化スズや銀などの特殊金属膜をガラス表面にコーディングしたもの。Low-E膜が遠赤外線の反射率を高め、それによってガラスの熱伝達を低減し、高断熱性能を実現させる。ガラスの室内側に設置することで断熱性がより向上し、ガラスの室外側に設置することで日射遮蔽がより強化される。

表1　標準工法の断熱仕様と性能

	天井断熱	外壁断熱	床断熱	浴室等基礎断熱	開口部	玄関戸	換気	Q値 (W/㎡K)	U_A値 (W/㎡K)
A 省エネ基準住宅	吹込みグラスウール 195㎜	高性能グラスウール16kg 83㎜	グラスウール 32kg 80㎜	押出法ポリスチレンフォーム30㎜	アルミサッシ ペアガラス6㎜	H-1等級 (U=4.65)	第3種 0.5回/h	2.651	0.870
B 標準断熱住宅(1)	吹込みグラスウール 300㎜	高性能グラスウール16kg 105㎜	高性能グラスウール 16kg 105㎜	押出法ポリスチレンフォーム30㎜	同上	同上	同上	2.479	0.802
C標準断熱住宅(2)（開口部強化）	同上	同上	同上	同上	AL-PVC サッシ ArLowE ペア16㎜	ガデリウス (U=0.9)	同上	1.683	0.492
D標準断熱住宅(3)（同上+熱交換換気）	同上	同上	同上	同上	同上	同上	熱交換 0.5回/h80%	1.426	0.492
E壁床断熱強化(1)	同上	150㎜	155㎜	同上	同上	同上	同上	1.225	0.414
F壁床断熱強化(2)	同上	210㎜	155㎜	同上	同上	同上	同上	1.135	0.379

05 暖冷房エネルギーはどのくらいになるか

先ほど紹介したA〜Dの仕様で、省エネ基準で使われているモデルプラン（120㎡）の住宅を例にその暖冷房エネルギーを新住協の暖冷房エネルギー計算プログラムQPEXで計算した結果が表2と図3である。表2には福岡市（7地域）、東京練馬（6地域）、前橋（5地域太平洋側）、金沢（5地域日本海側）で、暖房時18℃冷房時27℃の全室空調として**暖冷房負荷***を計算した。また参考に4地域の仙台（太平洋側）、長岡（日本海側）も計算してある。

暖房エネルギーは7地域の中の都市では福岡が一番多い部類に入る。6地域の練馬は、同じく6地域の名古屋、大阪などの太平洋ベルト地帯と大差ない。しかし、冷房エネルギーは大阪、名古屋は福岡に近くなる。4・5地域は太平洋側と日本海側で暖冷房エネルギーが大きく異なる。4地域は省エネ基準のU_A値が5〜7地域と異なるが、A、Bの仕様は地域の基準に合わせて変えたが、ほかは同じである。

暖房エネルギーは冬の間、南・東・西面の窓のレースカーテンの有無で2つの値を

***暖冷房負荷**：室内をある一定の温湿度のとき、その温湿度に保つために空気から取り除くべき熱量もしくは空気に供給すべき熱量のこと。一般的に外気の温度が下がると、それにつられて室内の温度も低下するため、暖房負荷がかかる。一方で、外気の温度が上がると、それにつられて室内の温度も上昇するため、冷房負荷もがかかる。

計算した。冬でも日中レースカーテンを引いた家が多いためである。実際の暖房エネルギーはこの2つの値の中間になると思われる。冷房エネルギーは、夏場レースカーテンで日除けした場合と南、東西の窓にすだれを設置した場合、さらに設定温度27℃より外気温が低いときには窓を開けて通風する場合の3つについて計算した。細かな表になってしまったが、時間をかけて分析的に見て欲しい。なお、暖冷房費は、暖房でCOP＝3、冷房でCOP＝4程度で考えてほしい。昨今はCOP＝7というエアコンもあるが、実際の運転時のCOP値は低いものだ。

この表の数値をA、D、Fについてグラフにした図3を見ると、暖房エネルギーはDがAの30〜40％で済むことが分かる。一方、冷房エネルギーは、Dで見ると、福岡は暖房エネルギーより冷房エネルギーのほうが多く、練馬では暖房と冷房のエネルギーが同じぐらいになる。面白いのは、前橋、仙台では通風の効果がとても大きい。これは夏の夜間の外気温が低くなることを示していると思われる。ちなみにこの傾向は4〜5地域のすべての都市で当てはまる。4〜5地域では日本海側の都市の方が、冷房負荷が大きくなる傾向があるようだ。さらに断熱を厚くして性能を上げた住宅Fでは、暖房エネルギーが1000kWh以下になる。この場合、ほとんど暖房がいらない状態であると思われる。

表2　都市別の標準工法の暖冷房エネルギー

福岡(7地域)		暖房負荷(kWh) レースカーテンなし		暖房負荷(kWh) レースカーテンあり		冷房負荷(kWh) レースカーテンあり		冷房負荷(kWh) すだれ		冷房負荷(kWh) すだれ+自動通風	
A	省エネ基準住宅	4,091	100%	4,569	112%	3,931	100%	3,454	88%	3,262	83%
B	標準断熱住宅(1)	3,693	90%	4,156	78%	3,775	96%	3,296	84%	3,098	79%
C	標準断熱住宅(2)	1,930	47%	2,217	42%	3,441	88%	3,038	77%	2,791	71%
D	標準断熱住宅(3)	1,260	31%	1,505	28%	3,022	77%	2,634	67%	2,365	60%
E	壁床断熱強化(1)	833	20%	1,048	20%	2,915	74%	2,517	64%	2,235	57%
F	壁床断熱強化(2)	661	16%	861	16%	2,857	73%	2,454	62%	2,167	55%
東京練馬(6地域)		暖房負荷(kWh) レースカーテンなし		暖房負荷(kWh) レースカーテンあり		冷房負荷(kWh) レースカーテンあり		冷房負荷(kWh) すだれ		冷房負荷(kWh) すだれ+自動通風	
A	省エネ基準住宅	5,335	100%	6,120	115%	2,646	100%	2,336	88%	2,213	84%
B	標準断熱住宅(1)	4,797	90%	5,560	104%	2,553	96%	2,240	85%	2,111	80%
C	標準断熱住宅(2)	2,458	46%	2,950	55%	2,344	89%	2,093	79%	1,623	61%
D	標準断熱住宅(3)	1,542	29%	1,968	37%	2,071	78%	1,829	69%	1,641	62%
E	壁床断熱強化(1)	955	18%	1,329	25%	2,006	76%	1,762	67%	1,562	59%
F	壁床断熱強化(2)	719	13%	1,070	20%	1,971	74%	1,723	65%	1,519	57%
前橋(5地域太平洋側)		暖房負荷(kWh) レースカーテンなし		暖房負荷(kWh) レースカーテンあり		冷房負荷(kWh) レースカーテンあり		冷房負荷(kWh) すだれ		冷房負荷(kWh) すだれ+自動通風	
A	省エネ基準住宅	6,305	100%	7,219	114%	2,282	100%	1,958	86%	1,705	75%
B	標準断熱住宅(1)	5,688	90%	6,574	104%	2,198	96%	1,871	82%	1,601	70%
C	標準断熱住宅(2)	2,993	47%	3,561	56%	2,043	90%	1,771	78%	1,396	61%
D	標準断熱住宅(3)	1,932	31%	2,423	38%	1,856	81%	1,589	70%	1,166	51%
E	壁床断熱強化(1)	1,251	20%	1,682	27%	1,815	80%	1,537	67%	1,085	48%
F	壁床断熱強化(2)	976	15%	1,380	22%	1,791	78%	1,506	66%	1,041	46%
金沢(5地域日本海側)		暖房負荷(kWh) レースカーテンなし		暖房負荷(kWh) レースカーテンあり		冷房負荷(kWh) レースカーテンあり		冷房負荷(kWh) すだれ		冷房負荷(kWh) すだれ+自動通風	
A	省エネ基準住宅	7,816	100%	8,410	108%	2,387	100%	2,044	86%	1,772	74%
B	標準断熱住宅(1)	7,127	91%	7,706	99%	2,289	96%	1,943	81%	1,665	70%
C	標準断熱住宅(2)	3,992	51%	4,360	56%	2,079	87%	1,802	75%	1,475	62%
D	標準断熱住宅(3)	2,870	37%	3,188	41%	1,908	80%	1,627	68%	1,278	54%
E	壁床断熱強化(1)	2,106	27%	2,389	31%	1,849	77%	1,557	65%	1,194	50%
F	壁床断熱強化(2)	1,814	23%	2,055	26%	1,814	76%	1,518	64%	1,159	49%
仙台(4地域太平洋側)		暖房負荷(kWh) レースカーテンなし		暖房負荷(kWh) レースカーテンあり		冷房負荷(kWh) レースカーテンあり		冷房負荷(kWh) すだれ		冷房負荷(kWh) すだれ+自動通風	
A	省エネ基準住宅	7,668	100%	8,496	111%	1,130	100%	885	78%	627	55%
B	標準断熱住宅(1)	6,854	89%	7,655	100%	1,058	94%	837	74%	578	51%
C	標準断熱住宅(2)	4,784	51%	5,347	57%	1,130	104%	939	87%	582	54%
D	標準断熱住宅(3)	3,389	36%	3,885	41%	1,079	100%	885	82%	485	45%
E	壁床断熱強化(1)	2,443	26%	2,894	31%	1,102	102%	898	83%	472	44%
F	壁床断熱強化(2)	2,045	22%	2,480	26%	1,110	103%	898	83%	461	43%
長岡(4地域日本海側)		暖房負荷(kWh) レースカーテンなし		暖房負荷(kWh) レースカーテンあり		冷房負荷(kWh) レースカーテンあり		冷房負荷(kWh) すだれ		冷房負荷(kWh) すだれ+自動通風	
A	省エネ基準住宅	9,389	100%	10,014	107%	1,843	100%	1,508	82%	1,224	66%
B	標準断熱住宅(1)	8,472	90%	9,079	97%	1,751	95%	1,407	76%	1,148	62%
C	標準断熱住宅(2)	6,007	53%	6,435	57%	1,756	97%	1,468	81%	1,111	61%
D	標準断熱住宅(3)	4,491	40%	4,862	43%	1,661	92%	1,369	76%	969	54%
E	壁床断熱強化(1)	3,422	30%	3,762	33%	1,668	92%	1,360	75%	934	52%
F	壁床断熱強化(2)	2,969	26%	3,295	29%	1,664	92%	1,348	75%	911	50%

注1：暖房18℃冷房27℃の全室暖冷房、冷房は冷房必須期間のみの負荷。日射遮蔽は北窓をのぞくすべての窓
注2：パーセント表示は省エネ基準住宅の着色欄の数値を基準とした
注3：仙台、長岡は4地域なので、A、Bの仕様は4地域に合わせる

図3　都市別の標準工法の暖冷房エネルギー

06 安くて施工しやすいQ1.0住宅をつくる

私たちは一般の住宅の半分以下の暖房費で全室暖房が可能になる住宅を「Q1.0住宅」と呼び、推進している。冷房費は半分とまではいかないが、一般の住宅で間歇的に使うエアコンの冷房費とあまり変わらずに全室冷房ができる。

Q1.0住宅では、具体的に5〜7地域において暖房エネルギーを省エネ基準住宅に比べて40%以下にすることを目標としている。設定温度は生活時間帯が20℃で、家全体の24時間の平均温度を18℃として計算している。表2を見ると4〜7地域の6都市すべてでDのモデルがQ1.0住宅の目標をクリアしているのが分かる。Q1.0住宅では省エネ基準住宅の暖房エネルギーと比較して40%をレベル1、以降30・20・10%をレベル2・3・4と設定している。外壁を高性能グラスウール210mm厚としたFのモデルは、日本海側の金沢を除くとほぼレベル3が実現できている。

外壁が高性能グラスウール210mmで床が同150mm厚といえば、「断熱オタク」といわれそうだが、北海道ではこの性能がQ1.0住宅の最低ラインとなる。したがってこの10年、北海道ではこうした厚い断熱材を使う工法の施工の合理化とコストダウンに努めてきた。図4には、その結論とでもいうべき工法を示している。外壁の合板の外側から45×105㎜の木材を900㎜間隔でビス留めし、その間に厚さ105㎜・幅910㎜のロール状グラスウールを適当な長さに切って充填するというものである。通気胴縁は厚さ30㎜。この工法が一番施工しやすく、コストも安いようである。長いビスを木材に対して垂直に施工するノウハウも確立した。150㎜の**付加断熱工法***に比べプラス約10万円で施工できるため、本州にも急速に広がっている。床の150㎜工法は、図5のような金物を開発し、簡単に大引下に50㎜厚のグラスウールボードを受ける木下地をつくれるようになった。

こうした、断熱性能の高い住宅は省エネ性能が上がるだけではなく、室内の壁・床などの表面温度が上昇し、快適性が向上する。実際に表1のFの住宅は、B〜Dの住宅に比べて室温20℃、外気温0℃の時で壁が約0.5℃上昇し、床は大引の熱橋を防ぐ効果と相まって1.2℃も上昇する。わずかこれだけの温度差だが、体感的にはかなり違いがある。

本州以南では、グラスウールの高断熱工法は難しいといわれて当初普及しなかった。その結果多くの工務店やハウスメーカーが、コストは高いが施工しやすい外張り

＊**付加断熱工法**：充填断熱の内外に断熱材を付加する工法のこと。一般には100〜120㎜程度の外壁の厚さによって不足する断熱性能を、その外側に断熱材を取り付けることで断熱性能を向上させる。

断熱工法に飛びついた。それでも私たちは安くて不燃の断熱材であるグラスウール断熱が施工しやすくなるように、いろいろな改良に取り組んできた。今回ご紹介した工法は、まさにその成果である。是非参考にしてほしい。

図4　**コストを抑えた付加断熱工法**

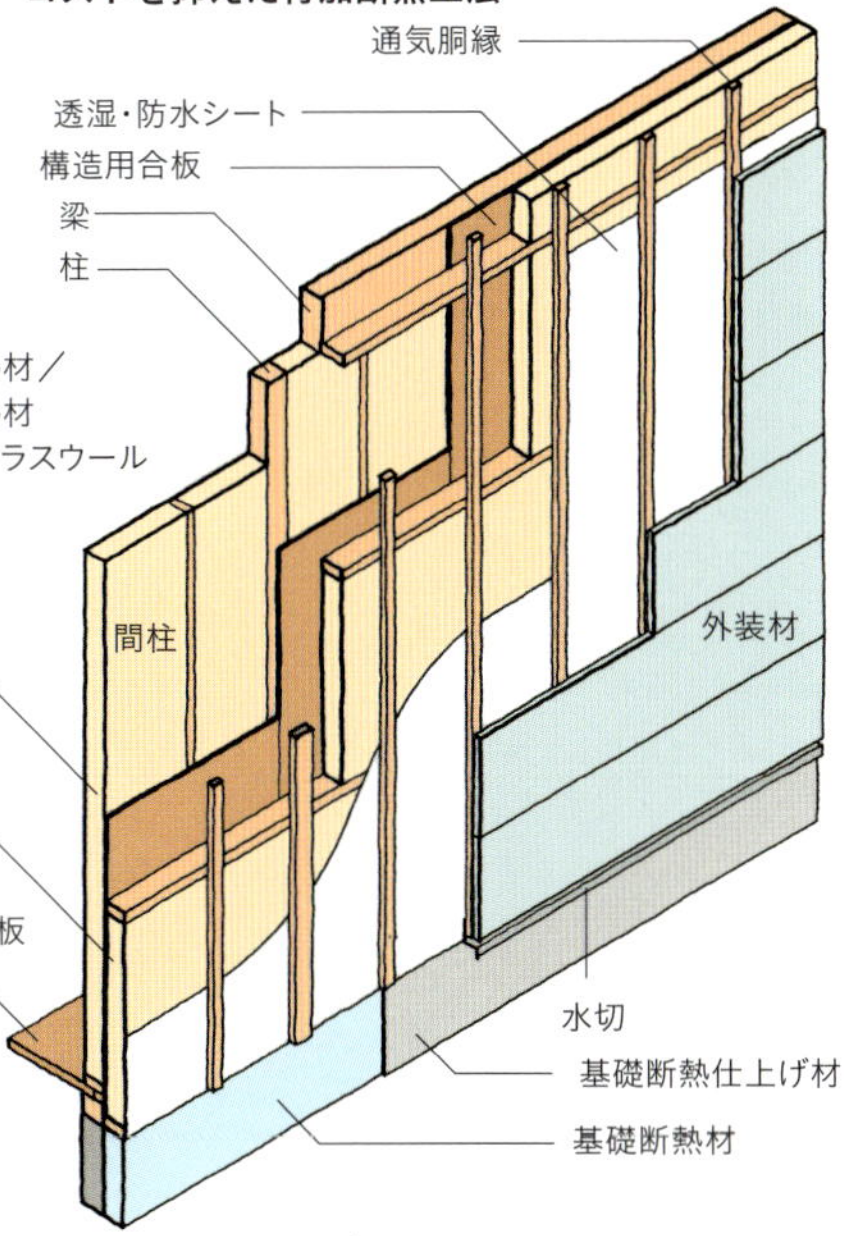

図5　**専用金物を使った床断熱**

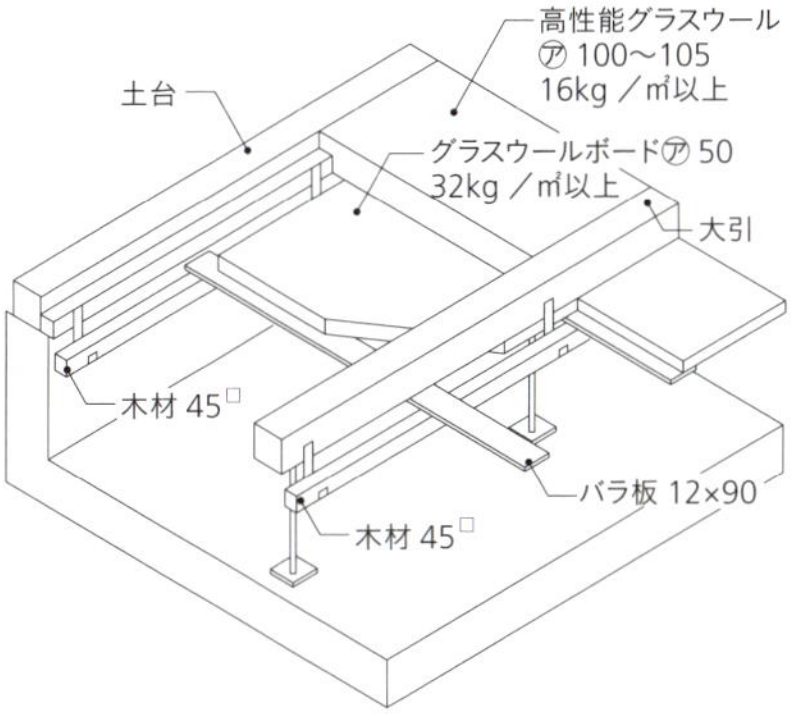

07 安くて質の高い断熱・耐震リフォーム

新築住宅の棟数が減少する一方で、リフォームが盛んである。東南海地震に備える必要から木造住宅の耐震性能向上が叫ばれ、省エネ基準義務化やゼロエネの掛け声で快適な省エネ住宅がようやく普及の途につき始めたが、リフォームでは、そのような性能向上の掛け声はほとんど聞かれない。ユーザーも、設計・施工者もその重要性は認識しながら、予算に見合う手段がないと考えているのが現状である。

これは、国の無策も原因の1つだ。阪神・淡路大震災で昭和55年の**新耐震適合住宅**＊は被害を受けなかったことを理由に、新耐震以降に建てられた住宅にはこれまで耐震改修の補助金を出してこなかった。新耐震適合住宅が昭和55年以降に着工した住宅のなかにはわずかしかないことには目をつぶってきたのである。しかし、先の熊本地震もあって、ようやくこの方針も見直されそうではあるが。

断熱性能についても、高断熱・高気密工法を採用しない限り快適な省エネ住宅は実現しないのに、平成7年の新省エネ基準では北海道・北東北などのⅠ～Ⅱ地域に限定

＊**新耐震適合住宅**：壁量規定の見直しなどが大幅に見直された1981年施行の耐震基準に適合した住宅のこと。それ以前の耐震基準（旧耐震基準）の住宅に比べて耐震性能が格段に向上したため、既存住宅の耐震性能を考える際の大きな目安となっている。

し、ようやく平成11年の次世代省エネ基準で全国に拡大したが、この時も「推奨」しただけであった。ようやく2020年に義務化するとしているが、住宅金融支援機構の**フラット35***の標準仕様にはいまだに取り入れられていない。新築住宅ですらこのような状況であるので、リフォームで断熱性能を向上させる工法については、世にはおかしな、あまり効果のない工法が蔓延している。そしてその工法によって改修しようとするととても高いものに付いてしまい、予算上諦めるということが多いようだ。

住宅の断熱・耐震改修工法は、それぞれの原理原則に則ればローコストな効果のしっかりした工事が可能であり、ただ余りその工法が知られていないに過ぎない。

簡単で安価な圧縮グラスウールの気流止め

私たちは新築住宅の高断熱化に30年ほど前から取り組み、その工法の開発・普及に取り組んできた。10数年ほど前からは改修時の高断熱化にも目を向けている。実際に、予算300万~500万円程度のリフォーム工事を実例として、いろいろな実験施工を3年間ほど行った。

しかし、新築なら現場施工法の改革によってできたことが、リフォームではまったくできなかった。すでに出来上がっている住宅で気流止めをつくるには、屋根や壁を

***フラット35**:民間金融機関と住宅金融支援機構が提携して提供する最長35年の全期間固定金利住宅ローンのこと。フラット35が定める「住宅工事仕様書」にもとづく、設計・施工を行う必要がある。また、断熱性能や耐震性能などのより高い仕様が求められる一方で、より金利が優遇されたフラット35Sが存在する。

壊さなければならず、それには膨大な工事費が必要となり、設備や内外装の更新を含めて300万〜500円程度の予算に収めるのは不可能であった。そこで私たちが考えたことは、できるだけ建物を壊さないで壁の上下に気流止めを設置するという方法である（図6）。

在来木造住宅は、外壁、間仕切り壁ともに壁内の空洞が床下から天井裏に連通し、暖房時ここに冷気流が生じ、断熱材がまったく効果を発揮できず、また天井裏や外壁内部で結露を生じ、住宅が隙間風だらけになる原因となっている。改修対象の一般住宅は100％この状況である。そして、昭和55年の省エネ法によって、断熱材は必ず施工されている。また同じ年に新耐震基準が制定され、住宅の耐力壁量が強化されている。こうした住宅には、気流止めさえ設置されれば、断熱材が効果を発揮し始め、気流止め設置に合わせて耐震改修もできるのではないかと考えたのである。

気流止めが必要とされるのは、床と壁、壁と天井の取り合い部位である。この場所の壁の空洞部に何かを詰めてしまえばよいのである。先の実験施工ではこれがなかなか難しいことが分かった。内装壁材の石膏ボードを留め付けた釘が壁の中に突き出ているのである。ぼろきれを丸めて壁の中に詰め込もうとしても、釘に引っかかって入っていかない。天井裏が広ければ、天井裏に潜り込んでヘラなどで壁に押し込むこ

図6　気流止めの設置個所

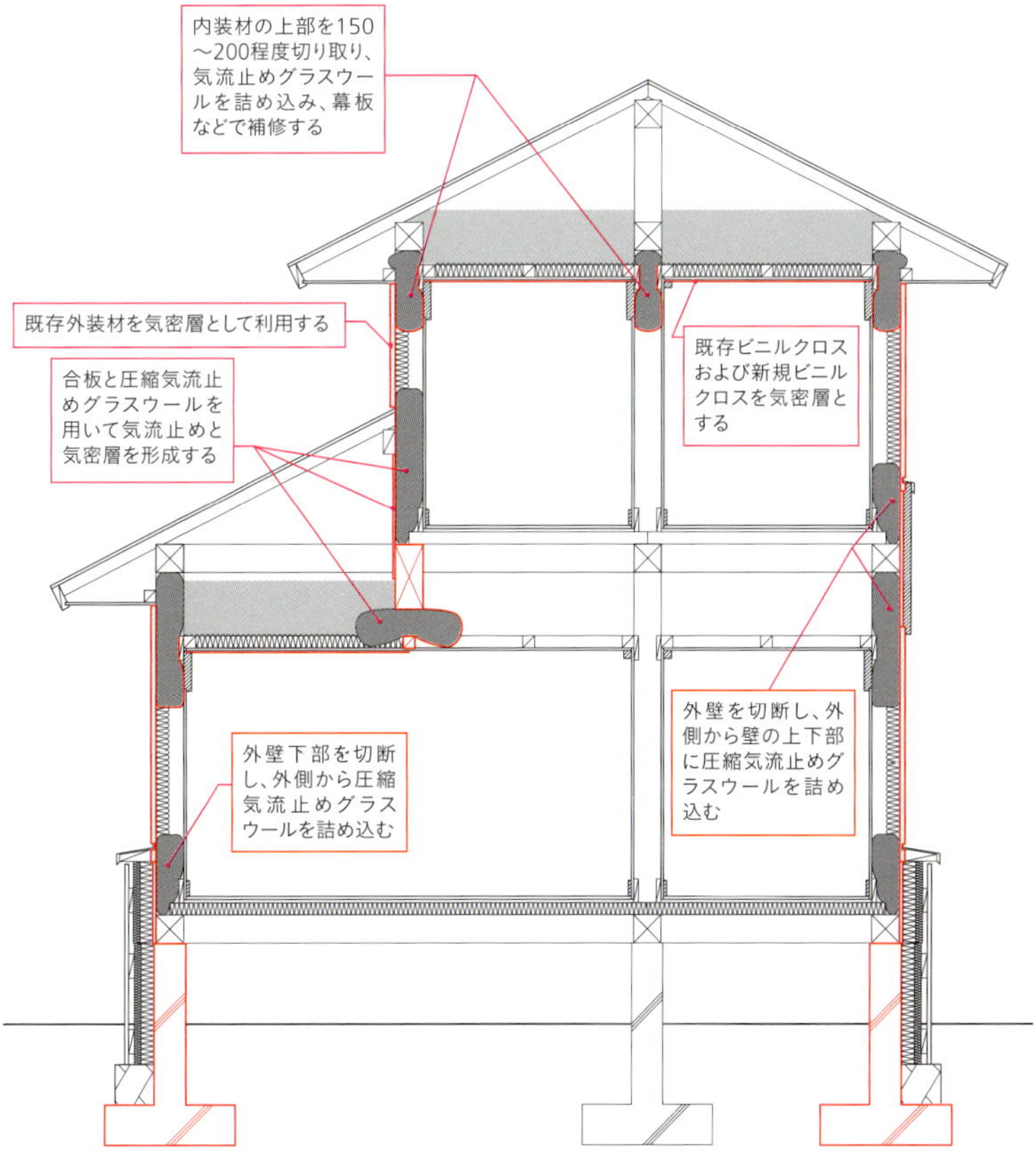

とはできるが、軒先近くのかろうじて手が届くくらいの場所ではとても無理である。実験施工では、屋根を剥がすことで解決できたが、予算オーバーになってしまった。

あるとき、妻が布団圧縮袋に布団を詰めて押し入れを整理しているのを見てひらめいたのが、圧縮グラスウールによる気流止めである（図7）。在来木造の壁内は、間柱が455㎜ピッチに入れられている。柱と間柱の内法は約385㎜、間柱と間柱の内法は425㎜であるから、385×425㎜の厚さ140㎜の高性能グラスウールを、45ℓのポリ袋に詰めて掃除機で吸引圧縮したら、見事に薄く堅い板状になった。堅いといっても曲げることもできる。これにカッターで切り込みを入れるとゆっくり膨らむ。これなら狭いところにも容易に詰め込むことができる。

図8がその納め方である。カッターの切り込みは防湿ラインより外側に入れ、膨らんだ後にそれを上下にゆすると角までしっかりと膨らむ。グラスウールは弾力性の高い高性能グラスウールを使い、厚さは空隙の2倍ぐらいがよいようである。小屋裏が狭く手が届かない場所は、廻り縁を外し、壁上部の石膏ボードを15㎝ほどカットして下から入れるとよい。その後、化粧幕板でふさいでお終いである。住宅1軒の気流止めを完了するにはこのポリ袋入りグラスウールが数百枚必要になるが、現在はメーカーであらかじめボトルネック形状の袋に入れたものが商品化されている。

図8　胴差廻りの気流止め

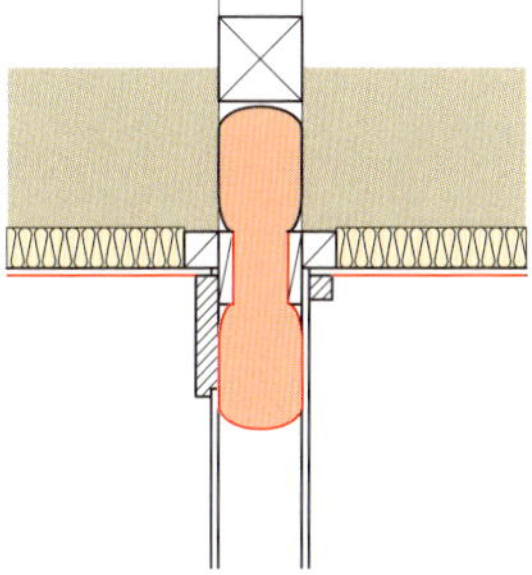

図7　圧縮グラスウールのつくり方

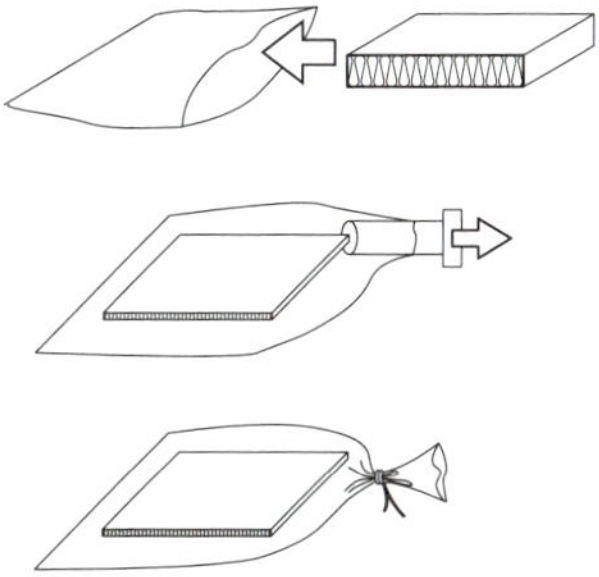

図9　内部結露の仕組みとその防ぎ方

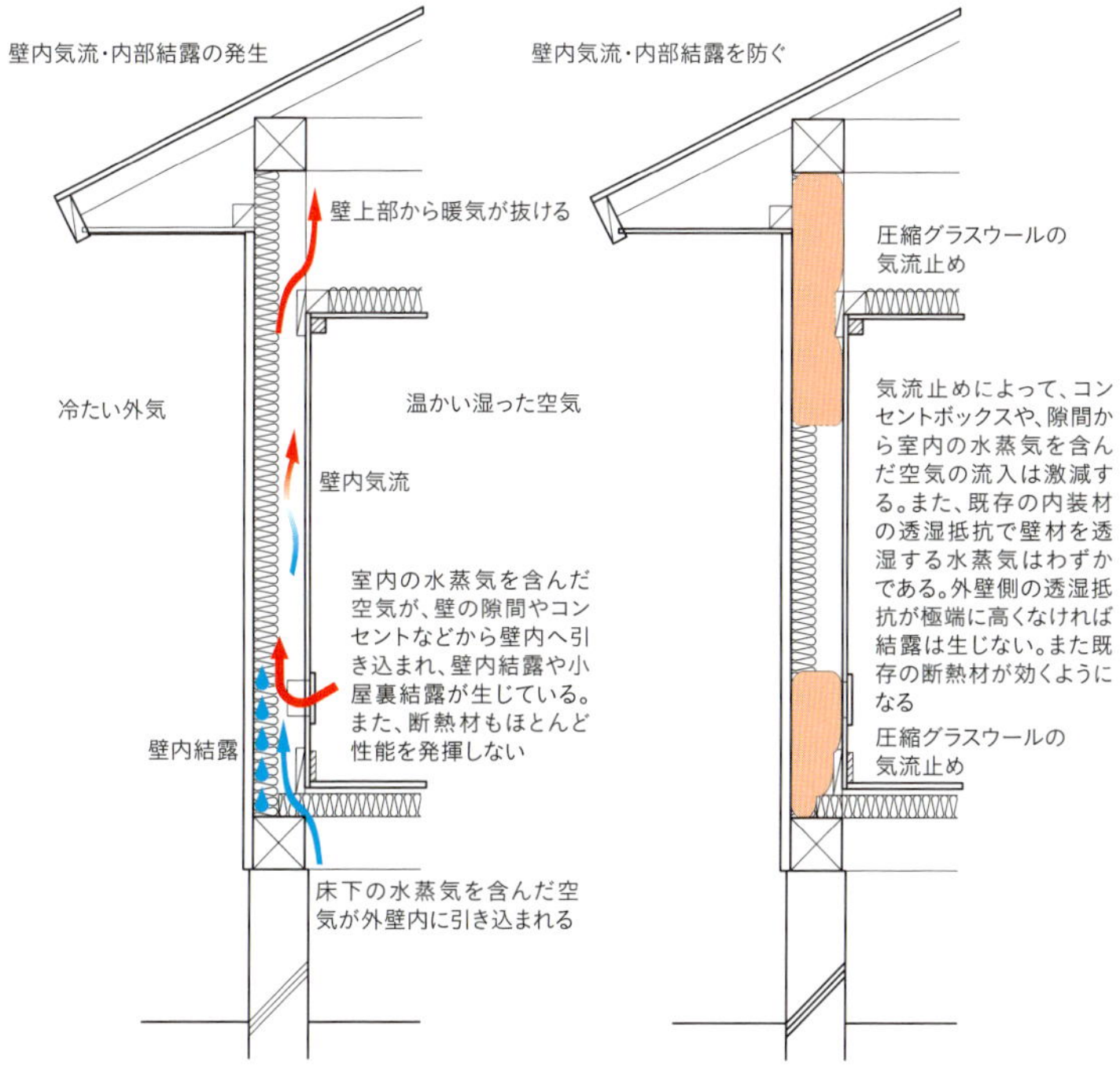

これを図6のように、施工場所に合わせたいろいろな工法で施工すればよい。

❶外壁の下部の土台廻りは、まず外壁を300㎜程度切り取り、土台廻りの木材の腐朽状況を調べる。このとき筋かい金物屋V字プレートなどの構造用金物の有無も確認して、施工されていなければこの段階で補強工事を行う。そして問題がなければ外側から圧縮グラスウールを詰め、合板や幕板でふさぐ

❷床の断熱材は、垂れ下がったり外れて落ちたりしていることが多いが、床下に潜っての施工ができるほどの床下の高さがあれば、下から断熱材を入れ直し更にグラスウールボードなどで補強する。この時、間仕切り壁下部の気流止めも施工する。床下に潜っての施工ができないときは、基礎立ち上がり壁の外側からの基礎断熱とするとよい。こうすれば床下は温度が高くなり、間仕切り壁下部の気流止めも不要になる

❸胴差廻りも2階の床下に潜って作業するのが難しいので、外側から詰めるのがよさそうである。胴差し廻りの外壁材を切り取り、外からの工事だが、外壁材を住宅の外観に調和するように、材料やデザインを工夫する必要がある

❹一番やっかいなのは下屋廻りである。1階の下屋の天井を一部外して作業をするのが原則だが、場合によっては下屋の屋根を剥がす必要もでてくる。現場の状況に合

わせて十分に検討する

内部結露の原因のほとんどは気流止めがないことによる（図9左）。気流止めを施工することで、壁内に浸入する水蒸気は劇的に減少する。それでも浸入した少量の水蒸

図10　付加断熱による断熱改修

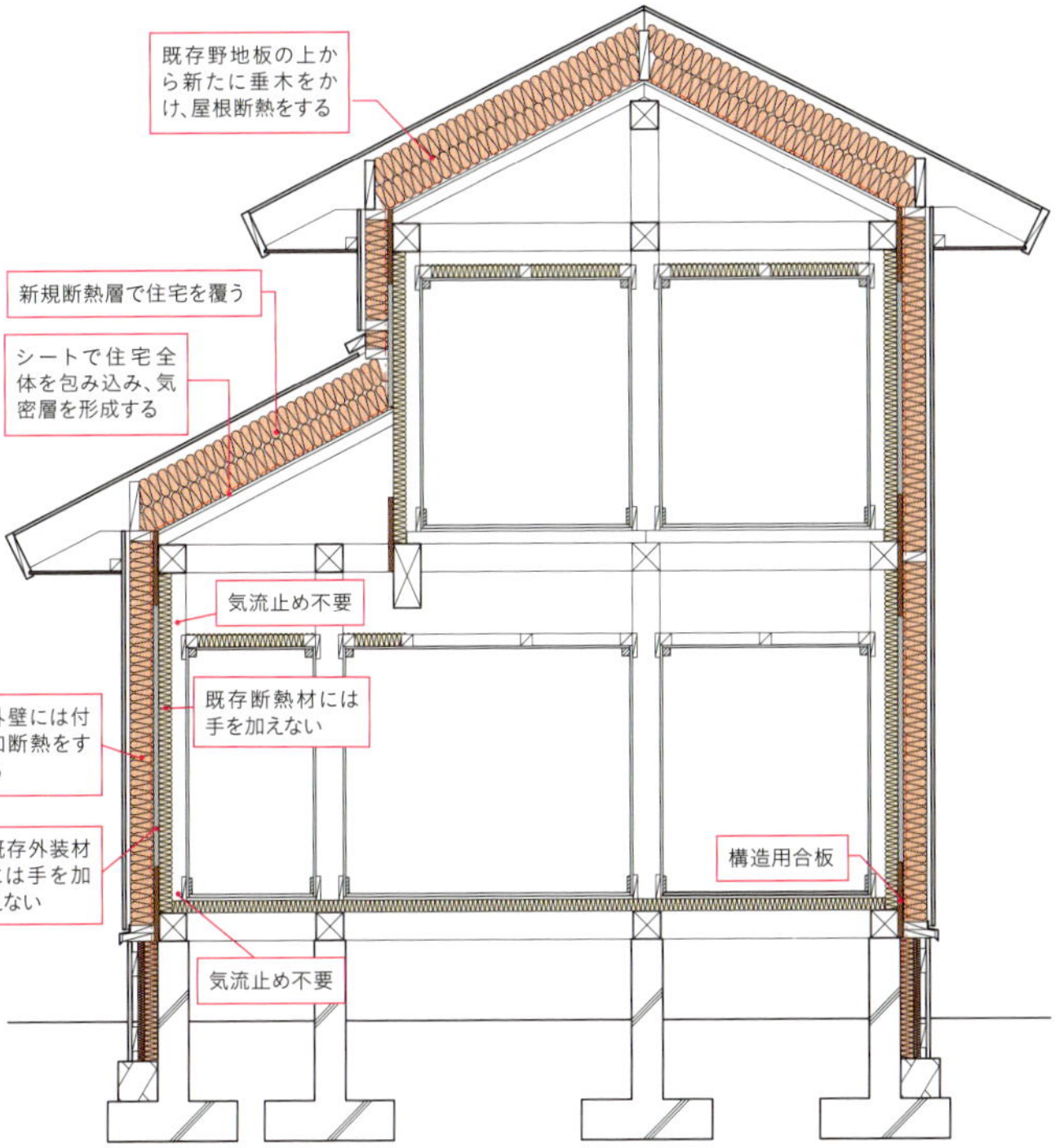
外壁には付加断熱をする
既存外装材には手を加えない

気は、外壁から外に抜けてしまいほとんど蓄積しないので、心配はほとんどない。ただし、外装がタイルなどで透湿抵抗が極めて大きい場合は、壁内の水蒸気が抜けにくくなるので、タイル面に付加断熱をすることで外装裏面の温度を上げ、壁内結露しないようにする。もちろんその分コストがかかるが、付加断熱によって断熱性能が著しく向上すると考えて納得するしかないだろう（図9右）。

改修後の断熱性能については、第1章を見て欲しい。これまでの経験では、改修住宅では世帯の高齢化で家族数も少なく、2階はあまり使わないという事が多い。家全体を断熱改修すると、1階だけを全室暖房とし、2階は1階からの熱で結露を生じない程度の室温が確保され、これまでの暖房費を増やさずに済み、かつ快適性が著しく向上している。

リフォームでさらに断熱性能を上げるには、温暖地では特にアルミサッシにガラス一枚という構成の開口部を、内窓を付けたり、断熱サッシに交換したりする必要がある。そして、図10のように断熱厚さを増やせば、リフォームでもQ 1.0住宅にすることも可能である。外側からすっぽり断熱材で覆う工法が有効で、外側の断熱厚さが十分であれば、既存部分の気流止めの施工はまったく不要になり、暮らしながらの工事もできる。

08 耐震性の低い住宅を効率的に耐震改修する

昭和55年の新耐震基準では、表3のような改正が行われた。主として壁量が約1.5倍に増えたのだが、横架材と筋かいと柱との接合部も強化されているので実質3倍に増えたことになる。特に筋かいについては、以前はほとんど圧縮力にしか効かない構造だったのだが、筋かい金物の義務化によって引っ張りにも効くようになった（表4）。ただし、当時の**住宅金融公庫***の仕様書を見てみると、昭和56年版は古いままで、昭和57年版から新耐震仕様になっており、実質的に昭和57年度から始まったようだ。問題はこの改正点がほとんど周知されなかったということである。当時、一般の工務店、大工、設計者にとってこの仕様書だけが木造仕様における唯一の情報源であったのだが、壁量の変更は確認申請時にチェックされるため周知徹底したが、接合部の仕様変更によって、筋かいプレートやV字プレートを筋かいや柱の端部に使う必要が生じたことに気づく人は少なかったようである。公庫住宅は現場での中間検査を受けるが、ここでも指摘されることはあまりなかったという。この結果、見かけ上の壁量は

＊**住宅金融公庫**：かつて存在した国土交通省（旧建設省）・財務省所管の特殊法人・政策金融機関。現在は住宅金融支援機構に業務が引き継がれている。公庫の住宅ローンを借り入れるための設計・施工仕様を示した「住宅工事仕様書」は、木造住宅仕様のスタンダードとなった。

1.5倍に増えたが、筋かいの強度は半分しかないため、実際の構造耐力は半分しかない住宅が大量に建設され続けた。

このことを国はずっと無視し続け、阪神・淡路大震災でも「基準法どおりに施工された住宅はほとんど被害を受けていない」と言明した。実際には新耐震基準以降建設された多くの住宅が被害を受けたのである。これらは、確認申請は受けているが、必要な補強金物が正しく施工されていなかったのである。

その後、平成12年の建築基準法改正で補強金物の使用が厳格化され、その出荷量が急拡大したことによっても、それまでいかに金物が使用されてこなかったかが分かる。言い換えれば新耐震基準以降の住宅の多くが耐震性不足ということになる。この事実は数年前の阪神・淡路大震災20周年に合わせて、木耐協の調査結果で初めて公表された。そこでは平成12年以前の住宅の耐力不足が年度ごとのグラフで示されているが、私は、実際はこれより遥かに悪いと考えている。

断熱改修の気流止めと目視検査をかねて、外壁の下端部を切断して筋かい金物の有無も調べると述べたが、ここに金物を設置すれば筋かいも息を吹き返すことになる。筋かいが耐力壁としてきちんと機能すれば、耐震性はかなり回復する。このような改修を断熱改修と同時に実施できるような工法を考案すべく、北海道立北方建築総合研

表3　建築基準法改正と在来木造工法の変遷

必要壁量(cm/㎡)

建築基準法	内容	1階	2階
昭和25年制定	柱の小径の強化、筋かいの寸法の具体化、必要壁量や壁倍率の具体化など	12 16	8 12
昭和34年改正	柱の小径強化、必要壁量の強化	21 24	12 15
昭和55年改正	必要壁量の強化、柱、筋かいと横架材の接合金物の強化	**29** **33**	**15** **21**
平成12年改正	耐力壁の配置、バランス、ホールダウン金物柱と横架材の接合強度確認など		

必要壁量は2階建て一般地で、上段が軽い屋根下段が重い屋根の場合

表4　新耐震による住宅金融公庫の仕様変更

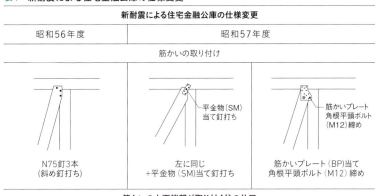

新耐震による住宅金融公庫の仕様変更

昭和56年度 ／ 昭和57年度

筋かいの取り付け

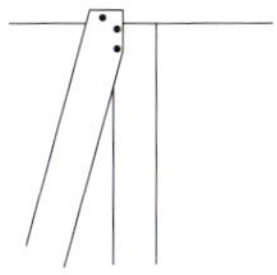

N75釘3本
(斜め釘打ち)

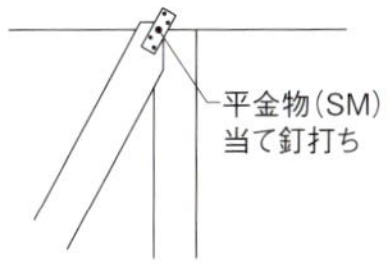

左に同じ
+平金物(SM)当て釘打ち

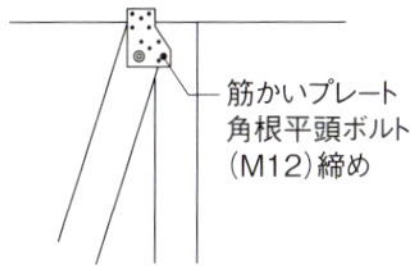

筋かいプレート(BP)当て
角根平頭ボルト(M12)締め

筋かいの上下端部が取り付く柱の仕口

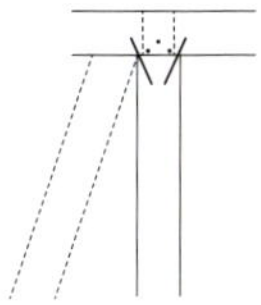

柱長ボソ差し釘長さ90mm3本
打ち
120mm×6Φの
かすがい2本打ち

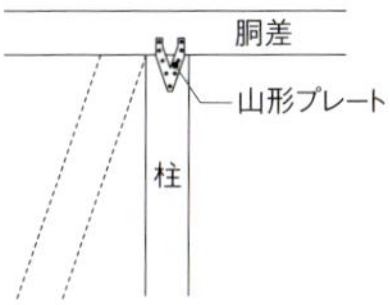

柱短ボソ差し、山形プレート
(VP)当て釘打ち

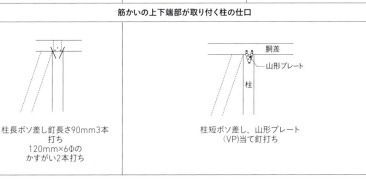

究所に共同研究を申し入れた。アイデアとしては次の2点である。

❶補強金物としては写真1のような薄型のものがあるが、土台廻りを点検した後、構造用合板を釘止めするのだから、釘の打ち方を工夫することで金物補強と同じ強度にはならないか

❷残ったモルタル外壁を剥がさないで、その上から木材で押さえつけ、付加断熱と新しい外装を施した場合、モルタル壁が耐力面材としてどれだけの強度を期待できるか

どちらも北総研の実験でその効果が確かめられ、北海道が日本建築防災協会の認定を取得した。そしてこの結果、図11~13のA工法・B工法が出来上がったのである。

A工法は既存の壁を残す工法で、壁の上下に気流止めを設置した後、下端部は合板釘留めとすることで筋かいと柱の補強を行う（図11・12）。図14のように柱や土台と合板との接合部に50㎜ピッチで釘を8~10本打ち込むだけである。写真のようなビス留めより遥かに簡単で安く済む。壁の上端部は軒天井を外し、合板または補強金物でやはり補強するが、その後に軒天を張ればほとんどの場合ここはその中に隠れてしまう。胴差廻りはやはり外装を剥がし気流止めを挿入後合板で補強することになる。

B工法はA工法の後、モルタルの上から木材（胴縁）を柱・間柱に留め付ける（図13）。木材にあらかじめ455㎜ピッチで孔をあけておき、木材をモルタルに当てが

図12　A工法の壁構成

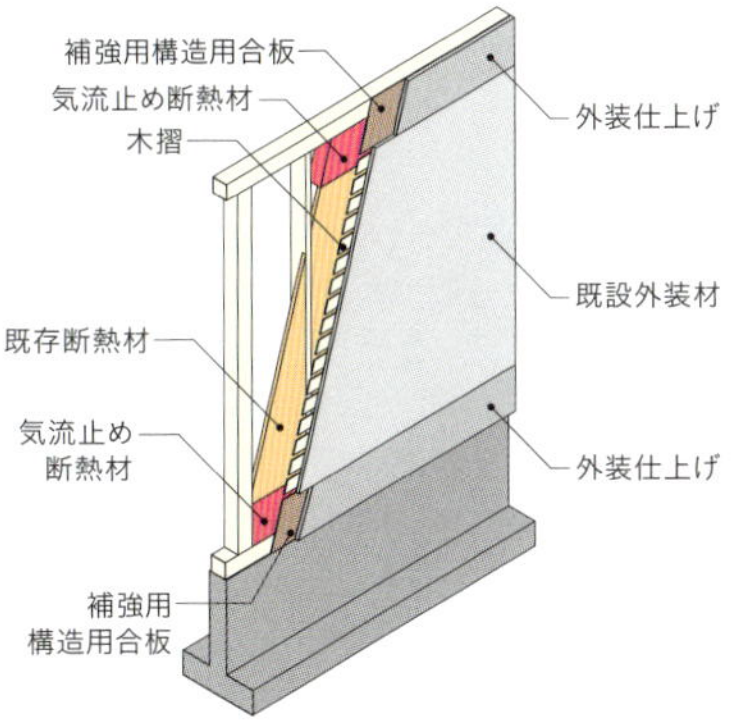

図11　A工法（断面）

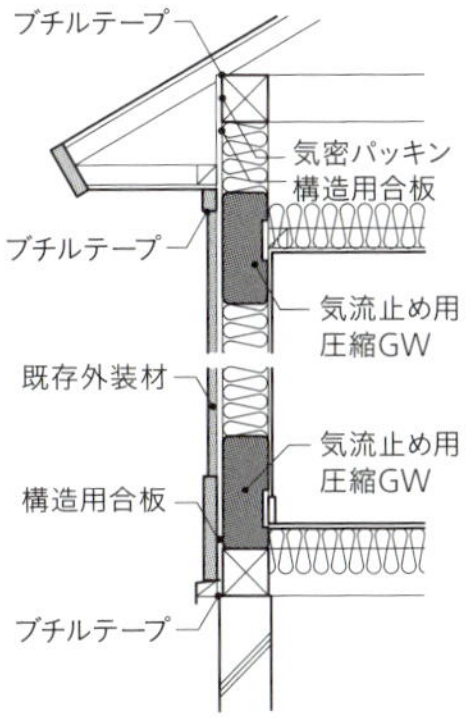

図13　B工法の壁構成

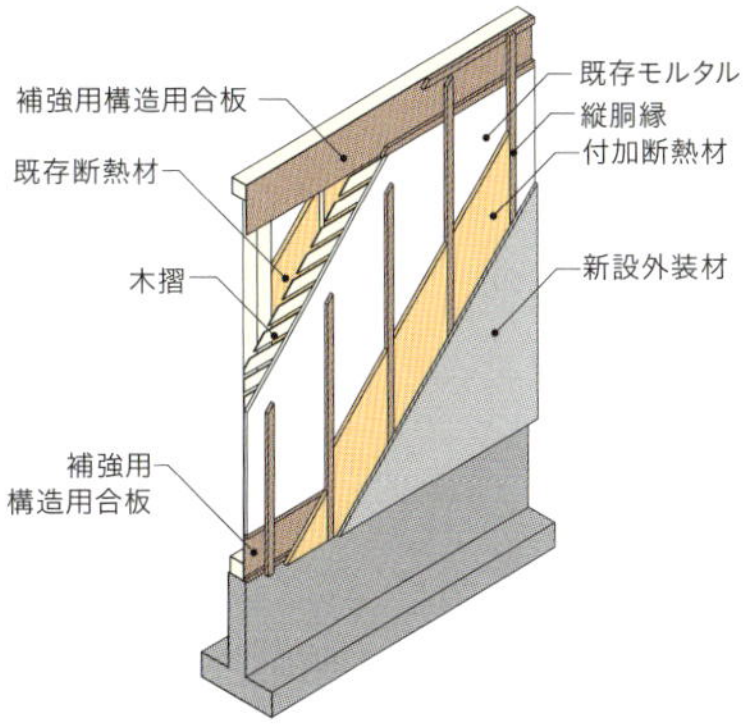

写真1　外壁に干渉しない薄型の
筋かい金物

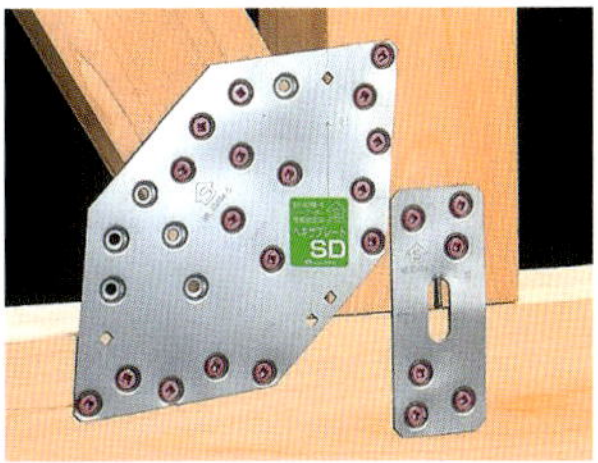

図14　合板と釘による耐震補強工法

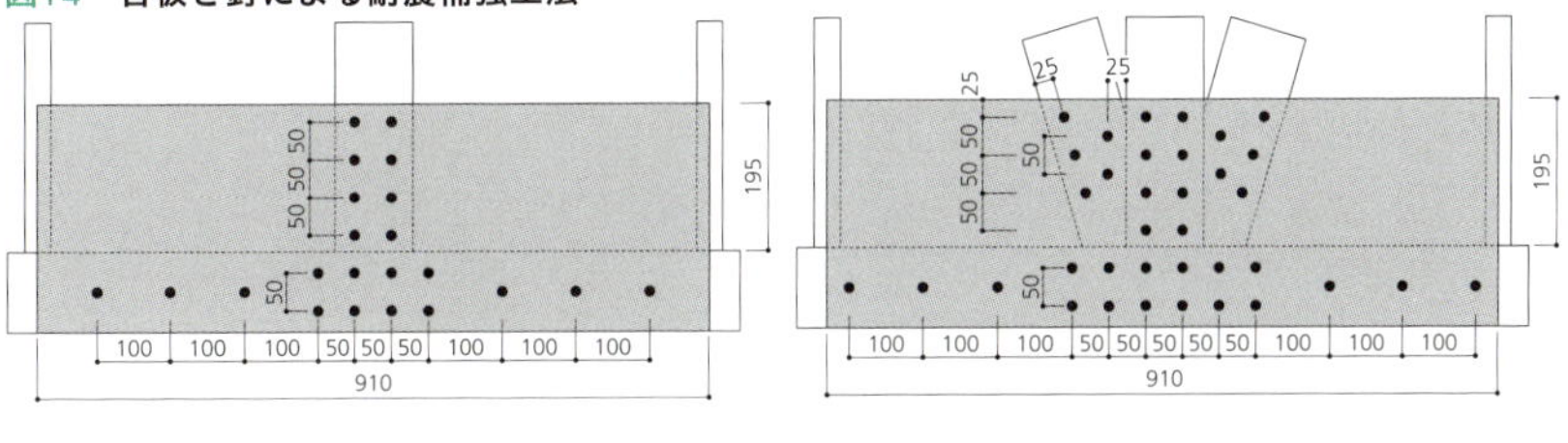

いながらコンクリートドリルでモルタルに貫通孔をあけ、パネルビスで留め付けるのである。その後木材間に断熱材をはめ込み断熱補強（付加断熱）とする。これで既存モルタル壁が約2倍の耐力面材として効くことになる。

B工法で全体を改修すると外壁材を新設することからそれなりの工事費がかかるが、断熱性能・耐震性能は格段に向上する。一方、A工法では、耐力壁が足りないときは、建物の1階隅角部だけ幅3尺分程度をB工法とする。これならコストもそれほどかからないうえ、耐力壁の不足も補ってくれる。外壁の隅角部や胴差廻り、土台廻りを切り取ることになるが、これをサイディングなどでデザイン的にうまく納める必要がある。

オープンな技術で住宅の断熱・耐震改修を推進

新住協は、これらの技術を取り入れた断熱・耐震改修で、国の**長期優良住宅**＊改修部門の補助金事業として、2010〜11年に約300戸の改修を行った。耐震診断の評点1.0以上と現行省エネ基準相当以上への改修であったが、その工事費の平均値は何と1200万円であった。1軒当たり約200万円の補助金が出たことも影響しているとは思うが、これは私のこの技術開発の目標から大きく外れたものとなった。私

＊**長期優良住宅**：平成21年に施工された「長期優良住宅の普及の促進に関する法律」によって定められた住宅のこと。認定を取得することで、税制面での優遇などを受けることができる。認定には、住宅性能表示制度によって定められた各性能項目の基準を満たす必要があり、断熱性能においては等級4を取得する必要がある。

は500万円ぐらいの予算で、設備廻りや一部の内外装改修の他に、ローコストに断熱・耐震改修を行って、老後の住まいを快適で安心して暮らせる家に改修できることを目標にしていたのである。

では、なぜここまで工事費が上がってしまったのだろうか。それはここで紹介した断熱・耐震改修の工事費が高いからではない。大規模な改修を予定したユーザーがこの補助金に飛びついただけであろう。いずれにしても、断熱・耐震改修の実例を積み上げて、来る大地震に備えて欲しいものだ。断熱改修して高断熱を実現した家は、大地震などの災害時には絶大なる威力を発揮する。電気やガスが止まって暖房ができなくても、それほど寒くならないのである。これは先の東日本大震災で証明された。

これらの技術は完全にオープンに公開されている。開発に協力してくださった関係各機関からいろいろな資料が出ている。それらを参考に、本格的な性能向上リフォームをはじめてほしいと思う。

09 外張り工法の問題点

私が木造住宅の断熱工法の研究を始めたのは30年以上前になる。当時、一般的なグラスウール充填工法の住宅は、断熱材を厚く施工しても性能が出ないばかりか、急速な木材腐朽をもたらすことから、北海道で大きな社会問題になっていた。それから5~6年の研究の後、透湿防水シートを使った通気層と気流止めを備えた高断熱工法を提案したのだが、当時、北海道で普及し始めていた**外張り工法***と真正面からぶつかることとなった。

建築学会の北海道支部に設けられた寒地住宅研究委員会には、行政や住宅業界の人たちも多く参加しており、そこで、北海道の住宅にはどちらの工法が適しているかについての激論が交わされた。私は、火事に弱い木造住宅に、可燃性の高い断熱材を大量に施工することには反対だったし、厚い発泡断熱材を外壁と木材で挟んで太く長い釘で止める工法の外装材保持力には大いに疑問を持っていたので、当然**グラスウール充填工法***派であった。

***外張り工法**：外壁や屋根などの躯体の外側に断熱材を施工する工法のこと。建物全体を断熱材で覆うことができるため、充填断熱に比べて薄い断熱材で同等の断熱性能を確保できる。ただし、躯体の外側に断熱材を設置するために、材料や工法などで工夫が必要になり、充填断熱に比べてコストアップする。

寒地住宅研究委員会での議論では結論が出ないまま、コスト的に圧倒的に有利だったグラスウール充填工法が次第に普及しはじめ、外張り工法は、北海道から本州に本拠を移し営業展開し始めた。そして、その後本州ではこうした議論が交わされることもなく、建設戸数が次第に増えていった。グラスウール充填の高断熱工法は、シート気密工法だったため、現場の工程と納まりが従来から若干変わり、本州の、特に温暖な地域の大工、工務店にとって、かなり面倒と感じられたようだ。

しかし、先ほど挙げた問題は残ったままである。木造建築ではないが、数年前の中国の高層ビル火災や先日の英国の高層マンション火災では、発泡断熱材の火災時の燃焼性に驚かされたし、特に後者では、通気層から侵入したフラッシュオーバーの炎による外熱断熱材の燃焼が大火災につながった原因と指摘され、規模こそ違うが日本の木造外張り工法住宅にも共通する問題であると感じている。実は日本でも外張り断熱工法の住宅における火災が起こっているようで、隣家の火災の炎が外壁通気層から入って延焼した事例はかなりあるようだ。この場合、消防の人は、あちこちから煙が出て火元が分からないため外壁を壊しまくる必要があるとのことである。次に外張り工法断熱住宅が火元となった火災事例を紹介したい。

＊**グラスウール充填工法**：グラスウールを用いて壁や屋根の内部、天井などに断熱材を充填する工法。施工が簡易で、費用も安価なため、日本国内では最も普及している。ただし、壁内や屋根内に水蒸気が入らないように、断熱材の内側に防湿処理を行う必要がある。

10 外張り工法の火災で何が起こったのか

2006年（平成18年）5月19日に河北新報で、秋田の住宅火災が報じられた（写真2・3）。仙台の新住協の事務局から現地に飛び、その住宅が外張り工法であったことを確認した。その時に撮影した写真を、日本の防耐火研究の第一人者である菅原進一・東京理科大学教授に送り、菅原教授とともに同年6月初めに秋田消防署の案内で状況を視察した。

外張り工法住宅が初めて北海道で建設されて以来約20年を経て、われわれが初めて確認した火災事例であった。4人死亡という不幸な出来事ではあったが、学ぶことの非常に多い貴重な体験であった。ここにその状況を報告したい。

事例は、在来木造工法の大屋根の2階建て住宅（写真4−1〜4）で、断熱材に高性能フェノールフォームを外壁に40㎜厚、屋根に50㎜厚を使用した外張り工法。床は剛床で、これが1階から2階へのファイヤーストップになっている。1階は玄関左側の続き間の和室が壁・天井とも石膏ボードクロス張り仕上げ、そのほかの部屋は柱・梁

写真3　火災を伝えるニュース番組

2006年（平成18年）5月19日（金曜日）

秋田

住宅全焼4人死亡

未明出火、不明の一家か

全焼した野上さん方＝19日午前5時50分ごろ、秋田市仁井田踏見町

3年前にも自宅全焼

野上　喜昭さん

静枝さん

恒子さん

智代さん

写真2　火災を伝える新聞記事
（河北新報2006年5月19日朝刊）

写真4
1_全焼した住宅の全景。右側1階居間が火元／2_屋根垂木の上に断熱材は完全に燃焼してそのほとんどが消失／3_外壁の断熱材は外側からの炎で燃焼／4_右に屋根だけ見えるのが延焼した隣家

に溝を切りパイン材の羽目板をはめ込んだ柱・梁あらわしの仕上げである。2階も1階同様の仕上げで、屋根断熱の下にパイン材の水平な天井がある。屋根が大屋根のためか小屋梁間隔が広く、2×6材を垂木に使い、野地板を省略して50㎜厚の**高性能フェノールフォーム***を垂木の上に直張りしていた。暖房は居間の灯油ストーブ、給湯は深夜電力利用の温水器という構成であった。

出火場所は、1階居間の中央部。ご主人は喫煙をするが、普段は台所のレンジフード付近か屋外で喫煙していたという。出火原因は深夜ご主人が一人、出火場所でテレビを見ながら喫煙をし、その不始末が原因ではないかと推測されている。未明3時ごろに出火。火の回りが早く、火元上部の2階床の厚い合板も燃え抜けている。ご主人は2階の寝室で、奥さんと娘さんは2階バルコニー、祖母は1階居間隣の和室でそれぞれ死亡。いずれも一酸化炭素中毒である。この家族の家は、3年前にも住宅を全焼しており、同じ場所に建て替えたばかりであった。北側に建つ隣の家は3年前には延焼を免れたが、今回は火勢が強く、屋根の鉄板が過熱して野地板から出火、1階の天井裏が全部燃えてしまい、調査時には建て替えのため解体が始まっていた。なお、この時の火災による火力は非常に強かったようで、南側に約25m離れた家でも、2階バルコニーの塩ビ波板屋根が溶けたほどであった。

***高性能フェノールフォーム**：フェノール樹脂を成型した断熱材で、ボード形状で製品化されている。高性能フェノールフォームは、ノンフロン発泡により断熱性能が強化された製品。熱伝導率が0.020W／m・Kとほかの樹脂系の断熱材と比べても高いが、そのぶん価格も高い。

外壁は、室内側からパイン材羽目板12㎜厚、壁内空洞約70㎜、**OSB***12㎜厚、ダイライト12㎜厚、高性能フェノールフォーム40㎜厚、通気層18㎜、窯業系サイディング12㎜厚という構成である。室内側に石膏ボードはなく、外張り工法の防火構造の要件を満たしていない。内装を羽目板とすることを優先したらしいが、外壁を防火構造とするにはOSBだけでは違反になることに気づき、**ダイライト***の使用で防火構造を満たそうとしたのではないか。しかし、この仕様ではダイライトの防火構造の要件も満たしていない。ただし、今回は外からではなく室内からの火災である。

天井と壁はともに羽目板張りで裏が空洞になっており、さらに羽目板の目地部は木も薄く、簡単に裏側に燃え抜けてしまうため、羽目板は両面から一気に燃え上がったと推察される。OSBは火元付近では燃え尽きたが、その外にダイライトがあったため、外側の高性能フェノールフォームは内側からではなく、窓から外に噴出する炎で、通気層から炎が入り、外側から激しく燃焼していた（写真4-3）。2階天井も燃え抜けているが、そこには屋根の高性能フェノールフォームが野地板なしで露出しているため、完全に燃焼している（写真4-2）。火災後半の隣の家に延焼するほどの強い火力は、外壁と屋根の高性能フェノールフォームの燃焼が原因と推察される。

1階の続き間の和室は、壁・天井ともに石膏ボードが張ってあったので、火元から

＊OSB：鉋屑状の木片を接着剤で固めて板状に形成した板材。アメリカで2×4工法住宅の床や壁に合板の代わりに使用される。日本でも普及してきた。

＊ダイライト：大建工業が製造・販売する火山性ガラス質複層板。耐火性・耐震性に優れた材料で、外壁の耐力壁や内装下地材、軒天材などに使用される。また、水蒸気を通しやすいため、外壁の下地に使用することで、壁内の水蒸気の排出に効果がある。

遠いこともあり、ほとんど燃えていなかった。内装を羽目板張りとする場合、グラスウール断熱でも納まり上の問題から石膏ボードを省略することがよくあるが、これは外壁防火構造の要件を満たさないだけでなく、今回の火事で起きたように壁の内部に火が入ってしまうことになり、非常に危険な構法であることを痛感した。

また、高性能フェノールフォームは、発泡断熱材のなかでは燃えにくい材料とされているが、火災時の強い火力の中では激しく燃焼することが改めて認識された。今回の火災では、断熱材の内側にダイライトが施工されていたため、断熱材が室内側から燃焼した部分はほとんどなく、4人の死亡原因には直接的な影響が少なかったようだが、もしこのダイライトがなかったらどうだったろうか。以前の防火構造では、外壁内側に石膏ボードを張る必要がなかったため、室内火災によって外張り断熱材が燃焼し、もっと激しい火災になっていたかもしれない。そして、在来木造住宅は、普通の構成ではファイヤーストップがなく、壁内の炎や煙は、壁内から天井裏、2階の壁内へと拡散する。2階の部屋に煙や炎が回りやすい構造なのである。やはり、何らかのファイヤーストップが必要とされよう。

新住協発行の「新在来木造構法マニュアル2002」には、約10頁にわたって外張り工法の問題点とその解決方法が述べられており、改良提案が詳細に掲載されている。ぜひ参考にされたい（図15〜17）。そして今回の火災の最大の問題は、防火構造で守られているはずの隣家が延焼してしまったことである（写真4-4）。発泡断熱材の強い火力が、防火構造の想定以上だったのだろう。近い将来に発生が予見される東南海地震では、各所で火災が発生することが懸念されるが、関東以西でも外張り工法住宅が数多く建設されている状況を考えると、これが大火災の原因となることは容易に予想でき、何らかの対策が必要と考えている。

そもそも、火災に弱い木造住宅に大量の可燃性断熱材を使うこと自体、不思議なことなのである。近年、**低密度現場発泡ウレタン吹付け充填工法***が急速に増えていると聞く。さらにその施工時に出る大量のくずウレタンを細かく砕いて天井のブローイング断熱材として使う工法までが開発されたという。背筋が寒くなる思いである。

グラスウールやロックウールのような不燃断熱材を使った構法が、耐久性、断熱性、施工性などいろいろな問題が解決され、北海道や東北ではメジャーな工法となっている、温暖地でも問題なく適用できることが実証されており、施工も容易な工法が開発されている。住宅を供給する工務店、ハウスメーカーには、少しでも安全性の高い住宅を供給する義務があると私は考えている。

＊**低密度現場発泡ウレタン吹付け充填工法**：従来のウレタン発泡より高倍率で低密度の発泡ウレタンを現場で壁内などにスプレー状に吹き付け、発泡させる工法。可燃性が高く、熱性能も従来品より遥かに低く、施工によるばらつきが大きい。硬化収縮があるので隙間の充填性はそれほど高くはない。

図17　外壁の保持や防耐火性能を向上させる改善例

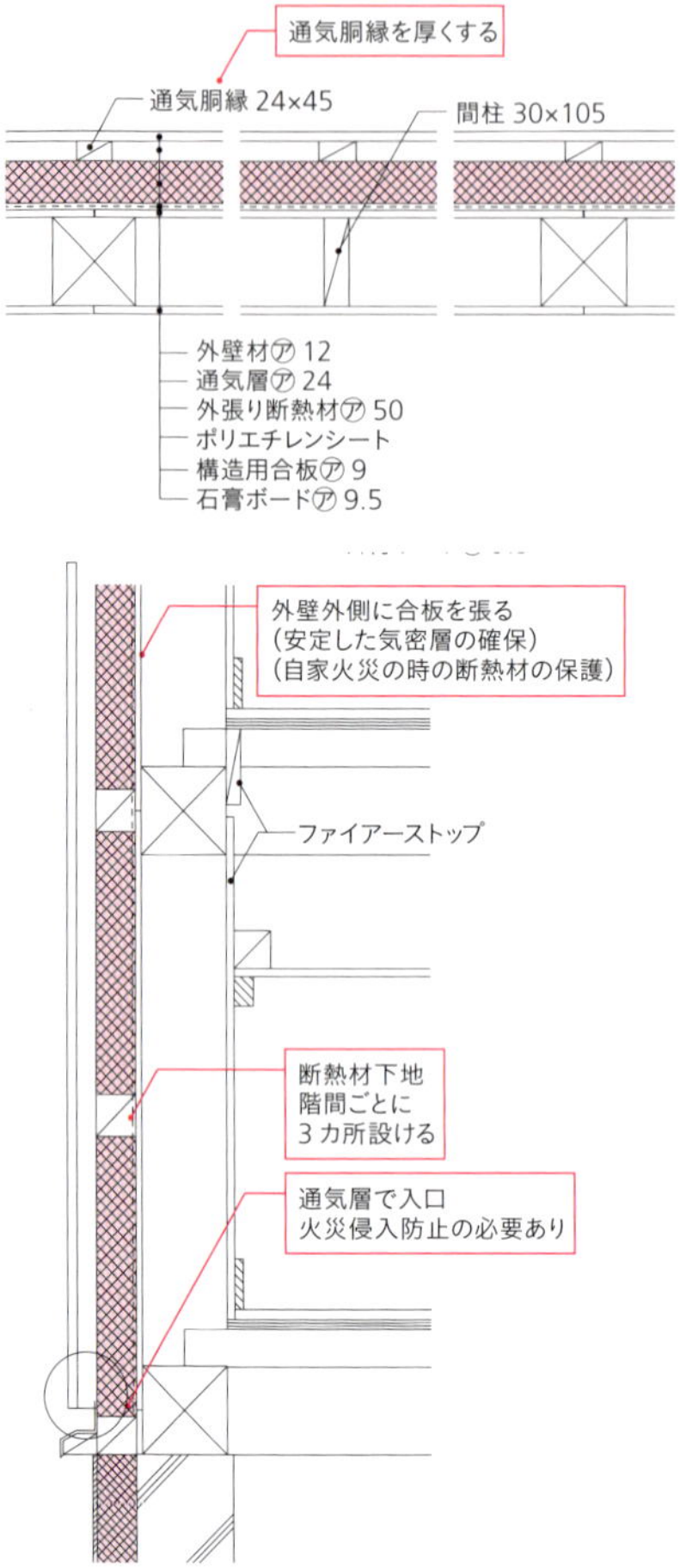

図15　外張り断熱の火災の問題

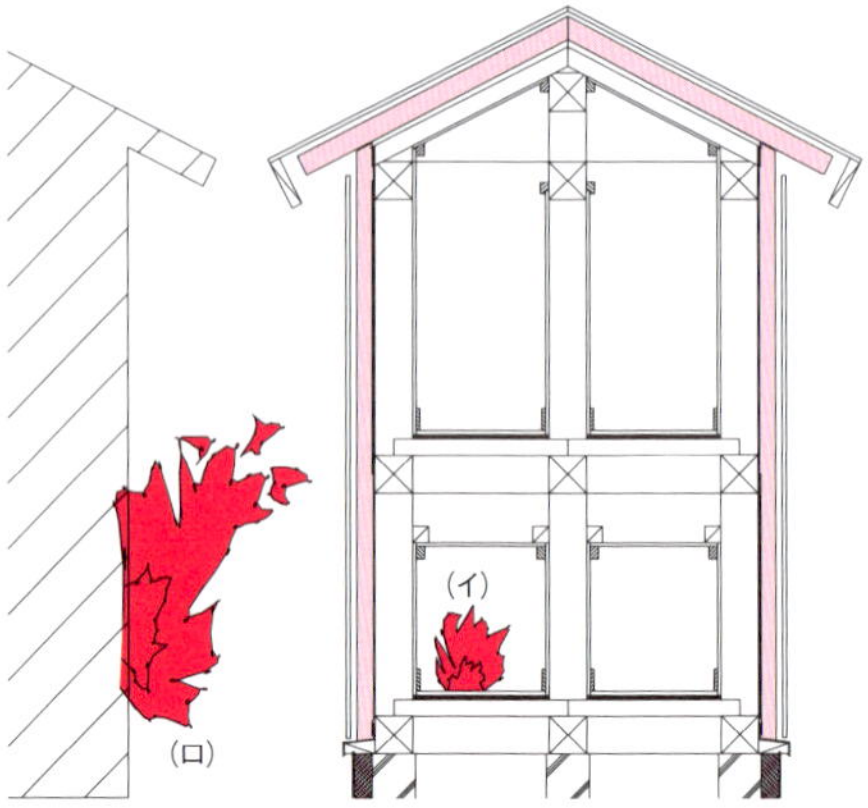

図16　外張り断熱と天井断熱を併用した工法

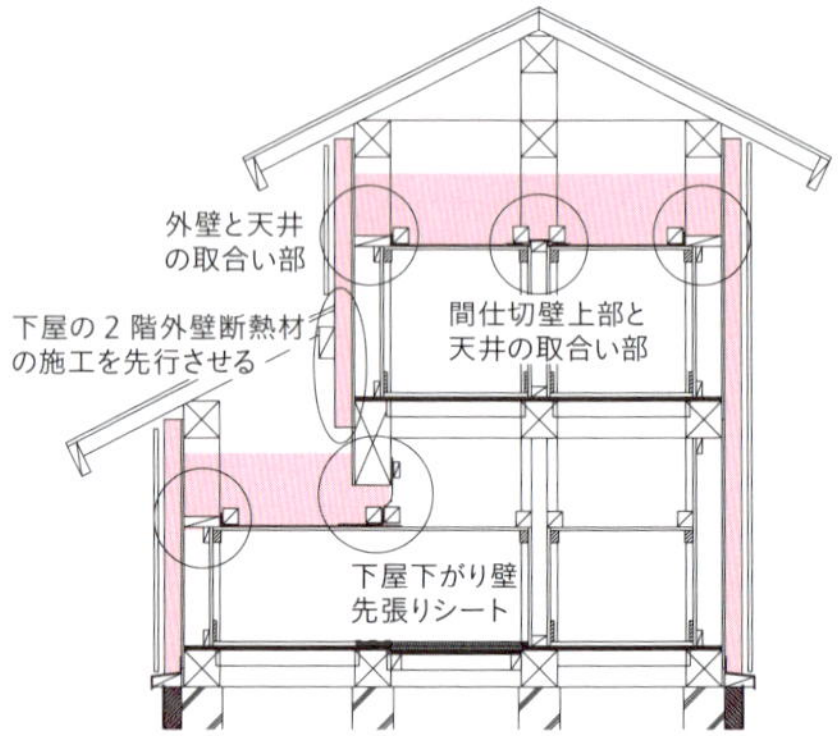

外張り工法は屋根構造が2重になるためコストアップとなる。それを避けて天井断熱とする場合は必ず気流止めが必要になる

11 外張り工法の開発経緯と問題点

木造住宅の発泡断熱材による外張り工法は、約30年前に北海道で開発された。メーカーの技術者による開発ではなく、断熱建材を販売する問屋の営業部長のアイデアであったことが興味深い。当時、ＲＣ造建築の断熱工法が発泡ポリスチレン板打込み工法から**現場発泡ウレタン吹付け工法**＊に急速に変化し、発泡ポリスチレン断熱材の販路を求めて開発されたものである。発泡断熱材は、繊維系断熱材のように木材間に充填することには適していないため、充填断熱の付加として、外側に薄いボード状の断熱材を張る工法が、北海道では普通に行われていた。この充填断熱をやめて壁の外壁に50㎜厚の発泡ポリスチレン板を目違いに2枚張る工法とした。当時始まったばかりの基礎断熱工法と組み合わせ、さらに天井断熱ではなく屋根の野地板の上にやはり2枚張る工法となった。これが外張り工法の原型である。

なお、１００㎜厚のボードを張るのではなく、50㎜厚のボード2枚張りとしたのは、目地の貫通を避けるためと、壁や屋根の下地をしっかりさせるためで、2枚目は

＊**現場発泡ウレタン吹付け工法**：鉄筋コンクリート造や鉄骨造の一般建築で一般的な断熱工法で、ウレタンをスプレー状に現場で吹付け、発泡させる工法。コンクリートに発泡断熱材を打ち込む工法より簡便で多用されている。可燃性が高く、施工中の溶接の火花などで発火すると爆発的な火災が起こるため、施工には十分な注意が必要とされる。

同厚の木材をボードの継目に挟みながら張り付ける工法であった。

当時はオイルショックの最中で、省エネで快適な住宅を求め、北海道中でさまざまな研究・開発が行われていた。しかし、主流であったグラスウール充填工法は、壁内一杯に断熱材を施工しても断熱性能はさほど上がらず、そればかりか急激な木材腐朽が生じる例も多く、研究・開発は遅々として進まなかった。一方、外張り工法の住宅は、断熱材の性能が計算どおりに発揮され、快適な省エネ住宅となった。コストは高かったが、何よりも家中が快適に暖かくなることはほかに代え難いものがあり、その建設戸数は徐々に伸びていった。しかしその数年後、私たちの研究によってさまざまな問題点を解決したグラスウール充填工法の高断熱・高気密工法が発表されると、主としてコスト上の不利から次第に建設量は減っていった。

外張り工法を販売していたメーカーは、市場を北海道よりも本州に求め、断熱材を50㎜厚のボード1枚張りにしてコストを下げ、東北以南で営業展開した。また、同業他メーカーに特許工法を公開して、そのほかの**発泡ポリスチレン***板や発泡ウレタン板による多くの工法が生まれ、建設戸数を大きく伸ばした。(図18)

北海道では、冒頭に述べたように、今後の寒地住宅の断熱工法としてどちらが適しているかが議論された。外張り工法については、木材の乾燥収縮による釘の緩みや外

***発泡ポリスチレン**：スチレン樹脂を成型した断熱材で、ボード形状で製品化されている。住宅分野では、製造工程の違いからビーズ法と押出し法の2種類の断熱材が使われている。基礎断熱では最も使われている断熱材で、外張り断熱にも使われる。

図19　外張り断熱の外装材の垂れ下がり

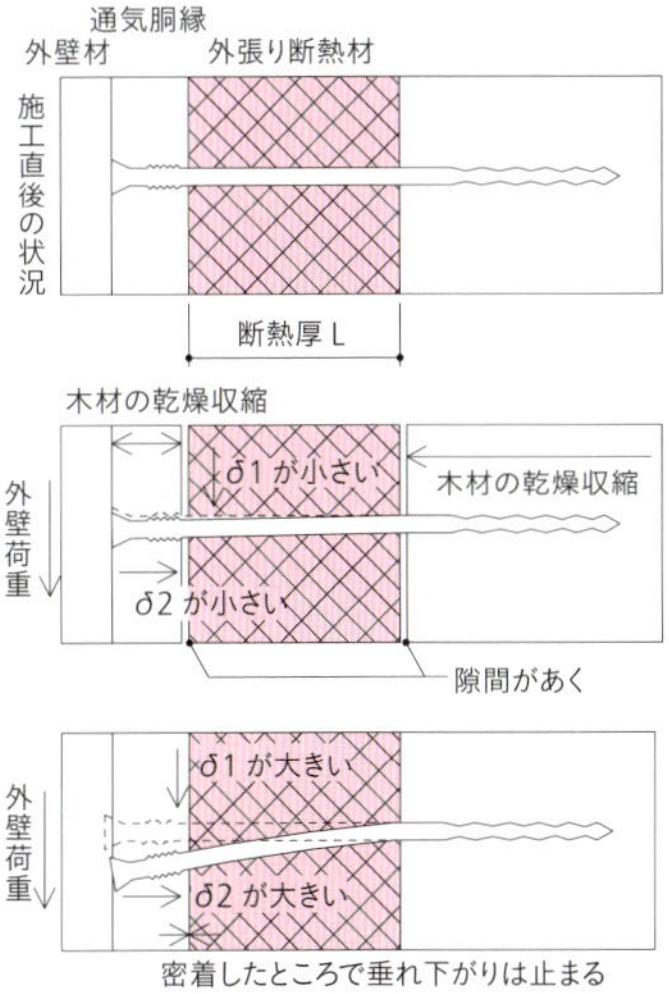

木材の乾燥収縮が起こると外装材の荷重は釘の曲げだけで支持されることになり、外装材の垂れ下がりが生じる。また地震の縦振動では外装材の脱落が生じている

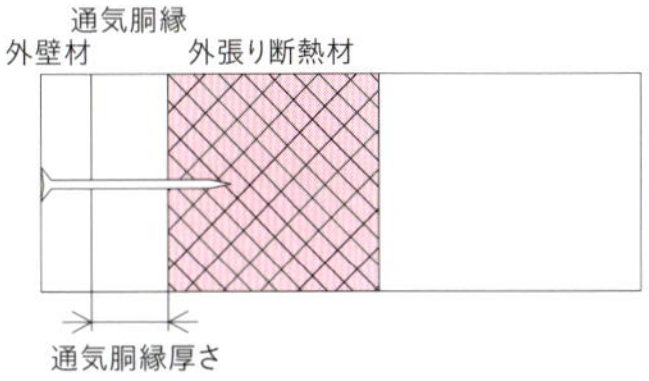

外装材は通気胴縁だけに留め付けられることになり、保持力に不安がある

図18　外張り工法の標準構成

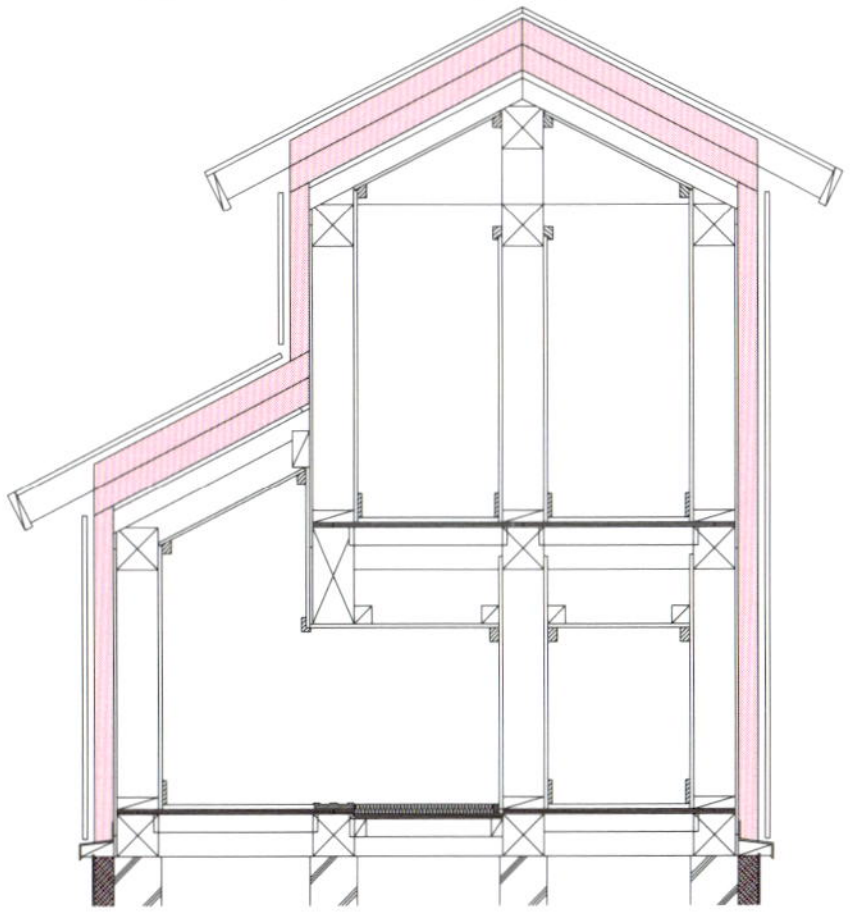

本州では普通、屋根は断熱材50mm厚1枚で施工されるが、基準の見なし仕様では同100mm厚が要求される

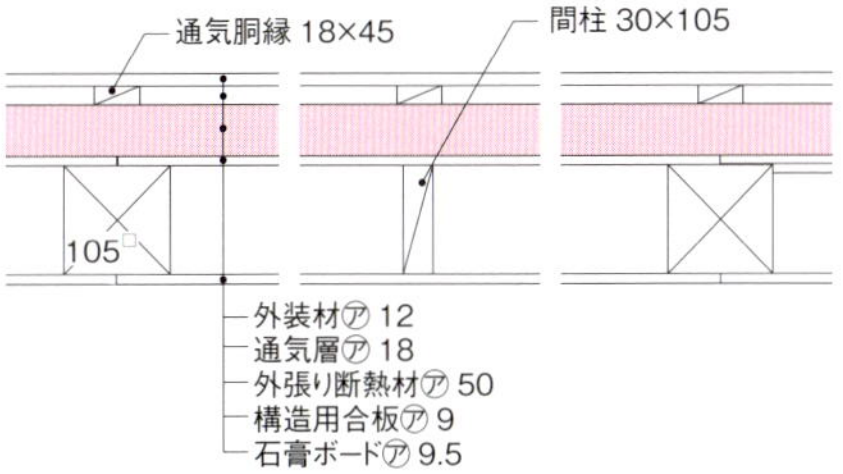

壁の垂れ下がり（図19）、火災時の安全性が問題視され、グラスウール充填工法については、大工の技術教育の困難さが指摘された。この議論は、外張り工法が北海道から撤退したことにより結論を得られなかったが、本州でこの種の議論が行われていないことに不思議さを感じている。

柱梁などに乾燥木材が普及したり、緩みにくいねじ釘が開発されたりして、外壁や、屋根の緩みの問題はその後改善されたが、外壁の垂れ下がりは必ずしも解決されていない。新潟県中越地震では、外張り工法の外装サイディングが地震の縦震動ではがれ落ちた事例が数多く報告されている。そして何よりも、火災時の安全性について多くの問題が残されている。

12 問題の多い防火構造の認定制度

建築基準法では、木造住宅の防火について隣家に「延焼しないこと」に重点を置いている。戦後の都市大火が木造住宅の延焼によって生じたことによる。外壁は、隣家の火災に対し一定以上の防火性が要求され、屋根や軒天井にも防火性が要求されている。平成12年の建築基準法大改正の際に、この**防火構造***の認定制度が大きく変わり、工法・材料の多様化に合わせて個別工法認定が行われるようになった。これまで外装材だけの材料認定であったのが、内装まで含めた外壁構造体について試験を行い、壁全体の構成を認定する仕組みである。従来、壁の防火構造では、認定された防火構造外壁材を外装表面に施工することが要求されていたのだが、この改正により、室内面や壁内に石膏ボードなどの不燃防火材料を配した構成とすることで外装材として木材などの可燃物を使用することも可能になり、設計の自由度は大幅に向上した。

これまで防火構造として安全かどうかが曖昧だった、発泡断熱材による外張り工法も、この認定制度によってお墨付きを得ることとなった。しかし、問題は残る。試験

＊**防火構造**：防火構造とは、建築物の周囲において発生する通常の火災による延焼を抑制するために外壁または軒裏に必要とされる防火性能を有する鉄網モルタル塗り、しっくい塗り等の構造のことで、国土交通大臣が定めたものまたは国土交通大臣の認定を受けたものをいう。

を行う建材試験センターが予備的な実験を行ったところ、外張り工法など可燃物を多く含む外壁構造の試験では発煙が著しく、試験場の排煙設備を大幅に増強する改装を施したうえで認定試験を始めたもののそれでも足りず、外壁通気層工法の上下にスチールウールを詰めて、試験装置のバーナーの炎が通気層に入らないようにして試験を行っているという。その後、大阪の試験場がさらに改装され、このスチールウールを詰めなくても試験ができるようになったと聞くが、メーカーは果たしてこの大阪で試験を受けるであろうか。何はともあれこの認定を受けたすべての外張り工法で、室内側に石膏ボードを張ることが必須条件になっていることに施工者は留意されたい。

この構法認定は、あくまでも、延焼防止を多様な構法で実現するということが目的であり、火災を起こした住宅の住人の安全性についてはまったく検討されていない。建築基準法は、室内の防火、耐火性能について、普通の2階建て住宅では、火気使用室の防火しか要求してはいない。**オール電化住宅***は台所を含めて火気使用室は存在しないので、何の規制もないのだ。近年の住宅火災で死亡事故が多くなっていることから考えても、今後は室内の防火・耐火性能についても検討される必要があろう。EUにおいては、可燃性の高い建材について、建築への使用そのものを規制する流れにあると聞いている。

***オール電化住宅**：すべてのエネルギーを電力でまかなう住宅のこと。IHクッキングヒーターやエコキュートの登場によってガスがなくても同等の生活レベルが維持できることと、深夜電力の割引などの料金施策によって普及した。東日本大震災後に普及が鈍化したが、最近はまた復活傾向にある。

第3章

気密・換気はどこまでやればいいのか

断熱に比べると理解が難しい気密と換気。家の内外の空気の移動をコントロールするこの2つの概念について、その基本的な考え方を解説するとともに、省エネの視点でどのような換気方式や換気設備を選択し、どのように設計していくべきかについて解説する。

01 日本に高気密住宅は必要なのか？

「住宅を気密化する」と言うと、今でも反発する人が多い。私が30年近く前に「高断熱・高気密住宅」という言葉で省エネ住宅を提案し普及活動を始めると、やがて日本中から猛反論を受けた。その反論の多くは「北海道の技術で日本全国の家をつくろうとするのはナンセンス。日本の気候は高温多湿なので、気密化は問題がある」というような内容だった。日本建築学会の全国大会でもパネルディスカッションが開かれ、10人のパネリストのなかで私だけが「暖房・冷房するとき窓を開け放すのか」と主張した。

その後まもなく、OMソーラー協会から「家は開くべきか閉じるべきか」というテーマで多くのデザイナーや研究者に向けた公開ディスカッションの提案があった。馬鹿なことをすると私はあきれた。当時のOMソーラーは低断熱・低気密の家に**太陽熱空気集熱パネル**＊を搭載し、晴天日の日中は快適だが、夜はただの寒い家。昼と同じように快適にするには多くのエネルギーを使うしかなかった。何よりも日本の住宅

＊太陽熱空気集熱パネル：太陽熱を使って高い温度の温風をつくり出すためのパネル。普通は屋根の南面に設置し、温風はダクトとファンで床下に吹き出したり、熱交換換気を使って温水をつくったりする。夏は100℃近くの高温になることもあり、ガラスのシーリングの耐久性に問題がある。

はどうあるべきかと大上段に振りかぶりながら、日本の冬の寒さをどうするかという具体的な問題にはまったく触れないものであった。

私たちは、コタツで丸くなるしかない冬の住生活を、伸び伸びと活動できる寒さ知らずの家に変え、かつ暖房費が今までより少なくて済む家づくりの手法を具体的に提案したつもりだった。住宅のデザイン論は、その土俵の上で行われるべきで、抽象論として面白がられるのは迷惑でしかなかった。

隙間風・冷たい窓・効かない断熱材

日本の木造住宅は隙間だらけである。床・壁・天井それぞれの面はクロスやボードでほとんど隙間がないが、それらが交差する部位、すなわち廻り縁や幅木の廻りは結構隙間が多く、その隙間は、構造的に壁内から天井裏や床下を通じて外部につながってしまう。このような住宅で暖房すると、温かい空気が天井付近の隙間から上に逃げ、外の冷たい空気が床付近の隙間から隙間風として入ってくる。もちろん、壁内を冷気流が走るため壁面も冷たい。

また引違い窓は隙間が多く、古くなってサッシのシール材が硬化するとますます隙間だらけになる。サッシの枠はアルミで冷たいし、ガラスも1枚なので窓周辺の空気が冷やされ、その冷気が**ダウンドラフト***となって床面を流れる。そこに先ほどの隙間風も加わり、暖房していても床が冷たく天井付近は暑いという、一般の日本家屋の典型的な温熱環境が出来上がる。まずはこれらを根本的に解決しなければ暖かく快適な環境をつくることはできない。それを実現するのが、細かな隙間が生じない納まりと壁上下の気流止めなのである。これにより断熱が効くようになり、隙間風がなくなる。結果として高気密になるのである。

気密化は省エネ快適住宅にとって必然

平成28年省エネ基準*住宅は、その仕様が気密化工法になっており、仕様書通りに住宅をつくれば気密性能はC値＝2.0㎠／㎡以下にはなり、第3種換気で0.5回／hの24時間換気を行うことになる。この気密化の措置を全く行わなければ、1.5回／hの自然換気が生じることとなる。これに省エネ基準より開口部を強化したり熱交換換気を導入したりする性能向上させた場合の、住宅の熱損失係数と、東京・練馬の住宅の暖房エネルギーをグラフにしたものが図1である。練馬辺りの一般住宅の暖房エネルギーは、灯油に換算すると年間400ℓ程度とみられる。全室暖房が実現するとは言え、気密化した省エネ基準ですでに一般住宅の暖房エネルギーの約1.5倍である。低気

＊**ダウンドラフト**：窓などで冷やされた空気が降下する現象。窓の隙間風も含めて冷気が壁際や床面に流れ込むため、暖房をつけていても足元が寒く感じてしまう。窓の断熱性能や気密性能を強化することで、ダウンドラフトを抑えることができる

＊**平成28年省エネ基準**：本的な性能レベルは次世代省エネ基準（平成11年基準）をほぼ踏襲するが、外皮の性能について従来の熱損失係数Q値から外皮平均熱貫流率UA値への変更や、一次エネルギー消費量計算を行うなどのマイナーチェンジがなされている。

密住宅を想定して換気回数を1.5回にするとこれが1.7倍にもなるになる。低気密住宅のまま開口部の性能を上げても暖房エネルギーは減らないのだ。気密化して換気回数を0.5回、さらに開口部を強化してようやく一般住宅の暖房エネルギーとほぼ同じぐらいの暖房エネルギーになるのである。換気で損失する熱を熱交換換気で回収すると暖房エネルギーは一般住宅の半分になる。このグラフから、換気の熱損失がいかに大きいか、省エネ快適住宅にとって気密化が必然であることが理解されよう。

図1　換気回数における熱損失と暖房灯油消費量

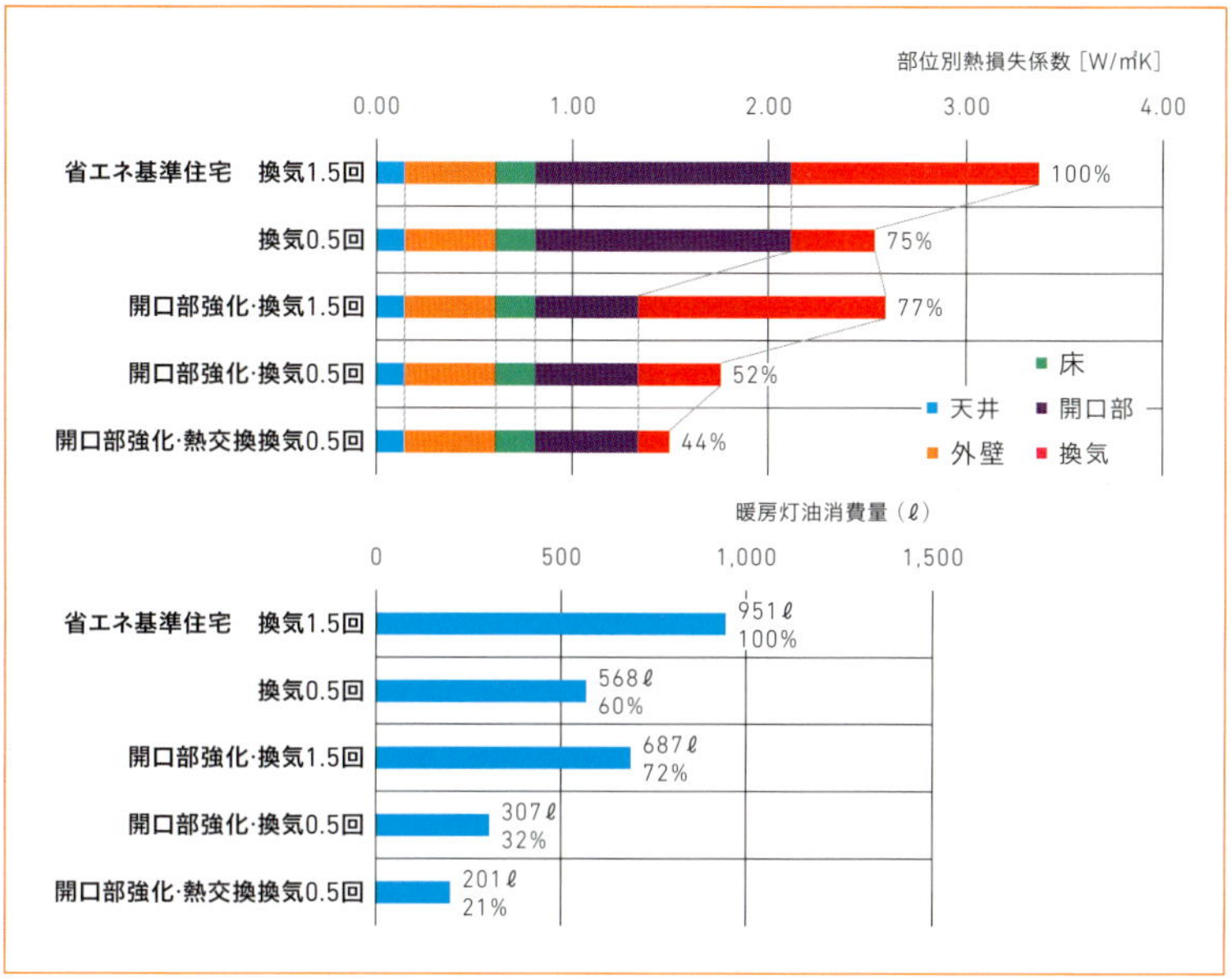

02 住宅の隙間はどこにあるのか

木造住宅は壁内の空洞が壁の上下で天井裏や床下につながっている。これが隙間風の主な原因となることを述べたが、改めてもう少し詳しく見てみよう。在来木造住宅は図2のように床・天井に対して壁勝ちの工法となっている。幅木、廻り縁、額縁など、床と壁と天井の取合い部分には木材の乾燥収縮によって必ず隙間が存在し、風圧の変動や住宅内外の温度差による圧力差により、大きな隙間風が生じる。つまり、壁の上下に気流止めを設置するだけで気密性が格段に向上することが分かる。ただし、これだけでは不十分なため、気密層で住宅をすっぽりくるむ構造が考えられたのである。

家中の隙間の量を計るには**気密測定***を行う。これは住宅から、送風機で室外に空気を排出して減圧し、その時の風量と内外の差圧を測定してその関係から隙間の大きさを測定する方法で、図3に示す（減圧法）。この測定により、住宅の隙間の圧力損失を考慮した相当隙間面積（㎠／㎡）が分かる。

＊**気密測定**：設計した気密性能どおりに施工した住宅の気密性能が確保されているかを測定すること。法的な義務はないが、気密性能は施工精度によりかなりの差が生まれる部位なので、できる限り測定することが望ましい。

図2　在来木造住宅の暖房時の空気の流れ

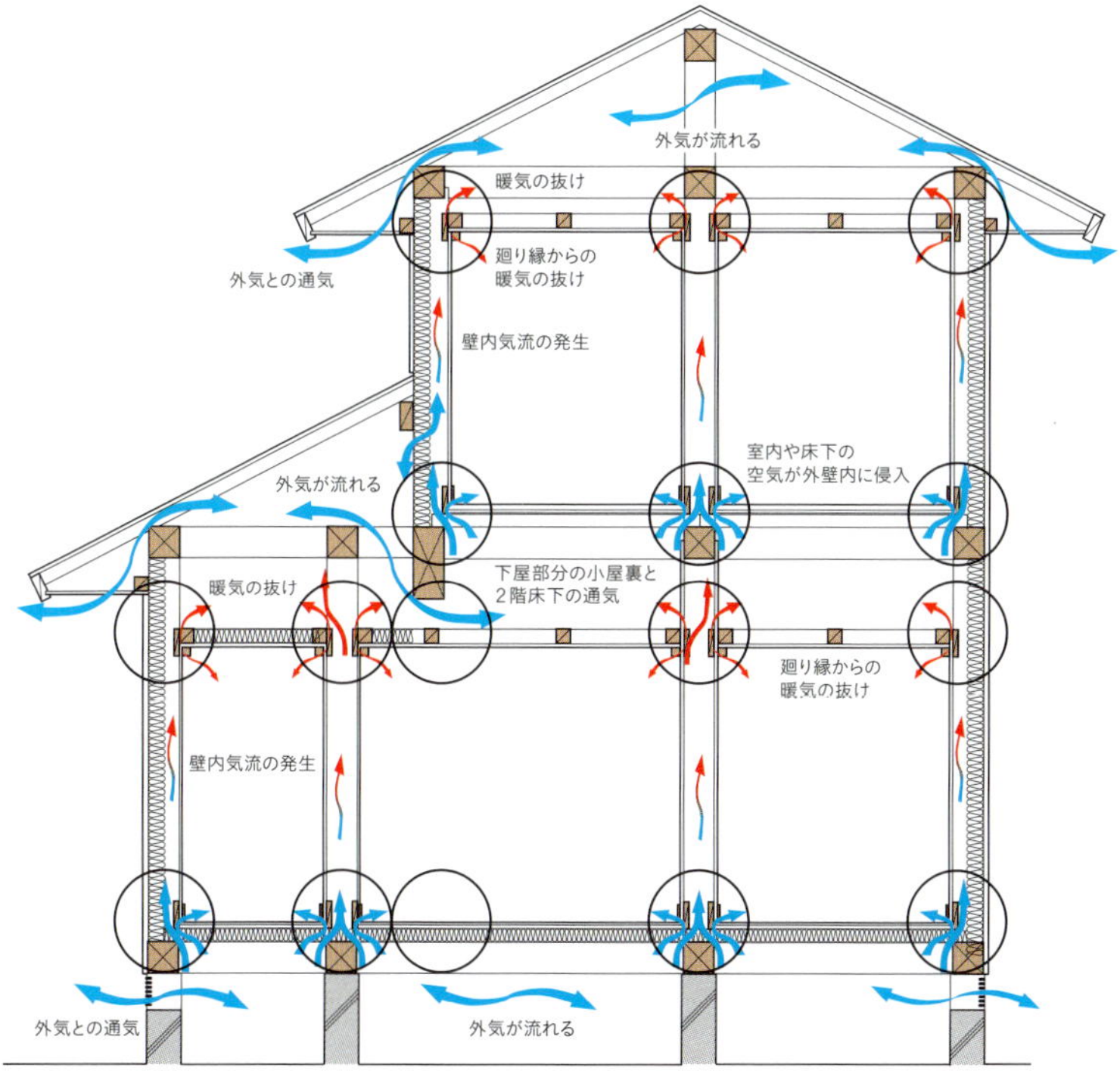

気密測定で分かった木造住宅の隙間

住宅の各部の隙間に目張りをしながらこの測定を繰り返し、その差をとっていくと、目張りした分の**相当隙間面積***を知ることができる。理屈は簡単だが実行するのはとても大変で、1カ所につき3回程度の測定値の平均をとるとすると、住宅内のすべて各部位を測定するには数百回以上の計測を行う必要がある。

図3　減圧法による気密測定法

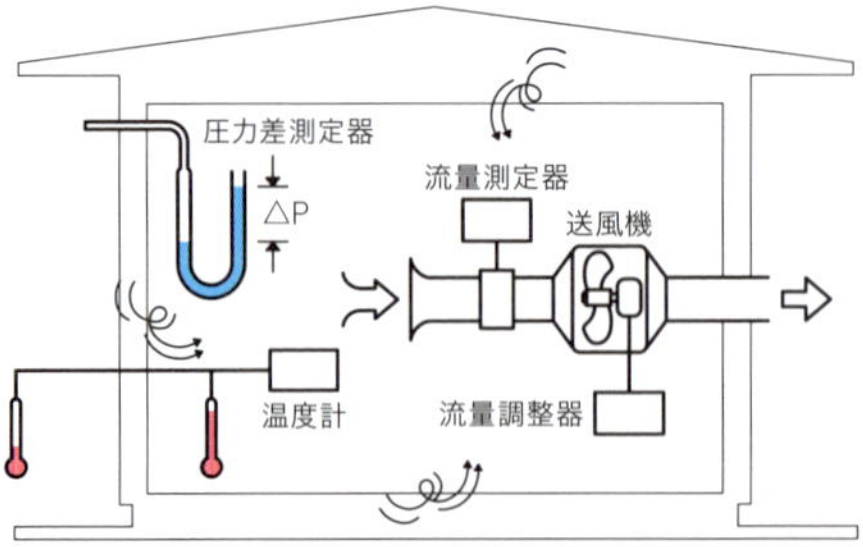

C = 0.7・Qr／S　　ただし、　C：相当隙間面積（㎠／㎡）
Qr：△P=9.8（Pa）のときの送風機風量（㎥／h）
S：建物の延べ床面積（㎡）

図4は、昭和60年頃に北海道電力の研究所が当時の北海道の標準的な2階建て住宅（床面積100㎡程度）で測定したデータである。全体でC値≒12（㎠／㎡）で、隙間は、部位と部位の取合い部、床・壁・天井にあけられた設備などの穴、開口部などに分けられることが分かる。「その他」は測定を断念したぶんである。2重サッシで新しいためか、開口部の隙間は比較的少な

＊**相当隙間面積**：家全体の隙間がどれくらいあるかを示す指標。C値ともいい、家全体の隙間面積（cm^2）を延べ床面積（m^2）で割ったもので、単位はcm^2／m^2。隙間は熱が逃げる部位であり、断熱性能においては極めて重要である。

い。
その後の気密化により、C値2.0㎠／㎡以下が増え、最近では新住協の多くの工務店では0.5㎠／㎡以下になっているのである。この30年間でほとんどの隙間がなくなり、開口部の気密性も向上したことが分かる。

図4　一般在来木造住宅の隙間分布

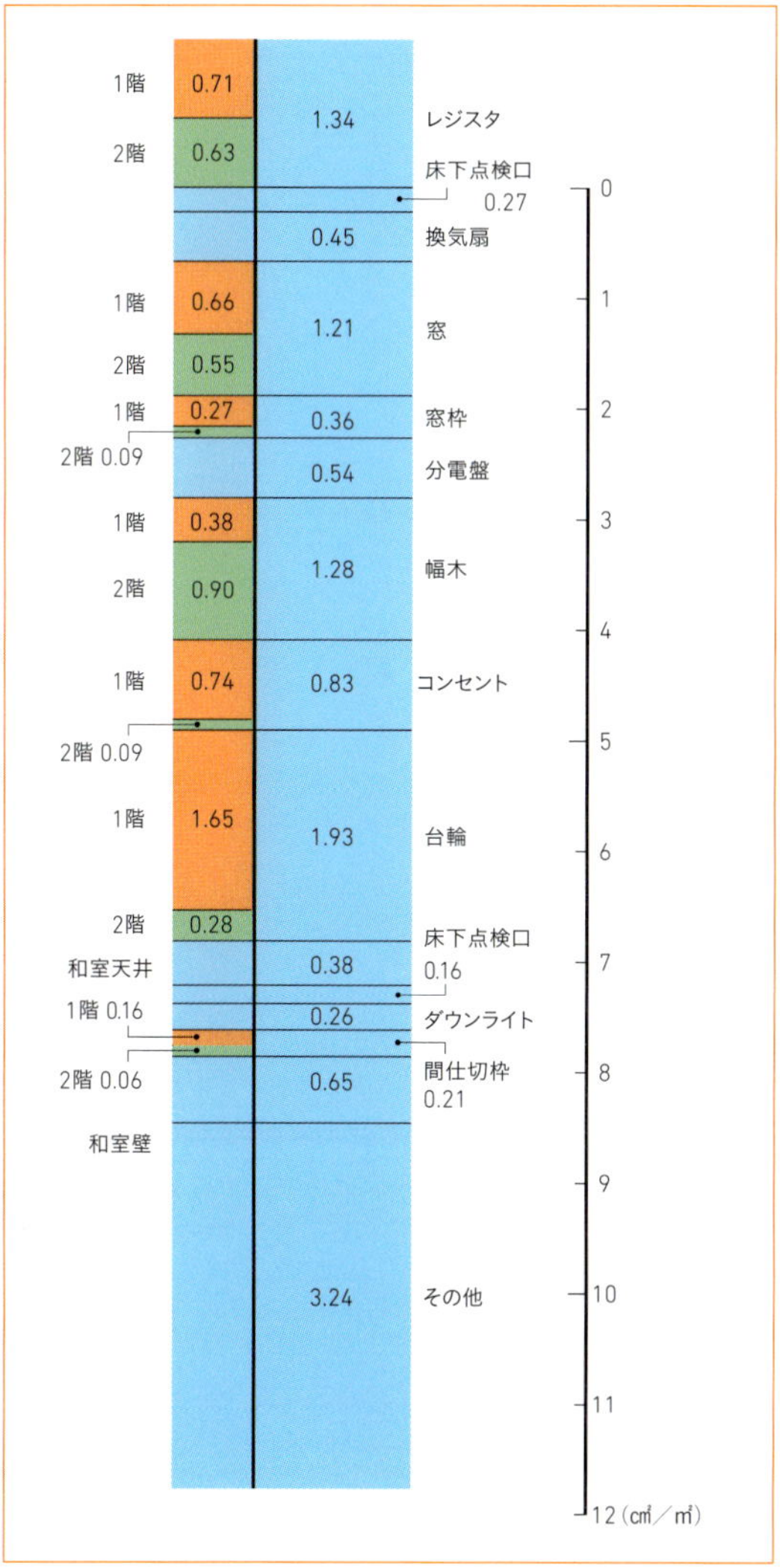

03 住宅の気密性能はどれだけ必要か

図5は私たちが気密住宅を始めた頃にいろいろな住宅の気密測定した結果である。一般的な在来木造工法ではきれいにC値＝9.0（㎠／㎡）でそろっている。当時の在来木造住宅は住宅会社が違っても、住宅の大きさが違っても気密性能はほとんど変わらず、工法で一定になることが分かる。2×4工法では5.0で、同じように一定の値を示し、当時気密化工法を色々試行錯誤していた気密住宅が1.0〜3.5とバラついている。当時は気密シートに薄い高密度**ポリエチレンシート***が使われていたが、その後0.2㎜厚の分厚くて軟らかい低密度ポリエチレンシートが用いられるようになってからは安定して2.0以下になった。当時は測定時レジスターなどの目張りをしていなかったから、今の測定方法だと1.5以下くらいに相当する。

断熱性能は断熱材の厚さを変えることでコントロールすることもできるが、気密性能はそうはいかない。ちょうど5.0の住宅をつくろうとしても実現は難しい。できるだけ気密化して、それに適当に穴をあけるしかない。

＊ポリエチレンシート：住宅の気密化を図るうえで、壁や天井（屋根）の室内側に張り巡らされるシート。防湿層も兼ねるため、一般的には防湿気密シートと言われる。断熱材の種類や施工法、省エネ基準の地域区分によっては省略しても問題ない場合もある。

図5　昭和60年頃の住宅の気密測定結果

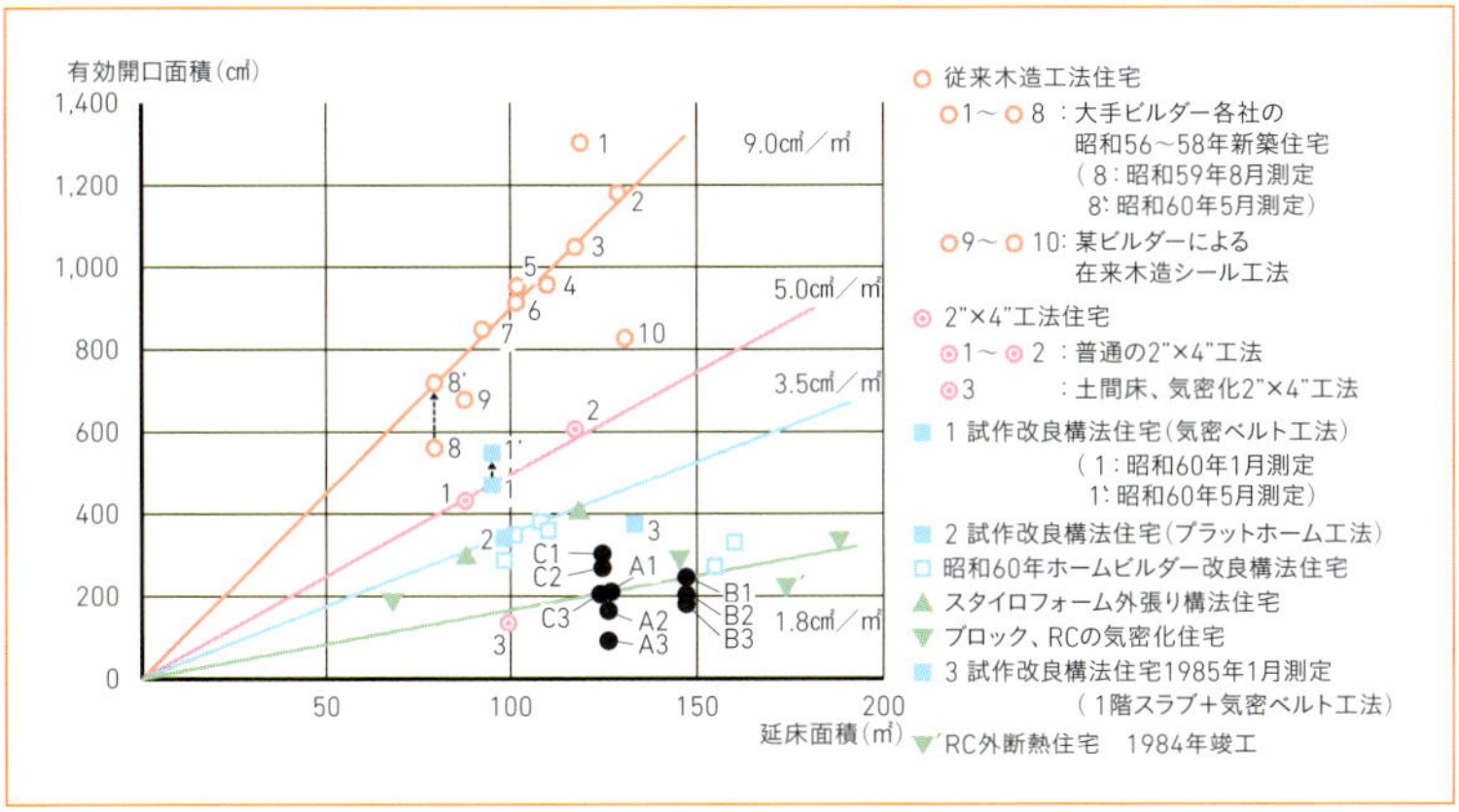

図6　気密性能と漏気量の関係

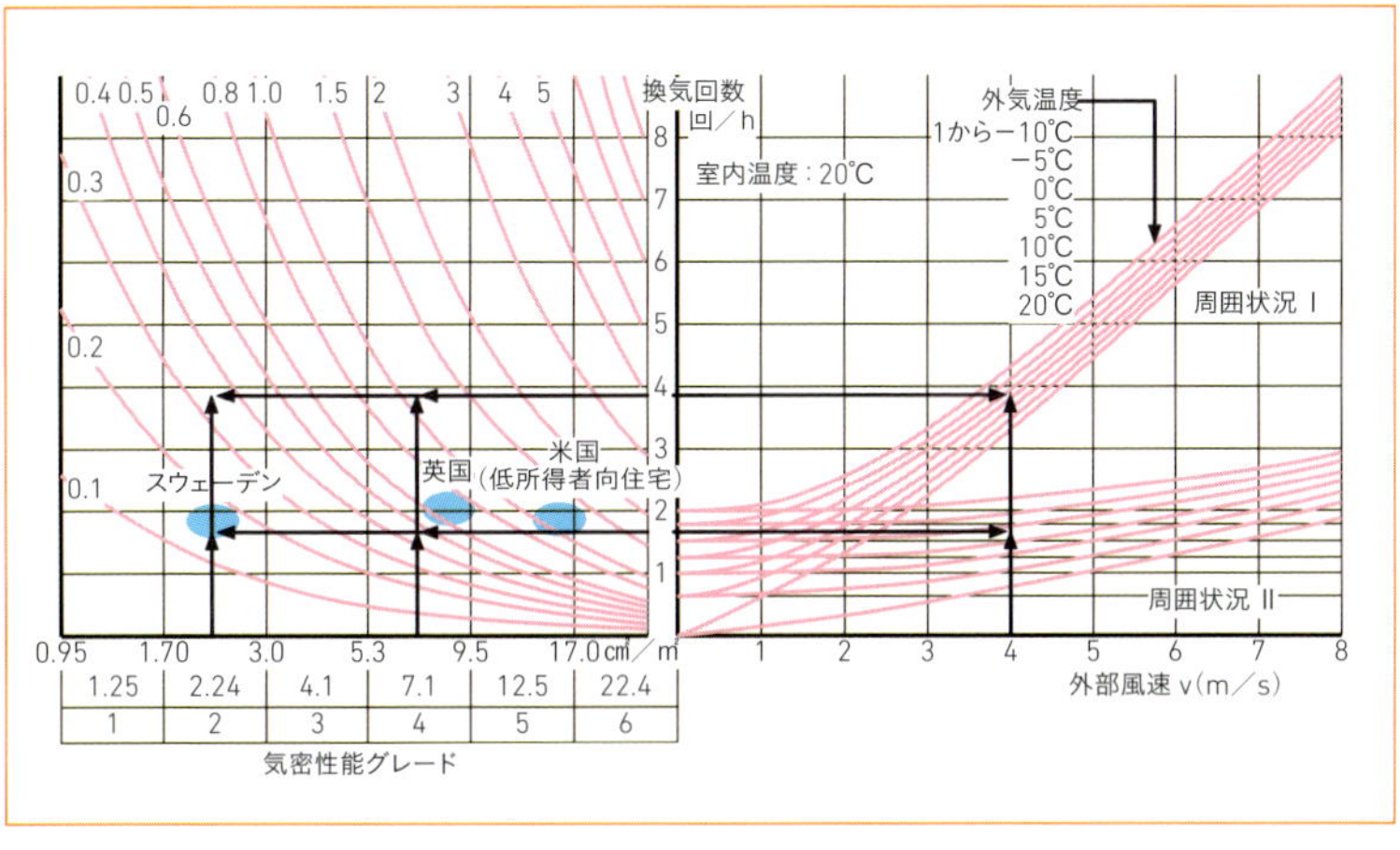

気密化の目標値をどのくらいにすべきか悩んでいた頃、平成7年の新省エネ基準の解説書に表1・図6のような図表が掲載された。東北大学の吉野博先生がつくったといわれている。住宅の周辺状況と外部風速、外気温を決めると、住宅の自然換気回数とC値の関係が分かるチャートである。住宅の密集地では風の影響が少なくなるようになっている。どの程度なら密集といえるのか、隙間の分布をどう想定したかなどいろいろと疑問もあり、このチャートはなかなか読み取るのが難しい。このチャートから読み取った数値の表が表1である。これによるとC値5.0では風が強いと換気回数がかなり増え、2.0以下になると風の影響が少なくなる。この結果から、私たちはC値＝1.0～2.0を目標とすることになった。後述するが、現在では熱交換換気による省エネ効果を意識して、1.0以下を目標にしている。C値が1.0以下というと確かに高い水準で、びっくりされる方が多いが、私が提案する標準的な在来木造の構法で家をつくると、初めての大工・工務店でも普通にこの程度の数値になってしまうようだ。

表1　気密性能と風速別の換気量

	外気温0℃　周辺になにもなし			外気温0℃　住宅密集地		
相当隙間面積	2m／S	4m／S	6m／S	2m／S	4m／S	6m／S
0.95㎠／㎡	0.095回	0.15回	0.25回	0.05回	0.06回	0.07回
1.7㎠／㎡	0.15回	0.27回	0.42回	0.10回	0.12回	0.15回
3.0㎠／㎡	0.27回	0.48回	0.75回	0.18回	0.20回	0.25回
5.3㎠／㎡	0.47回	0.85回	1.30回	0.33回	0.35回	0.45回

04 換気回数0.5回／hは本当に必要か

私たちが高気密住宅をつくり始めた頃、すでに欧米の先進地域では**換気回数***0.5回の機械換気を行うという国際標準があった。そして気密住宅での換気量を決めるうえでは、CO_2、水蒸気、臭いなどの汚染物質で検討されていた。

当時の日本で実際の気密住宅で測定してみたところ、レンジフードの捕集効率がよくなかったため、調理の時は簡単にCO_2濃度の恕限度１０００ppmを越えていたり、夫婦の寝室では朝方３０００ppmを越えていたりしていた。そこで、ダクトによる第3種機械換気設備によって、住宅全体がしっかり換気することの重要性を認識し、気密住宅には必ず常時換気設備を設置することとした。

その後、マンションを中心にシックハウス症候群が社会問題化し、住宅の気密化がやり玉に挙げられた。ＲＣ躯体に防音サッシを装備した都市型マンションの気密性はとても高く、しかも24時間換気設備などは設置されていなかった。そこへ豪華に見える割に安価なキッチンセットや収納家具の接着剤や塗料から、ホルムアルデヒドや

＊**換気回数**：居室内へ供給・排出される空気量（気積）を居室の容積で割ったもの。一般に1時間当たりの換気回数で示すことが多い。建築基準法で0.5回／時で換気を行うことが義務付けられている。

ＶＯＣ＊が放散してシックハウスが起こった。

一方、一戸建ての高気密住宅は、常時換気設備を必ず設置していたから、ほとんど問題はなかった。それにも関わらず、気密性が高いと言うことから一緒にまな板の上に載せられたのは心外であった。

その後、建築と公衆衛生の研究者による検討が行われ、シックハウス新法が施行、高気密住宅かどうかとは関係なく常時換気設備の設置が義務化された。建材のＶＯＣなどの放散量の基準も決められ、何の対策も取らない住宅には何と0.7回／ｈの換気設備が義務づけられている。

日本の一般住宅は隙間だらけで、暖房すると室内が乾燥する。高気密住宅でも換気回数0.5回／ｈとすると、乾燥が問題となる住宅が次第に多くなってきた。家族数の減少で室内の発湿量が減ってきたことも大きいが、湿度30％以下の住宅はざらにある。

これを改善するには、換気回数を0.3回／ｈ程度まで下げる方法がある。これで湿度が5～10％ほど上がる。図7は換気機器メーカーの計算であるが、0.3回／ｈにすると換気による熱損失も40％も減り、暖房エネルギーをかなり節約できる。また、全熱交換換気を導入すると湿度が10～15％も上がり乾燥の問題はほとんどなくなる。

ホルムアルデヒドやＶＯＣをほとんど放散しない建材の使用が当たり前になった

＊VOC：Volatile Organic Compoundsの略で、大気中に揮発する有機化学物質の総称。トルエン、キシレン、ジクロロメタンなどが該当する。VOCは塗料や接着剤に含まれているため、それが使われた建材や家具はシックハウス症候群の原因となり社会問題化した。

今、換気回数が0.3回／hでも問題はないようである。もちろんシックハウス新法上は0.5回／hの換気設備を設置する必要があるが、必ず0.5回／hで運転する義務はない。住宅の大きさ、家族数、ペットなどの臭いを考慮して決めればよい。もちろん、必要に応じて換気量は0.5回／hにできるようにしておく。

なお、熱交換換気で換気回数を0.3回／hに下げてしまうと、逆に室内湿度が高くなり過ぎてしまうことがあるので注意が必要だ。

図7　第3種換気と全熱型熱交換換気による室内湿度

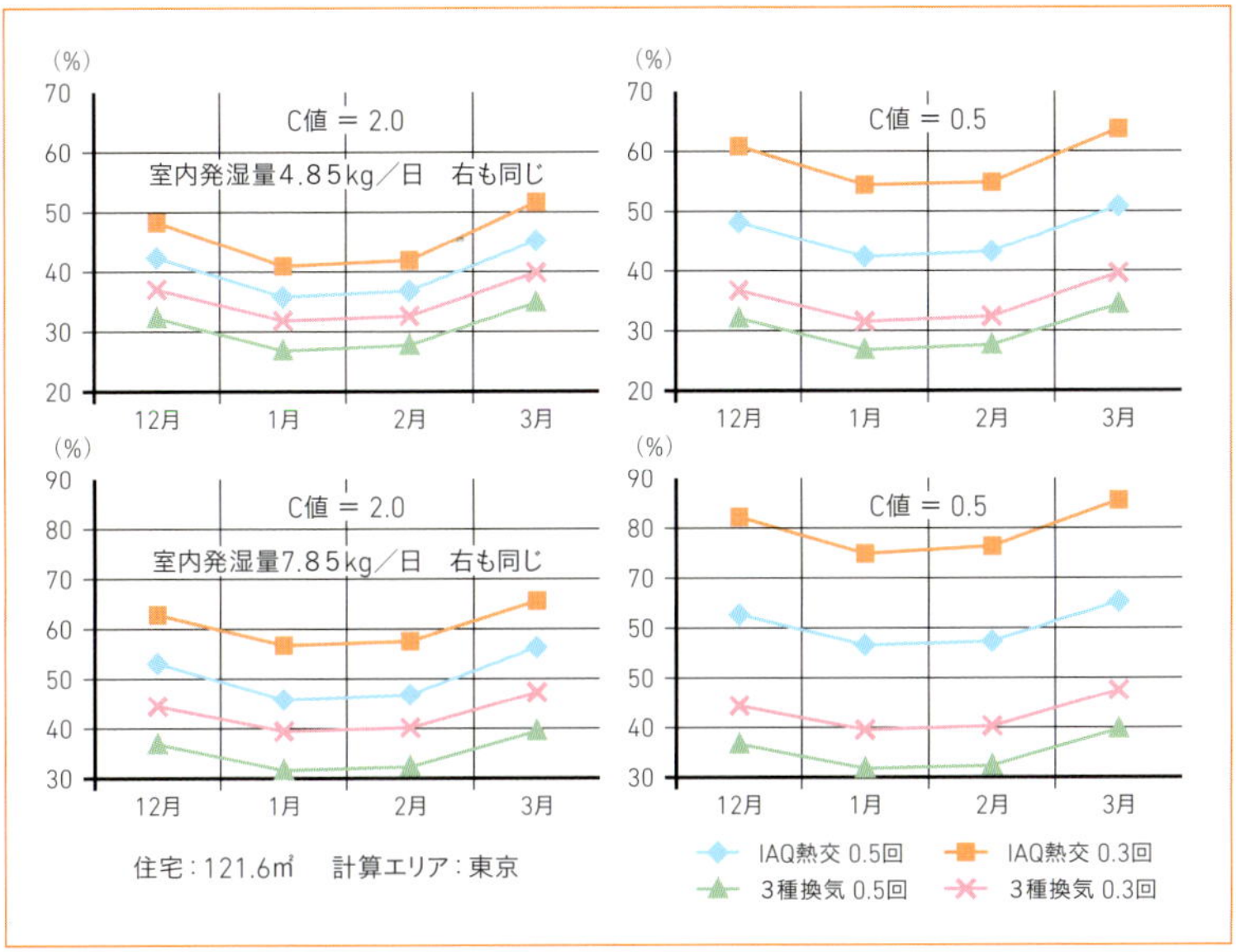

05 計画換気という嘘

換気設備を設置しなくても、住宅にはいろいろな隙間があり、換気は自然に行われる。図8にその**自然換気***の状況を示す。この図ではモデル的に、分散して存在する隙間をまとめて表示している。

暖房時は外気温より室内の温度のほうが高く、室内の空気は軽くなって浮力を生じる。住宅内の温度が同じと仮定すれば、住宅全体では2階の隙間から室内の空気が外に出て、1階の隙間から外気が入ってくる。これが温度差換気である。一方、外部の風圧によって風上の隙間から外気が入り、風下の隙間から室内の空気が出て行く。これが風圧換気である。この2つを足し合わせたものが自然換気である。冬は北西の季節風が吹いているとすると、風上となる北西の1階から外気が流入し、風下となる南東の2階の隙間から出て行くことになる。温度差と風速のバランスによっては、2階の風上から出ることもある。また、窓の隙間で考えると2階の南東の窓から出て行くことになり、窓の結露が多くなる。

＊自然換気：室内外の温度差や風圧などによって、室内の空気が自然に入れ替わること。パッシブ換気ともいう。機械換気の設置が義務化されたものの、室内の温熱環境の調整や空気質の改善に自然換気をうまく取り込む工夫が重要である。

図8　自然換気と機械換気

温度差換気と風圧換気

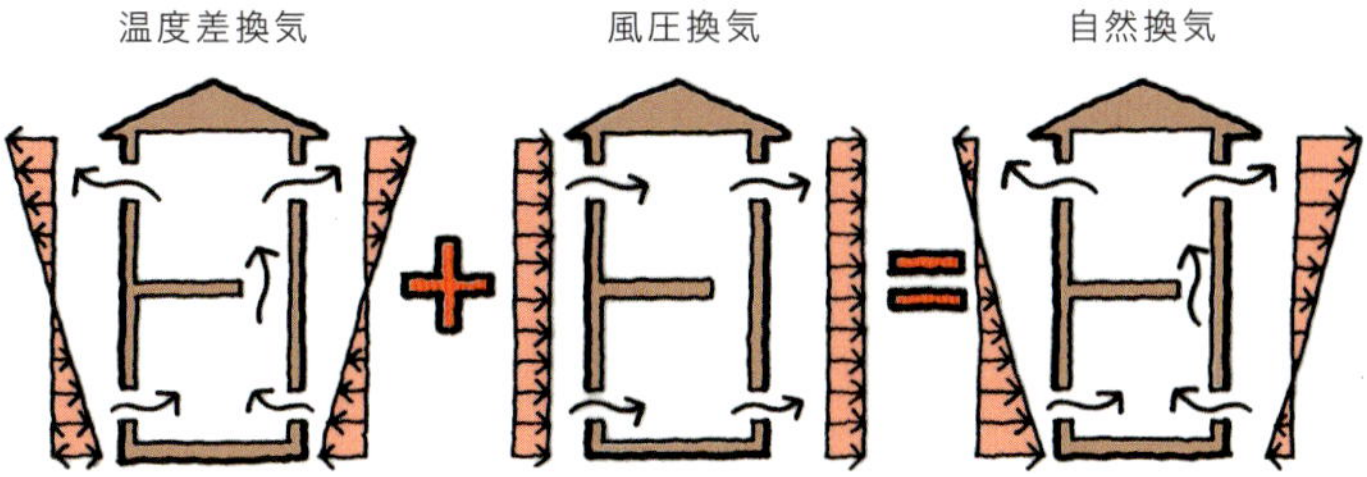

機械換気方式による違い

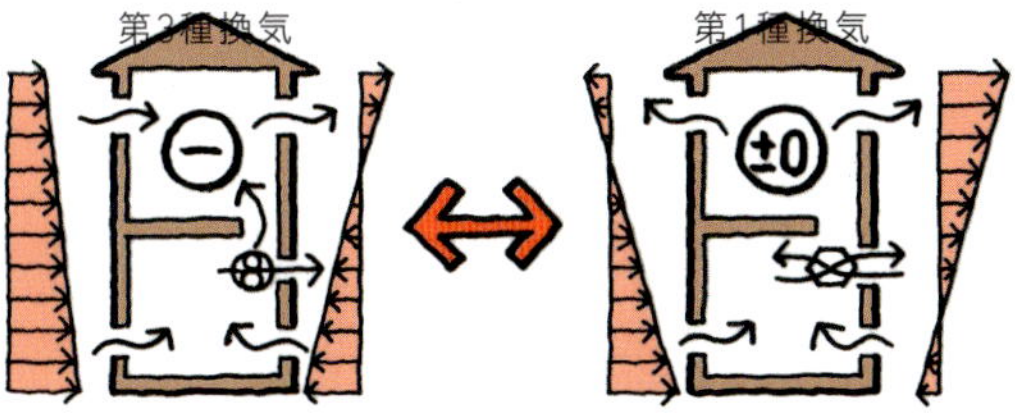

常時換気設備を設置した場合

C値が2.0で床面積100㎡の住宅には、合計200㎠の相当隙間面積がある。住宅によっても違いがあるだろうが、このうち約半分ぐらいが開口部、残り約半分は細かい隙間が家中に分散していると考えられる。気密測定時は、レジスターやレンジフードは目張りしている。レジスターは1カ所当たり相当隙間面積10〜15㎠であり、住宅全体で100㎠程度あると仮定する。

第3種換気では住宅全体が外気より気圧が低くなるため、これらの隙間全体から外気が流入する。風の強さと温度差によっては一部の隙間が出口になる場合もあるが、ほとんどが入口となり、住宅の換気量は換気扇の排気流量にほぼ等しい。注意する必要があるのは、住宅の隙間のほうがレジスターより約2倍も大きいということである。

換気の計画は、レジスターから排気口に向けて新鮮空気の流れを想定してそれぞれの位置を決めていく。これでは想定したレジスターから排気口への換気流量が1／3しかなくなり、計画どおりにいかなくなる。だから、気密性をもっと高くして計画どおりに換気量を増やすべきというのが**計画換気***の考え方である。しかし本当にそうだろうか。隙間は窓が一番多く、ほかの隙間も住宅中に分散しており、これも自然にで

＊**計画換気**：住宅内の空気の流れを計画的に制御すること。一般的には、気密性能を高めて、外部空気の取入れ口、室内空気の排出口を決め、そこに機械換気設備などを用いて計画的に換気をコントロールする。もちろん、空気が移動しやすいような設計上の工夫も含まれる。

きたレジスターと考えれば十分換気は確保される。すなわち、第3種換気は、気密性がそれほど高くなくても良好な換気が得られる方式だと考えることもできる。

第1種換気*（熱交換換気）では給排気とも機械式となり、住宅内外に圧力差は生じない。この結果、自然換気も同時に起こることになる。住宅の換気量は換気設備による換気量と自然換気量の和になる。自然換気量がどのくらいになるかは前述の表1、図6でも分かるが、シックハウス対策マニュアルには図9が掲載されている。C値＝2.0（㎠／㎡）以下ではほぼC値×0.1回／hぐらいである。つまり、熱交換換気では、住宅のC値に合わせてその自然換気量を差し引いた分の設備を設置する必要があることになる。このことはいろいろな換気設備のマニュアルにほとんど記述されていないので注意が必要である。

図9　C値と自然換気回数

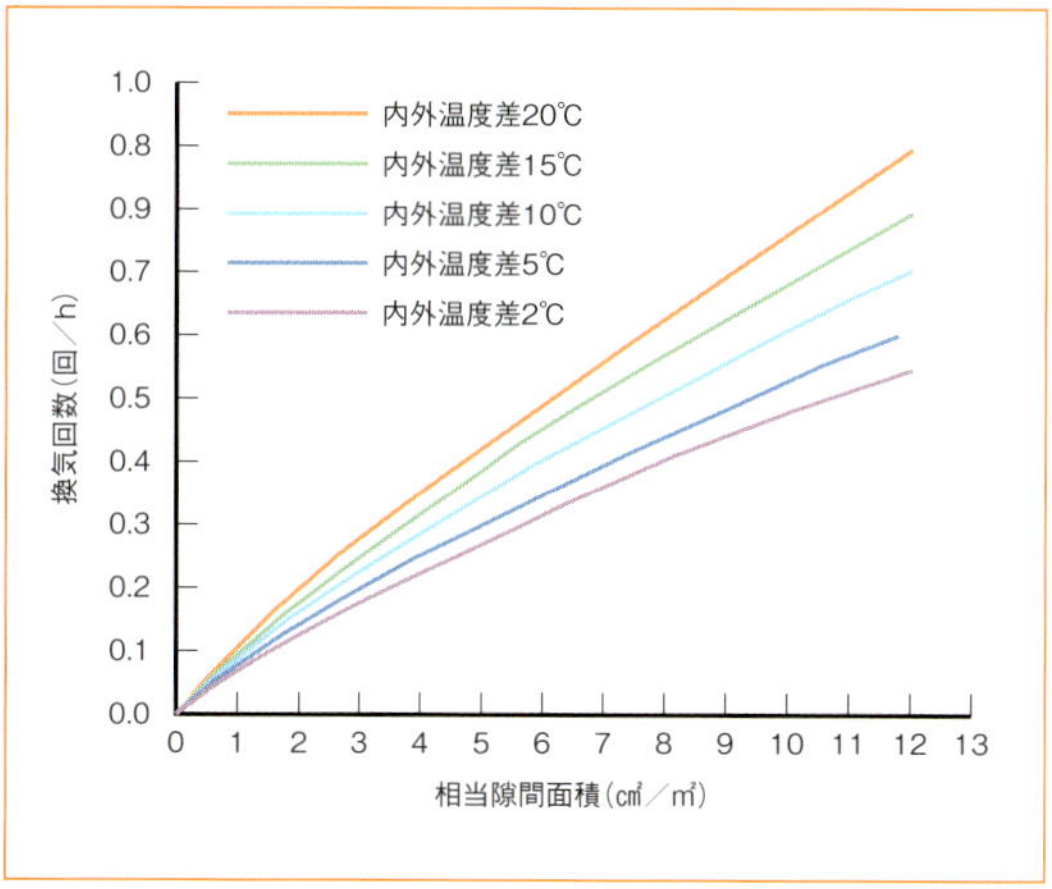

***第1種換気**：給気・排気ともに機械換気設備で行う換気方式。給気量、排気量をコントロールできるため、一部を自然換気に頼る方式に比べて安定的に空気質を一定に保つことができる。一般にダクトなどを用いることが多い。

06 熱交換換気はC値で省エネ性が変化

C値が2.0（㎠／㎡）の住宅で、仮に0.5回／hの熱交換換気設備を設置したとき、熱交換効率80％で換気の熱損失が0.1回／hになる、と計算するのは間違いで、実際は自然換気0.2回／h分の熱損失が加わって0.3回／h分の熱損失になる。つまり全体で0.7回／hの換気を行っていることになる。

図10のように、0.5回／hで換気を行うには、自然換気分0.2回／hを引いて0.3回／h分の換気設備を設置する。ただし、わずか0.3回／h分の80％が回収できるだけなので、熱損失は0・26回／h分ということになる。これでは50％弱の熱交換に等しい。

これに対してC値0.5の住宅では図のような計算で0・14回／h分の熱損失で済む。さらに換気量を減らして0.3回／hの熱交換換気では、熱損失が0・08回／h分で済む。このように熱交換換気によって熱損失低減と暖房エネルギーの削減を実現するには、住宅の気密性能が高ければ高いほどよいということになる。私たちは最低

C値を1.0以下にしようとしている。新住協の会員工務店の多くがほぼ0.5以下を実現しており、1.0はそれほど難しい数値ではない。第2章に紹介したグラスウールの新しい標準工法どおりに施工すれば、大体1.0以下になる。

換気方式で暖房エネルギーはどれだけ変わるか

省エネ基準が改訂され、熱損失係数ではなくU_A値で規制するように変更された。換気の熱損失を算入しないことになり、C値は住宅の暖房エネルギーと関係の薄い指標になっている。そこで、省エネ基準住宅の換気方式などをいろいろ変えたときの暖房エネルギーを計算したのが表2である。平均18℃の全室暖房という条件でQPEX（熱計算ソフト）を使って計算した。グラフは、省エネ基準住宅を基準にした暖房エネルギーの削減率である。

第3種換気*0.5回／hを省エネ基準住宅の標準としたが、これを0.3回／hに減らすと札幌16・4%、

図10　C値と換気熱損失

床面積100㎡
気積240㎥の住宅

第3種換気0.5回の熱損失は
240×0.5×0.35=42W／㎥K
熱損失係数=0.42W／K

C値=0.5の住宅
（換気回数:0.5回）

自然換気:0.05回
熱交換換気:0.45回
0.45回×80%=0.36回分熱回収
0.5−0.36=0.14回（熱損失）
熱損失係数=0.12W／K

C値=2.0の住宅
（換気回数:0.5回）

自然換気:0.2回
熱交換換気:0.3回
0.3回×80%=0.24回分熱回収
0.5−0.24=0.26回（熱損失）
熱損失係数=0.22W／K

C値=0.5の住宅
（換気回数:0.3回）

自然換気:0.05回
熱交換換気:0.25回
0.25回×80%=0.2回分熱回収
0.3−0.2=0.1回（熱損失）
熱損失係数=0.08W／K

＊**第3種換気**：排気のみ機械換気設備で行う換気方式。排気を強制的に行うため、居室内が負圧になり、それにともなって給気口から外気が取り込まれる。設備がシンプルで安価なため、日本の住宅でもっとも普及している。

東京12・1%の暖房エネルギーの削減率になる。前述のように室内の乾燥緩和できるので、C値が1.0〜3.0（㎠／㎡）程度のあまり高気密でない場合は、コストの点からもこの方法がよいだろう。特に外気温の低い札幌のほうが削減率は大きくなる。また、断熱材を厚くしたり開口部の性能を上げたりした高性能住宅でも、この削減率は変わらない。

熱交換換気ではC値0.5と1.0、換気回数0.5回／hと0.3回／h、熱交換効率80%と90%の組み合わせを計算した。C値1.0、換気回数0.5回／h、熱交換効率80%の設定で、第3種換気0.3回の1.5倍の削減率となる。換気設備だけで暖房エネルギーが20〜30%も削減できることをぜひ認識してほしい。コスト的には、第3種換気をダクト方式できちんとやる場合に比べて、最も安い方式で10万円ほどの工事費アップで可能である。

表2　省エネ基準住宅の換気方法の違いによる暖房灯油消費量と削減率

NO.		換気方法の仕様				札幌		東京（練馬）	
		換気回数（回／h）	熱交換効率	住宅のC値	注	灯油消費量	削減率	灯油消費量	削減率
1	第3種換気	0.5	—	—		1,070	0.0%	611	0.0%
2		0.3	—	—		895	16.4%	537	12.1%
3	第1種換気（熱交換）	0.5	80%	1.0	1	806	24.7%	498	18.5%
4		0.5		0.5		774	27.7%	485	20.6%
5		0.3		1.0		782	26.9%	489	20.0%
6		0.3		0.5		749	30.0%	475	22.3%
7		0.3	90%	0.5	2	730	31.8%	466	23.7%
8		0.3		0.5		722	32.5%	463	24.2%

注1：トイレ（2時間／日）、浴室（1時間／日）とも第3種換気　注2：浴室（1時間／日）のみ第3種換気　注3：灯油消費量の単位はℓ

07 パイプファン換気はフードで決まる

高断熱住宅をつくり始めた頃、当時は24時間換気になじみがなかったせいもあり、引渡し後半年ぐらいしてその住宅に行ってみると、玄関に入った途端にいやな臭いがすることがあった。換気設備は止められてしまっていて、しかも住んでいる人はまったく臭いに気づかないで生活しているのである。また、換気設備のフィルターが目詰まりして同じようなことが起こるケースもあった。

新住協の山形県の工務店がそれまでに建てた住宅の定期点検したとき、ほとんどの住宅で換気設備のフィルターが目詰まりしていた。そこで解決法として思いついたのが、**パイプファン***（小型のファン内蔵換気扇）を各室に付ける方法である。

パイプファンは消費電力も少なく、風量も適当で、フィルターの清掃もときどき掃除機で表面をなぞるだけで済む。壊れたら、それをユーザーが購入して交換することができる。問題は、風が吹くと簡単に逆流してしまうことだった。

当時のメーカー製の逆流防止フードは、パイプファンによる24時間換気にはあまり

***パイプファン**：小型のファンをもつ換気扇で、主に外壁などに向けて開けられた貫通穴に合わせて設置されている。トイレや洗面室・浴室などに設置されている換気扇はパイプファンであることが多い。

役に立たなかった。そこで私たちの手で逆流防止フードをつくろうということになり、開発したのが写真1である。フード内部を裏から見た写真であるが、煙突の先端に付けるH形フードと同じ構造になっている。このフードを付けると、壁面に逆風が当たってもまったく逆流しないばかりか、逆に吸い出しの力が働く。「北風くん」（北海道気密販売）という名称で販売されている。

ほかのメーカー製では、吹出し口から少し離れた位置に円盤状の板で換気口を覆ったものが、似たような性能を備えている。

パイプファンによる換気システムは安く済むこともあって、その後広まった。今ではメーカーのカタログにも載っているほどであるが、フードには注意したい。なお、排気用に加えて給気用のパイプファンも使うことで第1種換気が可能になるようだが、その場合は自然換気分を考慮して計画する必要がある。

近年、パイプファンに熱交換エレメントを内蔵したものが登場している（写真2）。2台をペアにして給排気を連動させる。セラミックの蓄熱体の間に排気を通して温め、一定時間（1分程度）経過後、給気に逆転させその温められた蓄熱体に外気を通して取り入れるという仕組みである。これも逆流防止フードと一緒に使わなければまったく意味をなさない。最初、普通のブーツ型フードを付けて販売され、結露などのさまざまなトラブルが発生した。また、熱交換効率は70％ぐらいが標準であるにもかかわらず93％と誤った表示をして販売している製品や、「北風くん」のヨーロッパ製のコピー製品など問題のある商品も出回っている。

パイプファンによる換気システムは、ダクトを使わないので消費電力が少ない。直流モーターを使うと消費電力1.0Wという製品もある。ただし、生活空間に直に設置されるため、できるだけ小さな音のものを選ぶべきである。強弱で騒音レベルが変わるが、20数dBまでが好ましい。ダクトが隠ぺいできない柱・梁あらわしの内装などではとても重宝する。正しく発展を続け、改良を続けてほしいシステムである。

写真1　H型流路の逆流防止フードの内観

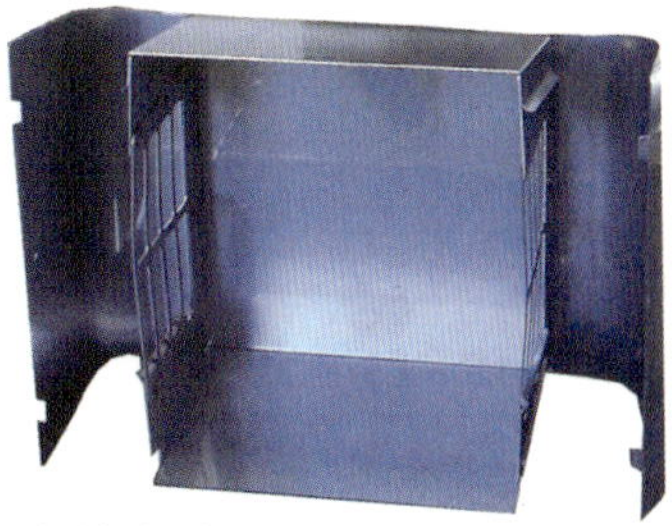

北海道気密販売

写真2　パイプファン型熱交換換気扇

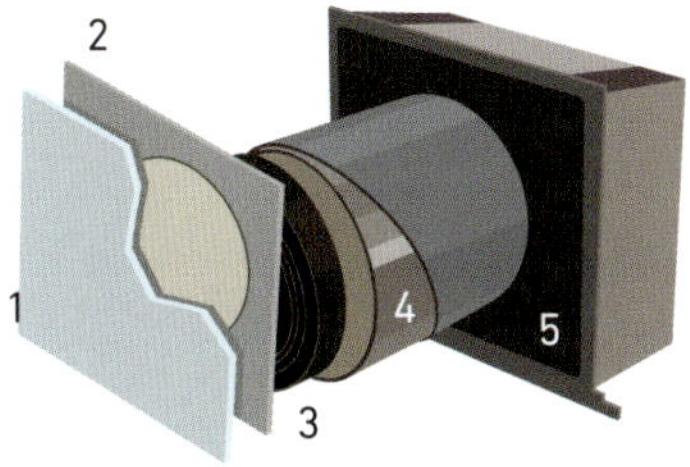

1. **インナーカバー**
   外部で発生した強風・臭気・煙などを感知した時は、一時的にインナーカバーを閉め、侵入を防ぐ
2. **フィルター**
   標準フィルターのほかにPM3の粒子も集塵可能な花粉フィルターセットを用意
3. **換気ファン**
   消費電力最大3Wと低電圧で、低いランニングコストと低騒音を実現。メンテナンス時に取り外し可能
4. **蓄熱エレメント**
   熱交換効率の高いハニカム構造多孔質セラミック製のエレメント。引き出して簡単に水洗い可能
5. **耐風圧アウターフード**
   風圧が緻密に計算された外部フード。輻射熱対策として断熱材を装着

08 第3種換気とパッシブ換気を使いこなす

第3種換気は高気密住宅の換気方式としてこれまで最も多く採用されてきた。仕組みも簡単で、換気扇本体や給気口部品、ダクト配管部品などの改良が進み、上手に部品を選ぶと安定した運転が期待できる。初期にはサニタリーに設置する排気ファンを24時間運転する方法から始まったが、住宅全体の換気を確実なものにするため、ダクトシステムが採用されるようになった。レジスターを各室に取り付け、ここから新鮮空気を取り入れるのだが、住宅の気密性が低いとこのレジスターからは空気があまり入ってこないこともある。ここから入ってくる空気は、冬は外気温の空気がダイレクトに入ってくるため、これが人にあたると寒いことになる。写真3は空気が上方向に噴き出すようになっており、寒さを緩和できる構造になっている。また、このダクトが外壁を貫通する部分の断熱気密施工が容易に行えるような工夫がされている（日本住環境製）。

現在の商品群のなかから機器を選定するポイントは、機器の耐久性（寿命）、フィルター清掃の容易さ、消費電力を少なくするための直流モーターを採用しているかなど。ダクトシステムの場合は、表面に凹凸がなく圧損を生じにくいダクトであるかどうか、分岐チャンバーの有無、ダクト配管の施工の容易さ、ファンの風量を細かく変えられるかなどである。フィルター清掃を容易にするには、脚立に昇らなくてもフィルターに手が届くようにできるとよい。また、フィルターを廃止して、5~10年に一度ファンの羽を清掃するという製品もある。

一例として、「ルフロ400」(日本住環境・写真4)の仕様を見ると、風量は19段階以上に調節できるほか、本体がチャンバーになっているため6カ所も接続口があり、ダクトの分岐がほとんど不要になっている。この会社は電機メーカーではないが、高断熱住宅の初期から換気システムの開発・改良に取り組み続けてきて、**圧損***の少ないフードや、気密施工が容易で外気流入を抑えて寒さを緩和するレジスターなど、関連部品のレベルも高い。一般的に、電機

写真3 **壁貫通部の断熱気密施工を容易にする給気口**

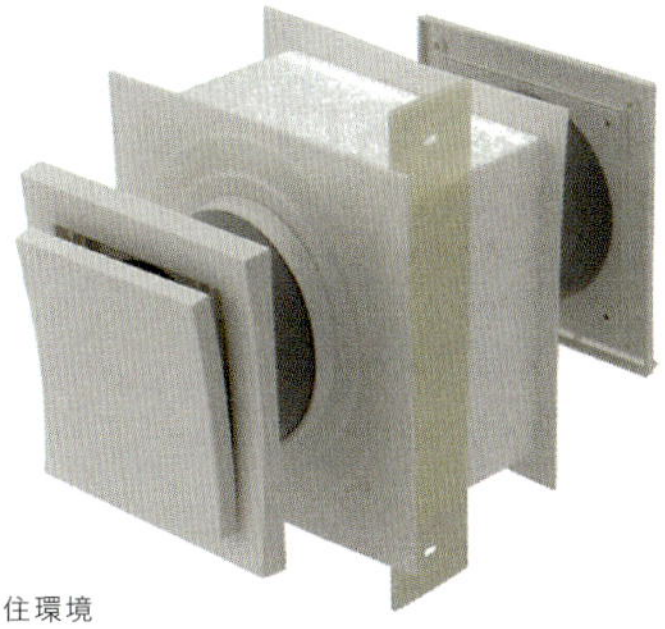

日本住環境

***圧損**:圧力損失の略で、空気などが機械換気設備などを通過する際のエネルギー損失を指す。換気設備でダクトなどを使って計画換気を行う際に、ダクト内の形状(曲がり)などによって圧力損失を受けることが多い。

メーカーよりもこうした高断熱住宅専用機器を販売しているメーカーに高品質の製品が多い。

いずれにしても、確認申請に添付する換気計算書はメーカー任せにせず、十分な知識をもって基本計画を立てることが重要である。換気計算によって圧損を小さく収めると、直流モーターの消費電力も小さくなる。

このための参考書としてお薦めしたいのが『北の住まいの熱環境計画』㈳北海道建築技術協会・BIS）である。この本は20年近く前から北海道で始まった高断熱住宅の施工資格であるBISの講習会のテキストで、広範にかつ具体的に高断熱住宅をつくる技術が解説されている。少なくとも国土交通省が主導する住宅省エネルギー技術講習会のテキストよりは遥かに役に立つ本である。自然換気や熱交換換気についても解説がある。

パッシブ換気は温暖地で使えないことも

躯体の高気密化によって省エネ住宅を目指すはずなのに、24時間電気を使って室内の空気の清浄を保つことには私も抵抗があった。また、当時の換気設備は交流モーターが主で消費電力も大きかった。そこで、大学構内の実験住宅で煙突を使った自然換気装置の実験を行った。平成5年のことである。その後このテーマは道立寒地建築研究所で研究が進められ実用化した。

自然換気は電気を使わずに済むのが最大の魅力であるが、強風時には換気風量が大きくなり、内外温度差が小さい時期で風が弱いと換気風量が足りなくなる。したがって、こうした所定の換気量を満たさない気象条件となる時間がそれほど多くないことは確かめられているが、特に**内外温度差***が小さい時期の長い温暖地では注意が必要であろう。

なお、排気筒を立てる代わりに住宅の上部の壁に排気口を設ける試みも行われたが、逆風があるとうまくいかなかった。もしかすると「北風くん」を使うとよいのかもしれないが、確かめてはいない。第3種換気もこのパッシブ換気も、いずれにしても熱損失が大きく、暖房エネルギーが減らないのが最大の弱点である。

写真4　排気ダクト接続口を6カ所備えた排気ファン

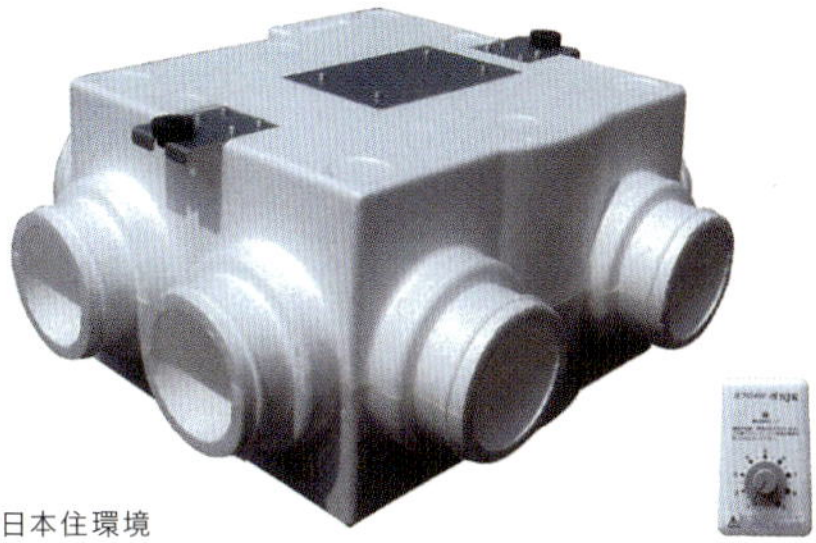

日本住環境

***内外温度差**：室内と外気の温度差のこと。日本の多くの地域では、春と秋が小さく、夏と冬が大きくなる。内外温度差は室内外に結露を招くほか、自然換気の際の換気量にも大きく影響する。

09 熱交換換気システムを賢く選ぶ

高断熱住宅を始めた頃、熱交換換気装置の売り込みをずいぶん受けた。しかし、当時は交流モーターだったので第3種換気に比べて電気代が2倍かかるうえに、設置工事費がとても高く、計算すると暖房費削減分を食いつぶしてしまい、とても採用できなかった。また、当時は機械内部の空気漏れも大きかったためか、各部屋に設置された給気ダクト内で結露してカビが発生するなど、いろいろなトラブルがあった。そのため、関心はもち続けていたものの、高断熱住宅の安価な普及を優先するために、採用は見送って、もっぱら第3種換気を使ってきた。

その後、今から10年ほど前に現行省エネ基準の低さに疑問をもち、暖房エネルギーを大胆に減らすQ1.0住宅をつくる運動を始めたなかで、換気による熱損失を減らすために熱交換換気の採用を検討し始めた。最初はドイツ製の熱交換効率90%の高価な機械を使ってみた。直流モーターを使った消費電力が第3種と変わらない省エネ型であった。しかし、圧力損失を減らすためのとても太い150㎜径のスパイラルダクト、内部清掃を容易にするための掃除口の設置といったドイツ流の完全主義に辟易とさせられた。ダクトが天井裏に入りきらず、床下を利用したり塩ビ管を使って室内に露出したり、大変な苦労をして使っていたが、新住協全体で10棟ぐらい施工したところで、円安による値上げを機に止めてしまった。

カセット型と大型のダクトシステム型

ヨーロッパの住宅は一般的に、レンガ造やブロック造の気密性の高い住宅である。昔は無断熱の建物で、ストーブで暖房したときの壁の表面結露を少なくするために、水蒸気の排出を目的として換気を行うという伝統がある。そのため熱交換換気システムの大半は、水蒸気も排出する**顕熱型***である。

一方、日本製の熱交換換気システムは、暖房時の乾燥に苦しんできたためか、ほとんどが水蒸気も回収する全熱型である。全熱型を使うと前述のとおり、室内の湿度を上げてくれる。また、第3種換気では外気を冷たいまま取り入れるため、レジスターからの寒さを感じることが多いが、熱交換換気ではそういうことは少ない。

結局、Q1.0住宅では写真5のカセット型と図10の昔からある大型のダクトシステム型を採用している。いずれも日本製の全熱型で、省電力の直流モーターを採用した

＊**顕熱型**：熱交換換気システムの1つで、内外の空気が熱交換する際にそのまま空気を排出する方式。水蒸気や匂いなどもそのまま排出するため、空気の清浄性を保ちやすい。一方で冬などは室内の湿度が下がりやすい。

タイプを使う。熱交換換気の使用時の風量は100〜150m²ぐらいで、自然換気の分だけ第3種換気より少なくなる。カセット型は早くから直流モーターが導入されたパナソニックエコシステムズ製が多い（写真5）。一台あたりの換気量が少ないため、1階と2階の天井部に2台使用する。このため縦ダクトが不要になり、設計や現場の施工が楽になる。また、2台使用しても消費電力は20W以下で収まり、工事が容易なのでダクトシステムの第3種換気に比べて10数万円増で済む。

大型のダクトシステム型は、カセット型に比べて熱交換エレメントが大きい分、効率が高い。消費電力は同じ風量であればカセット型とほとんど変わらない。ただし、本体も高価で、ダクト工事分だけコストがかかる。パナソニックエコシステムズ製（図11）の採用が多いが、そのほかにもローヤル電機製や同様の性能の製品がいくつかある。

カセット型も大型のダクトシステム型も、外気取り入れ部のフィルターの清掃が問題で、フィルター部だけ脚立に登らなくても手が届くように、壁付け設置ができる機器の開発をメーカーに依頼した。2017年秋にようやく発売され、これからはこれを使うのがよいと考えている（写真6）。半分壁の中に埋め込むように設置すれば、あまりじゃまにならず設置できる。

写真6　壁付け可能な熱交換換気システム

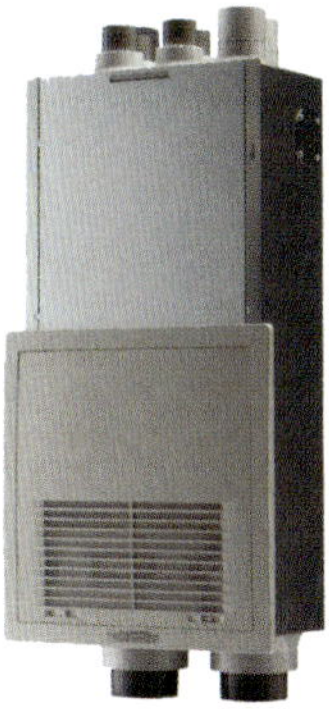

壁付けなので手が届きやすく
フィルター交換が容易

写真5　直流モーターのカセット型熱交換換気システム

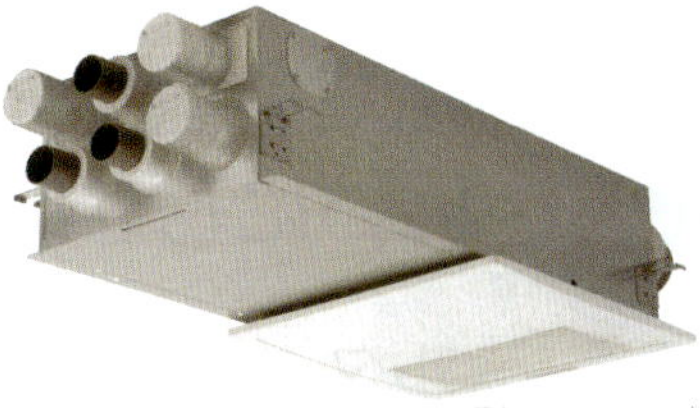

パナソニックエコシステムズ

図11　直流モーターの大型熱交換換気装置

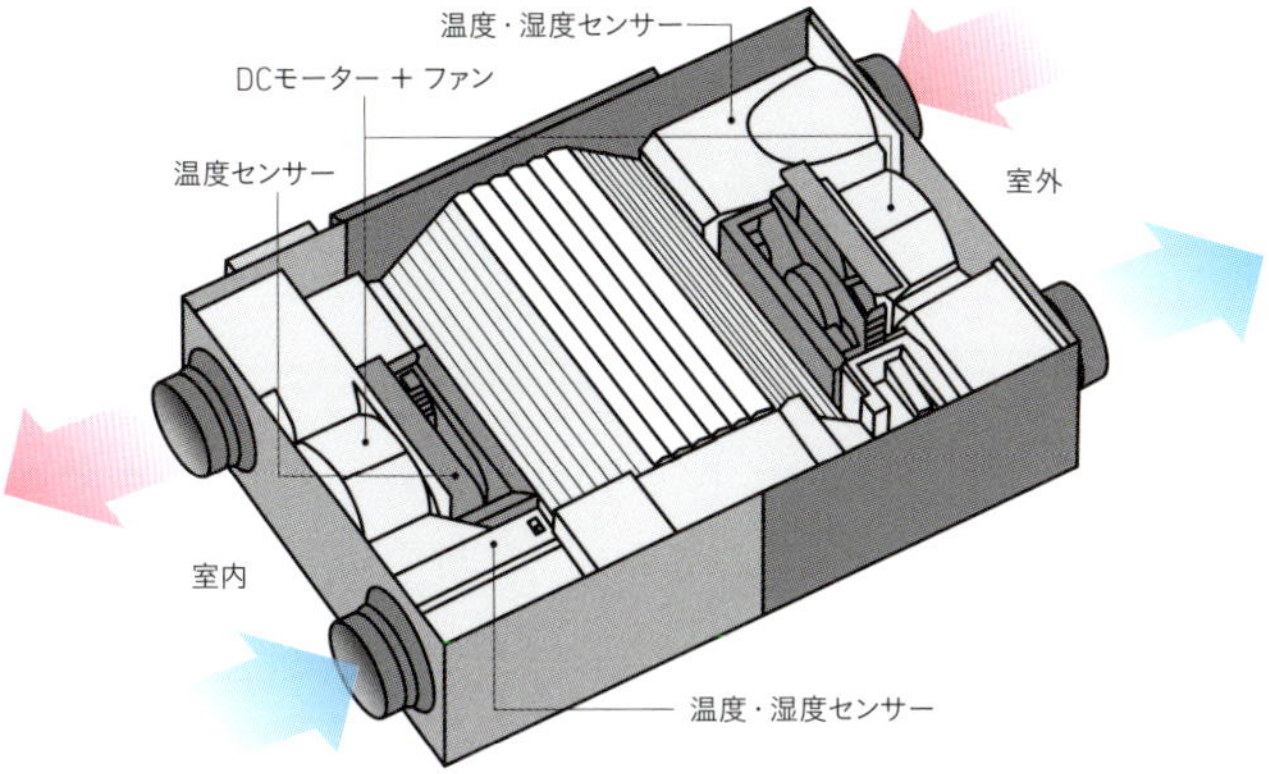

パナソニックエコシステムズ

10 換気と一次エネルギー*消費量の関係

現行省エネ基準の一次エネルギー計算では、暖冷房エネルギー計算と並んで換気システムの動力のエネルギーも計算する。120㎡のモデルプランを想定し、いろいろなパターンの計算をしてみる（図12）。換気設備はダクトシステムを前提としている。

換気システムの動力エネルギー計算には、設定された選択肢を選ぶ方法と、実際の消費電力（消費電力／換気風量）を直接入力する方法の2種類があり、第3種換気には「ルフロ400」、熱交換にはパナソニック製のカセット型のデータを入力してみた。私たちのプログラムQPEXには換気動力を計算する機能はないが、QPEX上で表示される消費電力を直接換算した。いずれの計算でも、直流モーターによる換気設備を採用すると、換気の一次エネルギーはわずかで済むことが分かる

熱交換換気による暖冷房エネルギー削減

また計算結果をみると、国のWEBプログラム（エネルギー消費性能計算プログラム）

＊一次エネルギー：人間が利用するエネルギーのうち、最初の段階のもので、主に自然界に存在するもの。薪・木炭、石炭・石油・天然ガス、太陽放射・地熱・風力・水力などが当たる。平成25年省エネ基準で、住宅の一次エネルギー消費量を抑えることが明記された。

図12　換気動力の一次エネルギー

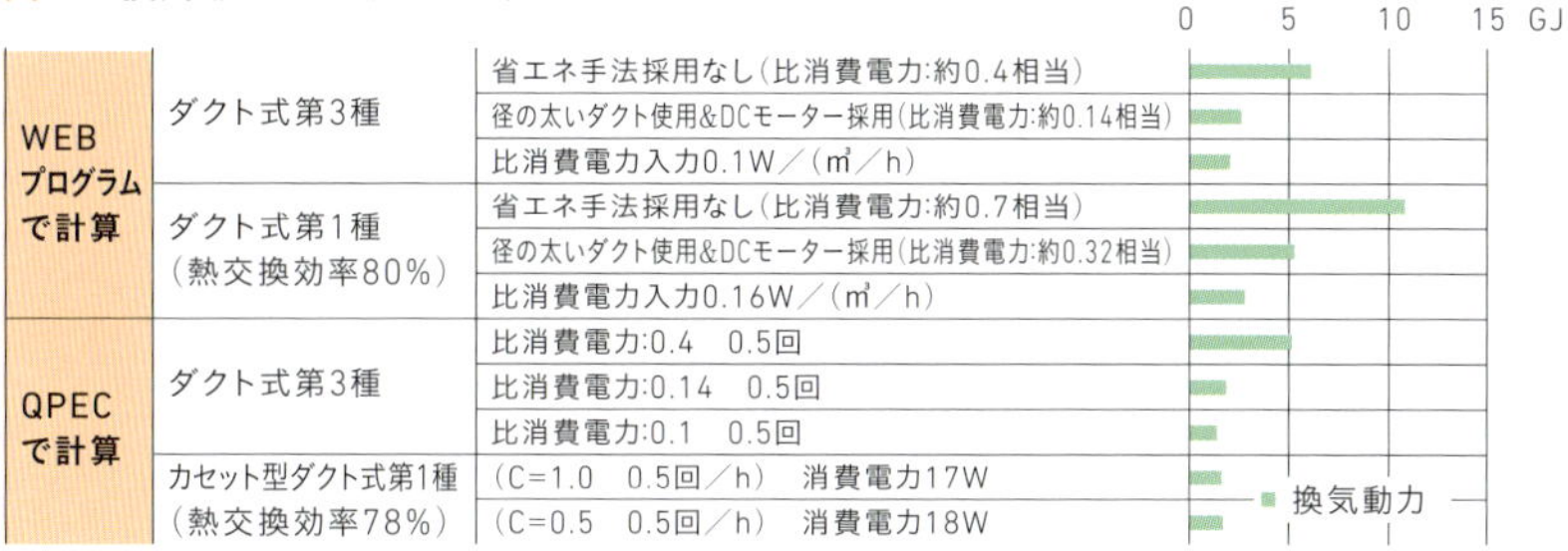

図13　第3種ダクト式·熱交換換気による暖冷房·換気の消費エネルギー(2地域)

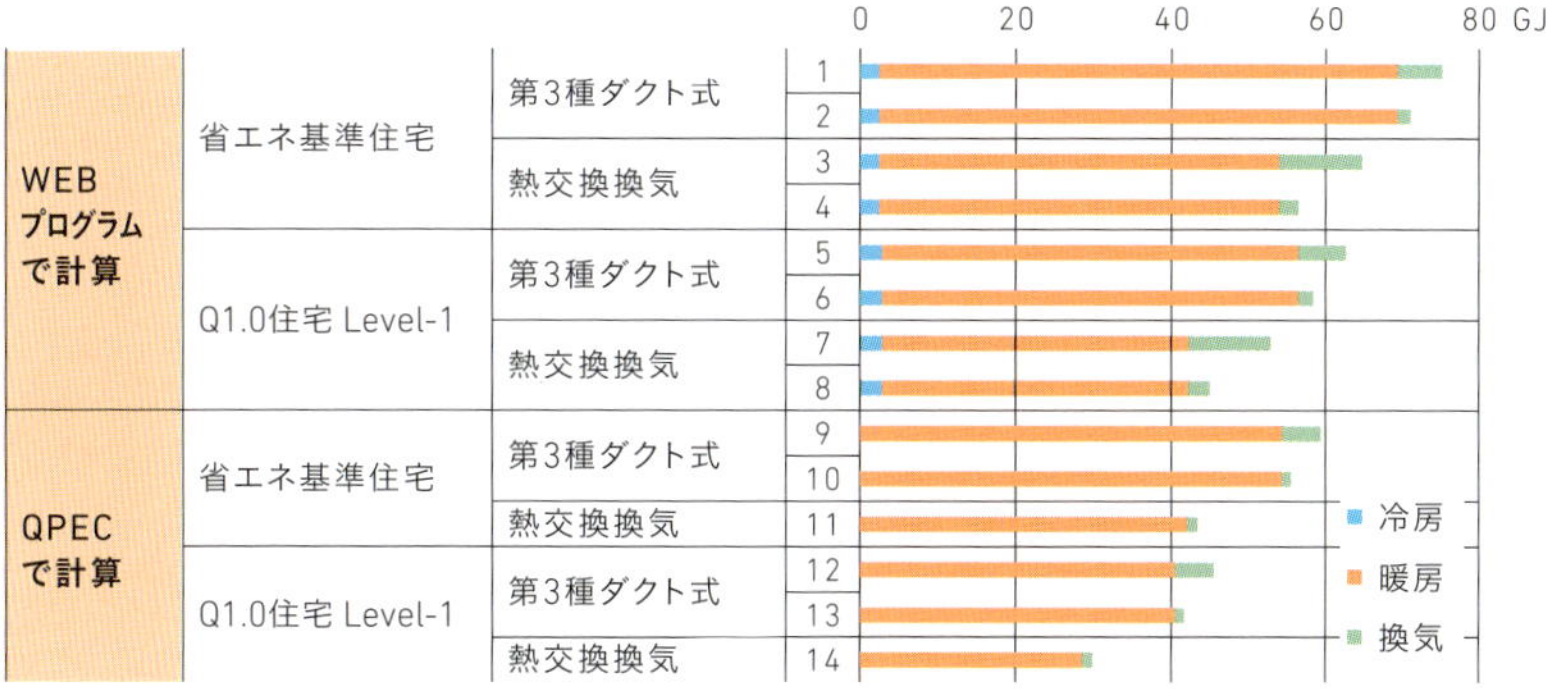

図14　第3種ダクト式·熱交換換気による暖冷房·換気の消費エネルギー(6地域)

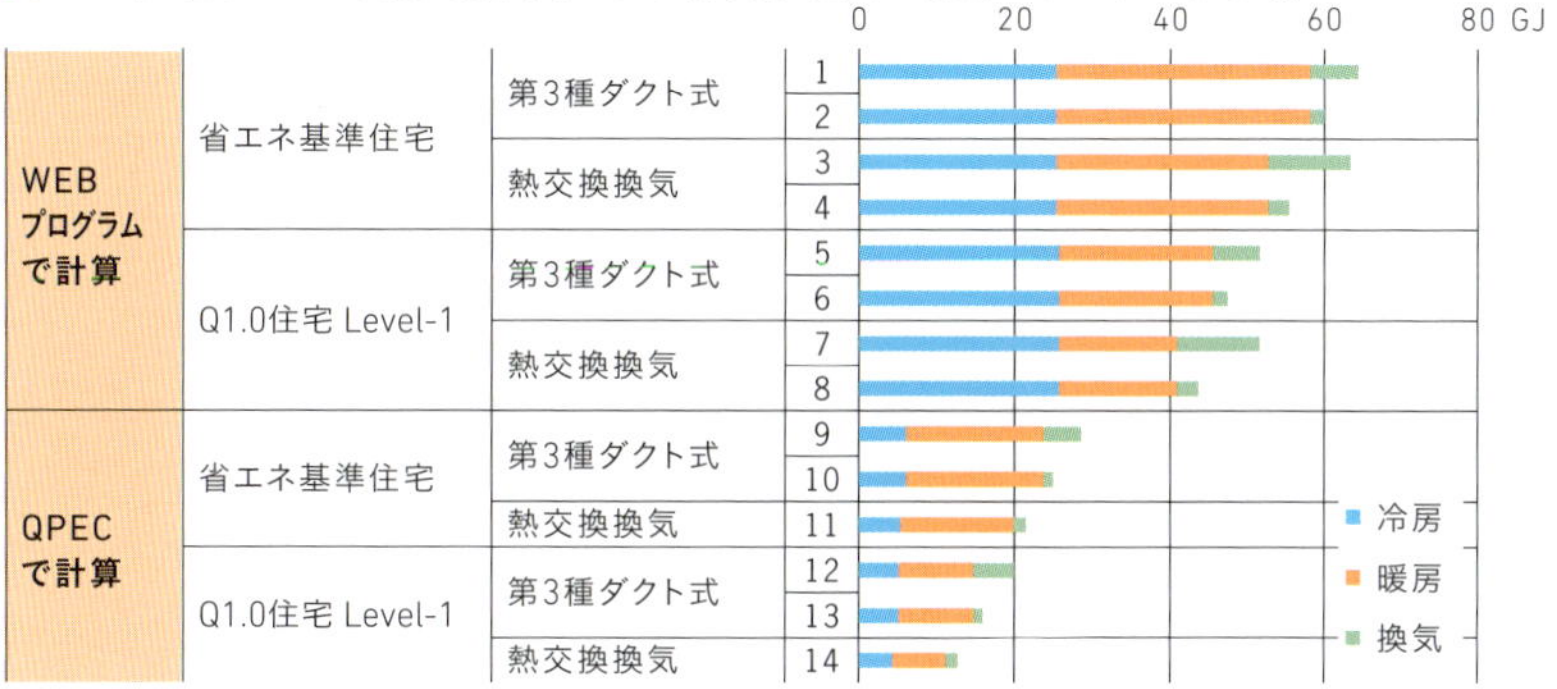

は、消費電力より一次エネルギーを過大に見積もっているようである。WEBプログラムでは全室冷暖房の計算は平均20℃のダクトエアコンでしか計算できないが、そこで算出される一次エネルギーは過大で、特に冷房エネルギーが大きくなる。これは冷房不要期間も窓を閉め切ることを前提に計算しているためと思われる。

私たちはQPEXで、全室暖房は平均18℃、冷房は冷房不要期間を除き、冷房期間でも外気温が低ければ窓を開けて通風する設定で計算しているが、その両方で換気方式の違いによる、暖冷房エネルギー+換気動力の計算をした結果が図13・14である。

寒冷地の2地域と温暖地の6地域で計算し、第3種、熱交換とも省エネ手法を採用しない消費電力が最も大きいタイプと、消費電力が最も少ないと思われる省エネ型の換気の2つを並べてある。第3種よりも熱交換換気のグラフが長くなれば、消費エネルギーに関しては熱交換換気を採用した意味がなかったということになる。2地域のような寒冷地では熱交換換気の暖房エネルギー削減効果が大きいので、省エネ手法の採用の有無にかかわらず、熱交換のほうが少なくなっている。6地域では省エネ手法なしではほとんど同じになるが、省エネ型を採用すればやはり熱交換のほうが少ない。

なお、パッシブ換気は、第3種の換気動力をゼロとして比較すればよい。やはり2地域は熱交換のほうが少なく、6地域でも省エネ型なら熱交換のほうが少ない。

第4章

お金をかけずに燃費を半分に抑える

快適な全室暖房の最大の弱点がやや過大になってしまう暖房費である。したがって、導入に際しては住宅側で暖房費を削減する工夫が欠かせない。躯体の断熱仕様、換気設備、さらに窓の断熱と日射取得を同時に考えながら、全室暖房をしているにも関わらず省エネ基準住宅より「燃費」が半分以下になる住宅の設計手法を解説する。

01 燃費半分で全室暖房を

2020年に義務化されるといわれている省エネ基準では、これまでの住宅の寒さを改善して全室暖房の快適な生活を求めると、北海道を除く日本中で暖房エネルギーが30〜50%も増えてしまう。これでは増エネ基準といわざるを得ない。そこで、私は新住協の会員に少なくとも全室暖房でも暖房エネルギーが増えないような断熱仕様で家をつくろうと呼びかけた。しかしこれでは省エネ基準住宅に比べて20〜30%の省エネになるに過ぎず、この程度では省エネ効果を実感できるか微妙である。以前からできるだけローコストに省エネレベルを高める開発を続けてきていたが、その成果を取り入れ思い切って暖房エネルギーを半分にする住宅をつくろうと呼びかけ始めたが十数年前のことである。

最初は、暖房費を節約して寒さを我慢している日本中の住宅に比べて、暖房エネルギー即ち暖房費を半分にする住宅を提案した。北海道でこうした住宅を造ると、その住宅の熱損失係数（Q値）が1.0W／㎡K前後になり、全国各地でも2.0未満になることから、「Q1.0住宅」と名付けた。これらの住宅の性能を当時の省エネ基準のようにQ値で規定するのではなく、あくまでも暖房エネルギーで規定して始めたのである。こうすると設計時点で暖房エネルギーの計算をする必要があるが、私たちは独自に、工務店でも容易に使いこなすことができる暖房エネルギー計算プログラム「QPEX」を持っていた。これを使って燃費半分の家づくりを始めたのである。

このプログラムは2004年1月にバージョン1が完成し、新住協の全会員に配布した。Excelのシートでデータを自由に入力でき、断熱仕様の一部を変更すると即座に暖房エネルギーがどう変わるかが表示される。その後バージョンアップを繰り返し、今ではバージョン3.6となり冷房負荷計算や各種申請書もつくることができる。この種のプログラムとしては、日本で最大のユーザー数を誇っている。

日本には一戸建て住宅に限った暖房エネルギー調査データは存在しないので、一般住宅の半分という定義は曖昧になってしまう。そこで、燃費半分となる対象の住宅を一般住宅から省エネ基準住宅に変え、それに比べて半分以下、5地域以南では40％以下で済む住宅をQ1.0住宅と呼んでいる。これにかかる工事費増は、省エネ基準住宅に比べて、坪2～3万円増程度である。本章では、このQ1.0住宅をつくるポイントについて述べたい。

02 U_A値では省エネ性を評価できない

省エネ住宅を設計しようとすると、これまでは Q値（熱損失係数W／K）を、平成25年省エネ基準以降は U_A値（外皮平均熱貫流率 W／㎡K）を小さくする設計がもっぱらである。省エネ基準に適合するか否かをこの数値で行っていることが影響している。

Q値*は、同じ断熱厚さでも床面積の大きな家では小さくなり、床面積の小さな家では大きくなる傾向で国の基準としては不公平との考えから、**U_A値***に変更された。しかしU_A値では、同じ床面積でも総二階のシンプルな家で総熱損失が小さい家と、複雑な形状で総熱損失が大きな家とでU_A値が変わらない場合も生じてしまう。しかも、このU_A値は、住宅の暖冷房エネルギー量と比例するとは必ずしもいえない。U_A値が小さいことは、住宅外皮1㎡あたりの熱損失が少ないことを示しているだけで、住宅の総外皮面積、開口部からの日射取得、換気での熱回収の有無などで、暖房エネルギーは大きく変わるのである。省エネの目的は暖房エネルギーの削減にあるのであって、U_A値を小さくすることではないのである。

＊Q値・U_A値：Q値は熱損失係数のことで、住宅の各部位（床、壁、天井、開口部、換気）の熱損失量を床面積で割った値。U_A値は外皮平均熱貫流率のことで、、換気の熱損失を除いた熱損失量を、床面積ではなく床、壁、天井、開口部の面積の合計で割った値である。

こうした批判に応えるべく、平成28年省エネ基準では、住宅の総消費エネルギーをWeb上に公開されている一次エネルギー計算プログラム（WEBプログラム）で計算して、基準値以下にすることも必要になった。暖冷房、給湯、照明、家電の電力、調理のエネルギーなどである。個別に基準値も設定されているが、あくまでも総量の基準をクリアすることだけである。また、家電の消費エネルギーは一定値となり家電での省エネは考慮されない。

このプログラムで暖冷房エネルギーを計算しようとすると、まず住宅全体を暖冷房するか、それとも主たる居室、その他の居室をそれぞれ連続暖冷房するか、間歇暖冷房するかを決める必要がある。全室暖冷房では熱源はダクトエアコンしか選べず、居室を連続暖房する設定にすると温水ボイラーによるパネル暖房か床暖房しか選べない。サニタリーや廊下やホールなどの非居室部分を暖かくする設定は存在しない。高断熱住宅を建てて全室暖房の快適性を目指す人には、選択肢がまったくないのである。ストーブやエアコン1~2台で家中を暖冷房する設計で入力しようとすると、ストーブ、エアコンは必ず居室のみの間歇暖冷房になり、連続暖房すら選べない。

この結果、同じ住宅でも暖冷房の方式や設備の種類で暖冷房エネルギーが大きく異なる結果が生じる。省エネ基準では、それぞれの暖冷房方式に対する基準値が決められていて、省エネ基準をクリアするかどうかの判定はできる。しかしこれでは居住者の生活の省エネ性を測ることになり、住宅の省エネ性能を測ることにはならない。

図1はこのプログラムで暖冷房エネルギーと給湯や電気などの設備的なエネルギーを計算してみたものである。

2地域（岩見沢）と6地域（岡山）でダクトエアコンによる全室暖冷房と居室のみの間歇暖冷房で計算したが、比較のためQPEXでも計算した。QPEXは平均18℃で、WEBプログラムの20℃とは2℃の差があるが、それでは説明が付かないほどの差があり、QPEXの結果はむしろ居室のみの間歇

図1　住宅断熱仕様別の暖冷房一次エネルギーとその他設備による一次エネルギー比較1

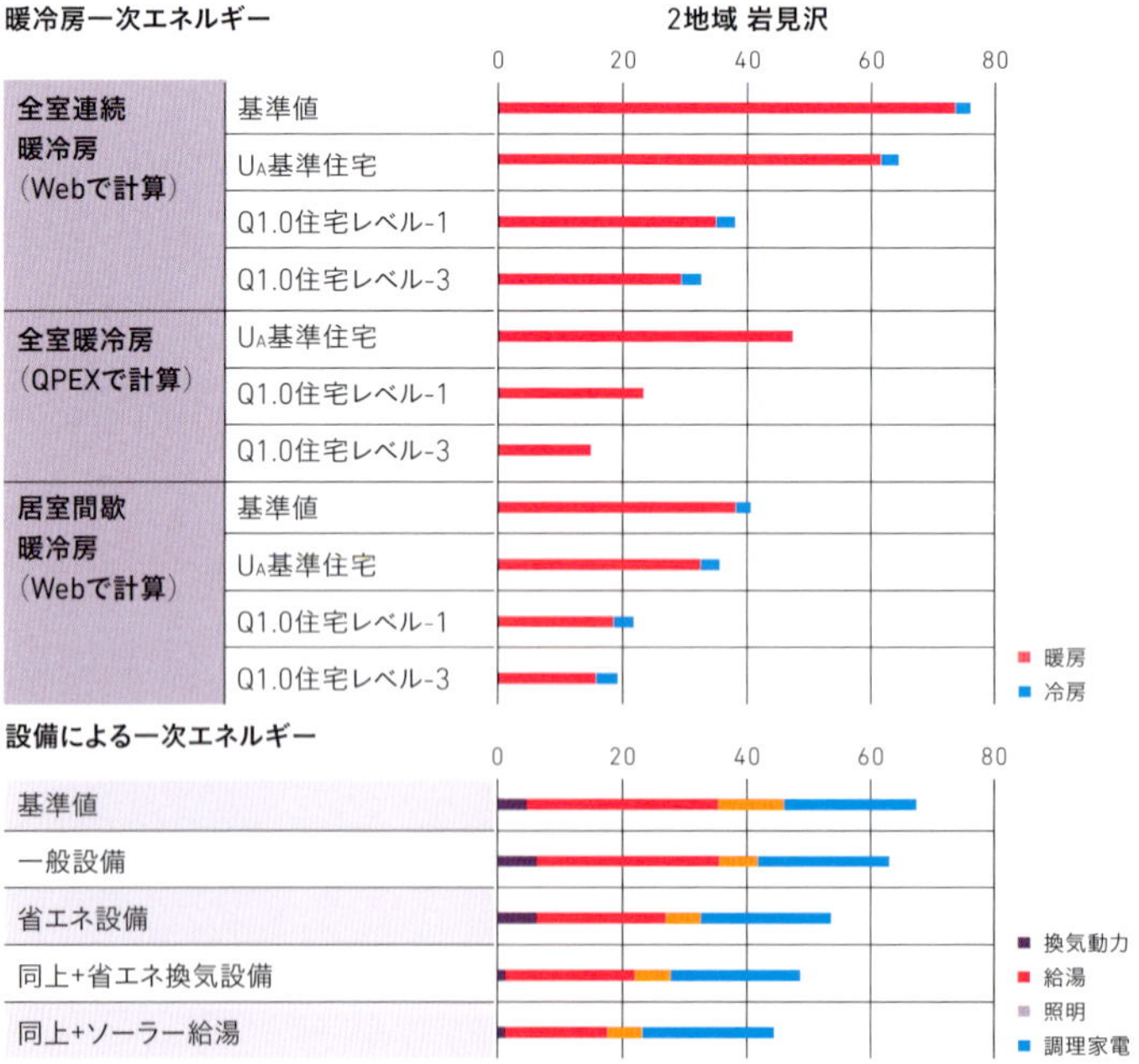

冷暖房に近い。WEBプログラムの全室冷房が岡山で極めて大きく、Q1.0住宅では更に大きくなっているのは、暖房期間以外の全期間、つまり春秋の冷房が不要な期間も窓を閉め切って室温が高くなると冷房する設定だからで、性能の高い住宅ほどこの期間の冷房負荷が増える結果になる。また住宅の性能を向上させても暖房負荷があまり減らないようだ。

　設備によるエネルギーも別に集計してみた。普通の設備を設定すれば基準値より大きくなることはない。いろいろな省エネ設備を設置しても、それほど小さくならず、住宅の高性能化による暖冷房エネルギーの減少のほうが大

図2　住宅断熱仕様別の暖冷房一次エネルギーとその他設備による一次エネルギー比較2

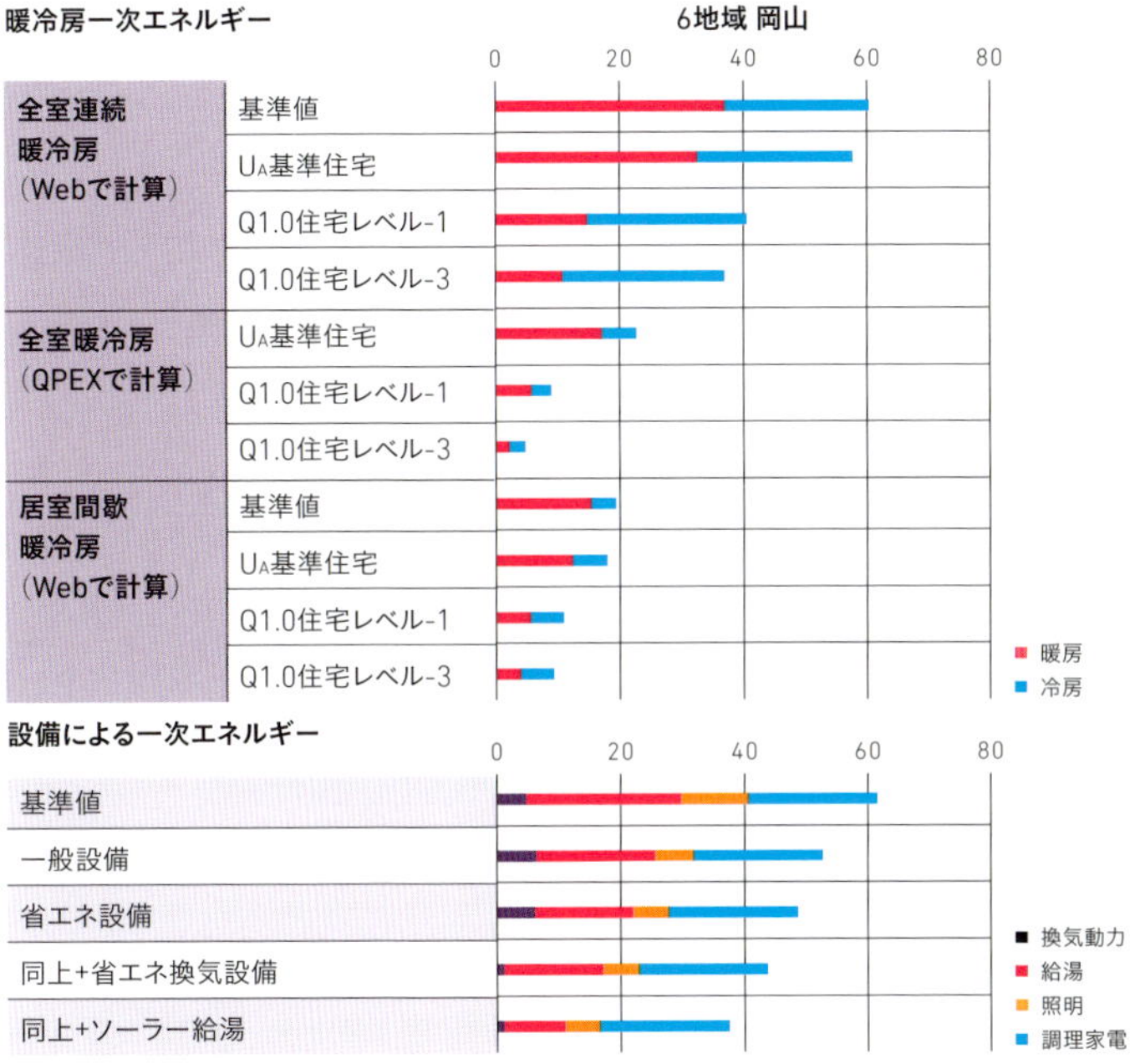

きいようである。また、太陽熱給湯を設置してもほとんど減らない計算になっているのは不思議である。太陽熱給湯よりソーラー発電を普及させたいのかと邪推してしまう。

結局、日本中の住宅の省エネ性能を共通尺度で比較できるようにするには、一定の条件下で暖房エネルギーを計算するしかない。暖冷房エネルギーを一定の条件の全室暖冷房エネルギーとし、それをもとに計算しながら設計を進めるのが好ましいと考えている。もちろん、温暖地での全室冷暖房はまだ一般的とはいえないが、快適性や高断熱化による省エネ化によって今後一般化すると思う。

なお、私たちは平均18℃の全室暖房という条件で住宅の総消費エネルギー計算を行っている。平均18℃というと少し低すぎるように思われるのだが、生活時間帯は20℃、就寝時は暖房を止め朝方15～16℃まで下がる。納戸などの温度を上げる必要がない部屋は結露を生じない15℃くらいになるようにして、日中の太陽熱によって20℃以上になった室温は20℃として住宅全体の24時間の平均室温を計算すると18℃くらいになる。就寝時は室温が20℃より低めのほうがよく眠れるというデータもある。日本人は、全室暖房といっても、暖房費の節約が身についているせいか、住宅の実測データと合うことが多いのである。もちろん24時間暖房を行うとこれより10％くらい増え、こうした生活をする人も当然いる。

03 暖房エネルギーはどう計算するのか

室温が外気温より高い時、室内から外に熱が逃げる。この時、逃げる熱と同じだけの熱が室内に供給されると室温が保たれ、少ないと室温は低下し、多いと室温が上昇する。逃げる熱は、床・壁・天井・窓それぞれで、1㎡における温度差1℃当たりの逃げる熱量（熱貫流率U）に温度差と面積をかけて計算される。温度差1℃当たりの熱損失（Q）は、各部位の**熱貫流率***（U）×部位面積（S）で算出される。そのほかに隙間風や換気によって逃げる熱がある。これは、空気の比熱に換気風量と温度差をかけて計算できるが、温度差1℃当たりではQ＝0・35×換気量（㎥／h）となる。そして、これらを全部足したものを総熱損失係数Qall（W／K）といい、温度差1℃当たりの住宅全体から逃げる熱量を指す。これを床面積で割った数値が熱損失係数（Q値）である。また、これから換気の熱損失を除いて、床・壁・天井・窓の総面積で割ったものが、現行の省エネ基準で使われている外皮平均熱貫流率（U_A値）である。

室内に供給される熱には、住宅内で使われる電気やガスの熱や人間が発生する熱

＊**熱貫流率**：熱貫流率とは壁や天井などいろいろな材料で構成された部位の熱の伝えやすさを表した値。U値ともいい、単位はW／m^2・K。熱の伝えやすさを表わす数値としては熱伝導率があるが、熱伝導率は材料そのものを評価する数値であるのに対し、熱貫流率は材料の厚さも含め、複数の材料の複合として評価する。

（室内取得熱E）と日射熱（太陽取得熱E）があり、それで足りないぶんを暖房で補うことになる。したがって暖房エネルギーは、Qallに温度差をかけ、それから室内取得熱Eを引いたものになる。この式から、暖房エネルギーを削減するには熱損失係数を小さくすればよいことが分かるが、もう1つの手段として内部取得熱を増やす方法もあることが分かる。ただし、**室内取得熱***Eは省エネ機器の普及で減る方向なので、太陽取得熱Eを増やす。そのためには南面の窓面積を増やすことになるが、その結果、壁の面積は減り、窓と壁では熱貫流率が大きく異なるためQallは逆に増えてしまう。日射量の増減や内外の温度差の大小によって暖房エネルギーが減るか増えるかは、にわかには判断がつかない。

室内取得熱によって住宅内の温度が外気より上昇するが、これを自然温度差と呼ぶ。室内取得熱を総熱損失係数で割ったものである。図3で設定室温から下の面積がデグリーデイ（DD値）である。住宅の室温から自然温度差分を引いたものが修正DD値で、これに1日分の熱損失量をかけることでも暖房エネルギーが計算できる。

図2は1時間当たりで表現されているが、1日の平均値で考えてもよい。気象データとしてのDD値を使って、実際は図3の考え方で暖房エネルギーを計算する。これを手計算で行うには、日射量やDD値などの気象データが必要になり、結構面倒である。

＊室内取得熱：その名の通り、室内で取得した熱エネルギーのことで、日射取得熱＋室内発生熱で求められる。日射取得熱は主として窓から入る熱だが、屋根や壁も含める。室内発生熱は人間の発熱、室内で消費される電力などである。

図3　住宅における熱エネルギーの発生と移動

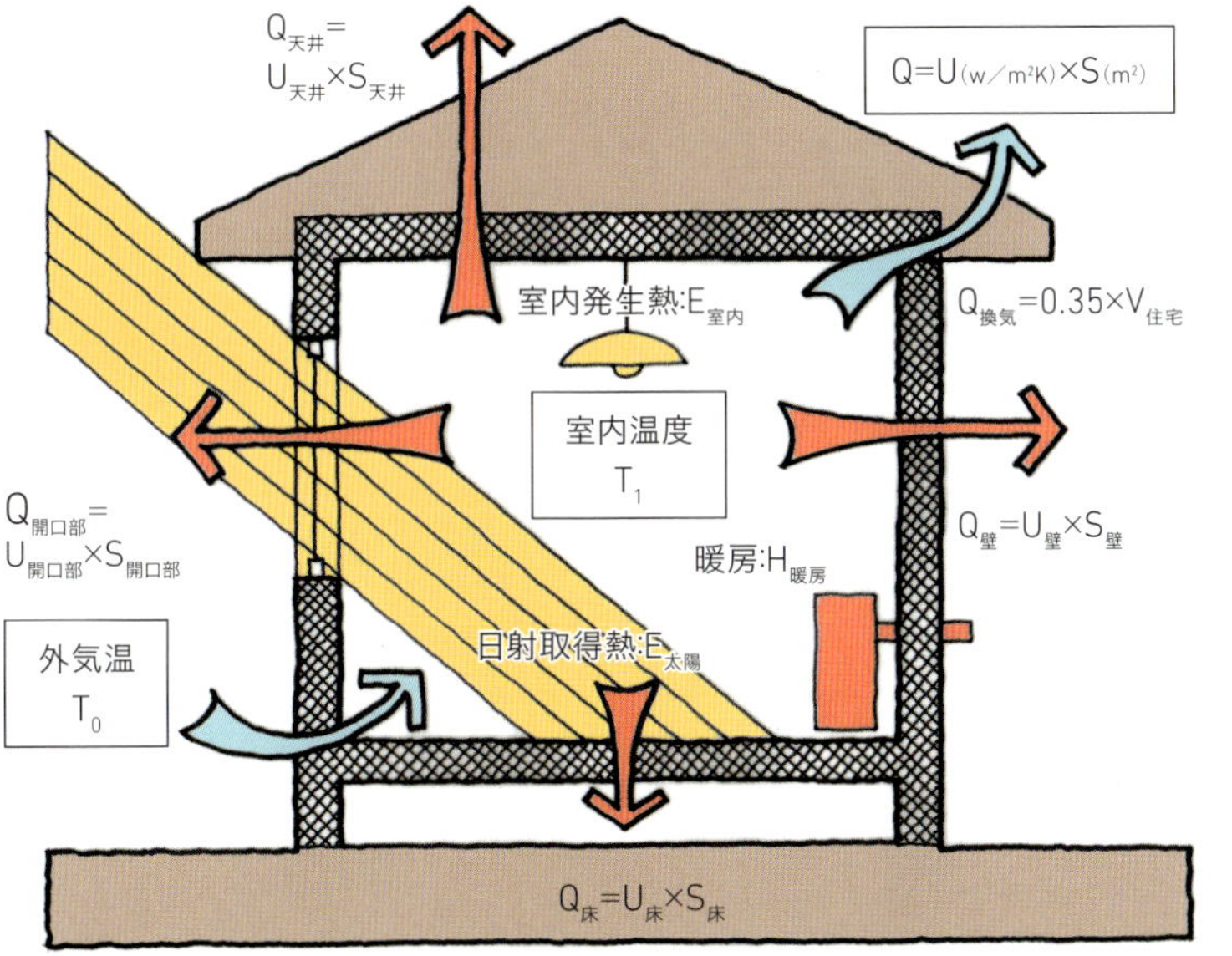

総熱損失係数　$Q_{all(W/K)}=Q_{天井}+Q_{壁}+Q_{床}+Q_{開口部}+Q_{換気}$　室内取得熱　$E_{(w)}=E_{室内}+E_{太陽}$

総熱損失　$Q_{all}\times(T_1-T_0)$　暖房エネルギー　H時間$(W)=Q_{all}\times(T_1-T_0)-E$

図4　冬期における日射取得熱と暖房エネルギーの関係

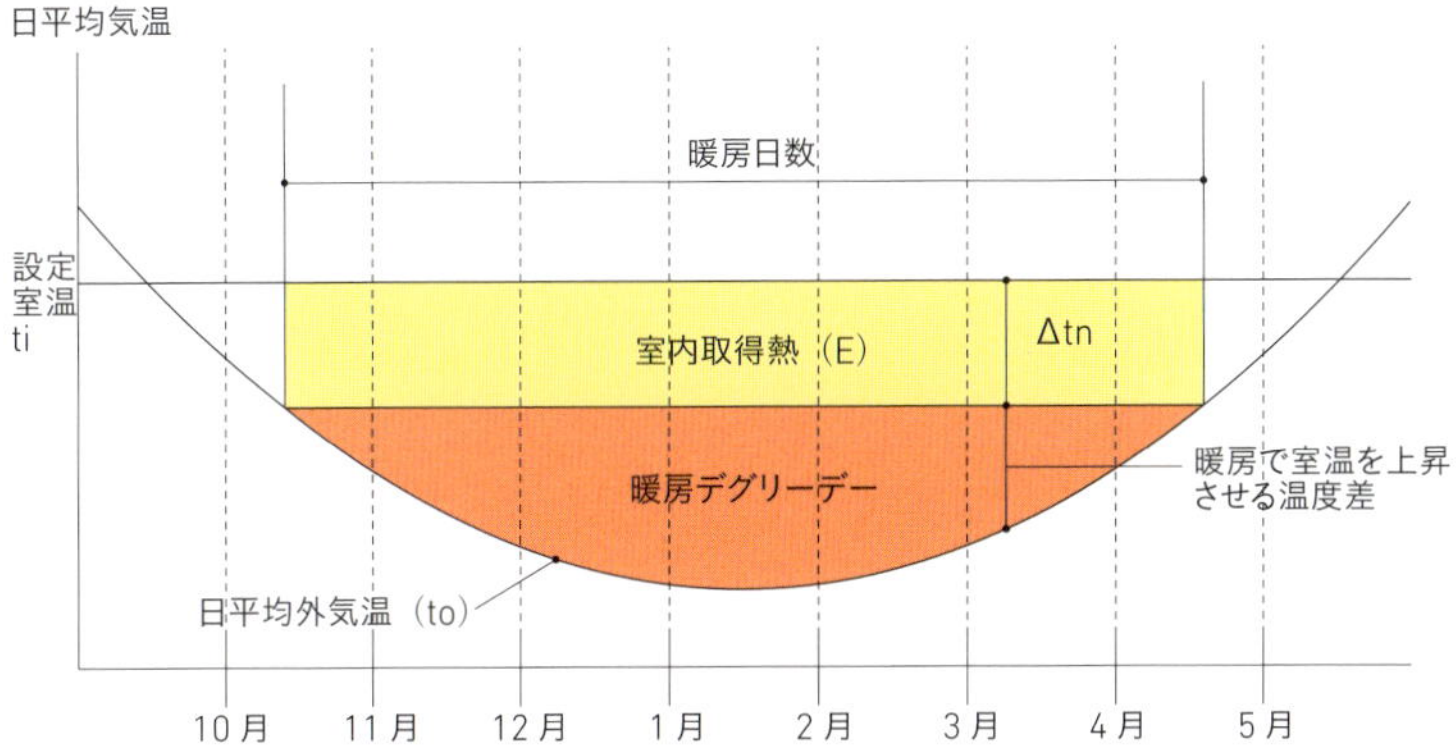

$$自然温度差\Delta tn=\frac{室内取得熱（E）}{総熱損失係数（Qall）}$$

04 暖房エネルギー計算はQPEXで簡単に

私は実験住宅などを設計する際、ある程度プランができると、暖房エネルギーを手計算しながら壁の断熱厚さや窓面積を変えるなどしてその効果を確かめつつ、設計を煮詰めたものであった。しかし、これが結構面倒であるため、途中から設計は勘で進め、最後に計算を行うことも多くなった。

これを何とか簡単にできないかと考え、この暖房エネルギーを計算するExcelファイルを作ることをある年の卒論のテーマとして学生に示した。表計算ソフトのExcelを使い、Excelのシート上でデータを変更すると即座にその結果が見えるようにすることを条件とした。担当した学生は、Excelに搭載するVBAというプログラムを使って複数のシート間をシート上のボタンを押して移動するプログラムに仕上げてくれた。15年ほど前のことである。以来バージョンアップを重ねた結果、省エネ基準の計算法に縛られてはいるものの、今では**冷房負荷***計算までできるソフトになっている。

プログラムを搭載したExcelのファイルを開くとタイトル画面が表示され、シート

＊冷房負荷：室内をある一定の温湿度のとき、その温湿度に保つために空気から取り除くべき熱量もしくは空気に供給すべき熱量のこと。一般的に外気の温度が上がると、それにつられて室内の温度も上昇するため、冷房負荷もかかる。

間を画面上のボタンやタブをクリックして移動して、各シートのデータ入力を進める。日本建築学会のアメダス標準気象データを内蔵し、全国800地点余りを指定できる。入力するデータは各部位の面積やサッシの仕様、断熱仕様などである。熱性能設計を行うためには、標準的なデータを全部入力して結果を出してから各シートに戻り、断熱材や厚さ、開口部の仕様などを変更して、暖冷房エネルギーに対する効果を確かめることができる。

図5は外壁の入力シートであるが、断熱材を高性能グラスウール100㎜厚として東京における暖房灯油消費量が431ℓと表示されているが、

図5　QPEXの外壁熱貫流率の計算を行う入力シート（壁断熱100㎜）

記号	No	建材名	厚さ d(㎜)	部分記号 部分名 熱伝導率 λ(W/m·K)	A 充填断熱 熱抵抗 d/λ(m²K/W)	B 構造部材 熱抵抗 d/λ(m²K/W)
—	—	室内側表面熱伝達抵抗　Ri	—	—	0.11	0.11
a	1	なし	—	—	—	—
b	67	石膏ボード	12.5	0.22	0.057	0.057
c	6	高性能グラスウール16K	100	0.038	2.632	—
d	41	木材1種	100	0.12	—	0.833
e	59	合板	9	0.16	0.056	0.056
—	—	外気側表面熱伝達抵抗　Ro	—	—	0.11	0.11
熱貫流抵抗　ΣR=Σd/λ					2.965	1.166
熱貫流率　Un=1/ΣR					0.337	0.857
熱橋面積比　a					0.83	0.17
実質熱貫流率=平均熱貫流率　U=Σ(a·Un)						0.426

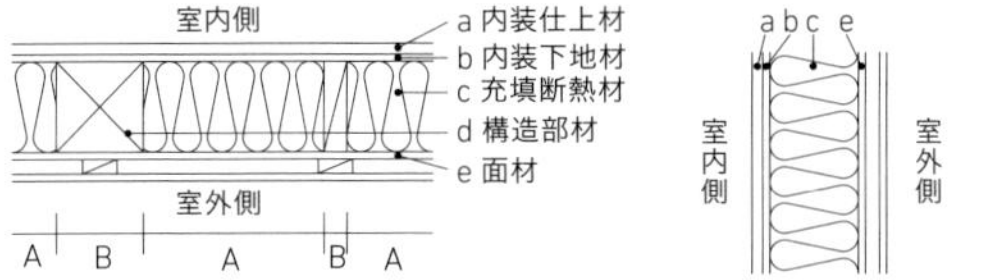

選択地点	熱損失係数	295.6W/K	灯油消費量 効率η=0.83	都市ガス消費量 効率η=0.83	Pガス消費量 効率η=0.83	電療消費量 暖房COP1.0　冷房COP3
東京	暖房負荷	3,765kWh 31.4kWh/m²	431ℓ 3.6ℓ/m²	375m² 3.1m²/m²	322kg 2.7kg/m²	3,765kWh 31.4kWh/m²
	冷房負荷	全期間	3,222kWh 26.8kWh/m²	必須期間	2,290kWh 19.1kWh/m²	763kWh(必須期間) 6.4kWh/m²

図6ではそれを210㎜厚に変えると熱貫流率が0・202、灯油消費量が356ℓに即座に変化するようになっている。

なお、このような計算プログラムには誤差がつきものであるが、研究者が使う高価なプログラムとの差も10%内外に収まり、住宅の実測値とも合っている。冷房負荷については全室冷房住宅が少ないため精密な比較はまだ行えていないが、電気代などを見る限り、おおざっぱな評価としてはだいたい合っているようである。

図6　QPEXの外壁熱貫流率の計算を行う入力シート(壁断熱210㎜)

記号	No	建材名	厚さ	部分記号	A 充填付加断熱	B 充填付加下地	C 構造付加断熱	D 構造付加下地
				熱伝導率	熱抵抗	熱抵抗	熱抵抗	熱抵抗
			d(㎜)	λ(W/m·K)	d/λ(m^{2}K/W)	d/λ(m^{2}K/W)	d/λ(m^{2}K/W)	d/λ(m^{2}K/W)
—	—	室内側表面熱伝達抵抗Ri	—	—	0.11	0.11	0.11	0.11
a	1	なし	—	—	—	—	—	—
b	67	石膏ボード	12.5	0.22	0.057	0.057	0.057	0.057
c	6	高性能グラスウール16K	105	0.038	2.763	2.763	—	—
d	41	木材1種	105	0.12	—	—	0.875	0.875
e	59	合板	9	0.16	0.056	0.056	0.056	0.056
f	6	高性能グラスウール16K	105	—	2.763	—	2.763	—
g	41	木材1種	105	—	—	0.875	—	0.875
—	—	外気側表面熱伝達抵抗Ro	—	—	0.11	0.11	0.11	0.11
熱貫流抵抗　ΣR=Σd/λ					5.859	3.971	3.971	2.083
熱貫流率　Un=1/ΣR					0.171	0.252	0.252	0.48
熱橋面積比　a					0.75	0.08	0.12	0.05
実質熱貫流率=平均熱貫流率　U=Σ(a·Un)								0.202

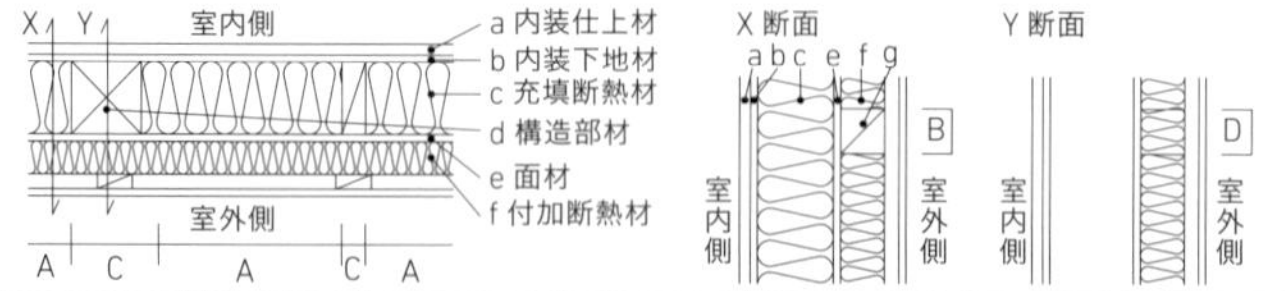

選択地点	熱損失係数	295.6W/K	灯油消費量 効率η=0.83	都市ガス消費量 効率η=0.83	Pガス消費量 効率η=0.83	電療消費量 暖房COP1.0　冷房COP3
東京	暖房負荷	3,113kWh 25.9kWh/m^2	356ℓ 3ℓ/m^2	310m^2 2.6m^2/m^2	266kg 2.2kg/m^2	3,113kWh 25.9kWh/m^2
	冷房負荷	全期間	3,127kWh 26.1kWh/m^2	必須期間	2,191kWh 18.2kWh/m^2	730kWh(必須期間) 6.1kWh/m^2

05 燃費半分のQ1.0住宅とは

省エネ住宅を暖房エネルギーで考えると、目標設定に悩む。省エネ基準住宅から無暖房住宅までその差はあまりにも大きい。省エネ住宅の世界的な標準となりつつある**パッシブハウス***では、一律に暖房負荷15kW／㎡以下と定めている。これはドイツの一般の住宅で熱交換換気の給気の温度を60〜70℃程度に加温すると各室の温水暖房パネルとその配管が不要になり、その費用を断熱に回すことができるためだが、これだけであの重装備な断熱仕様のコストをまかなえるとは思えないし、日本では暖房設備といえばコタツやストーブが一般的で、断熱強化に回す財源にはならない。

現行の省エネ基準で全室暖房を行うと、一般の住宅の暖房エネルギーは、現状の約1.5倍になってしまう（図7）。日本の住宅では、冬の寒さをコタツやストーブでしのいでいたため、暖房エネルギーは欧米と比較すると極めて少なかった。住宅は間違いなく寒く、トイレや浴室での脳卒中・心臓発作による死亡率は冬になると跳ね上がっていた。その後、省エネ基準住宅を建てられるようになり、多少の暖房費アップには目

＊**パッシブハウス**：アクティブなソーラーシステムを用いないで太陽熱を利用するパッシブソーラーハウスを意味することもあるが、現在ではドイツ・パッシブハウス研究所が規定する性能認定基準を満たす省エネルギー住宅を指すことが多い。要求される建物の断熱性能はかなり高い。

をつむりながら、全室暖房に近い生活を送っているのが現状である。

今から10数年前、私は一般住宅の暖房費の半分で全室暖房を行える住宅をつくろうと呼びかけ始めた。当時のQPEXVer.2.7で計算して、平成11年基準のⅠ～Ⅱ地域で省エネ基準住宅の1／2、Ⅲ地域で1／3、Ⅳ～Ⅴ地域では1／4の暖房費という目標を掲げた。こうすれば図7のように余裕をもって確実に一般住宅の暖房費の半分以下になることが分かった。コストは省エネ基準住宅に比べて2万円／坪増で済ませることを目指した。そして、10年近くの間に新住協の会員だけでこの仕様に基づく住宅が数千棟建設された。ところがQPEXVer.3により厳密な日射取得計算ができるように改良したことによって、日射取得が少ない住宅を中心に暖房負荷がかなり増えることになり、「暖房費1／2～1／4」という目標の実現は難しくなった。

また、木造戸建住宅に限定した一般住宅の暖房エネルギーの調査データが日本に存在しないため、省エネ基準住宅に比べて半分以下という目標に切り替えざるを得なくなってしまった。この現行省エネ基準の1～7地域のそれぞれで最も寒い地点で計算して、表1のようなレベルを設定した。表1にはその地域の全地点の平均値も表示しているが、これで多くの地点で一般住宅の概ね半分以下で全室暖房をという旗は降ろさずに済んでいるようである。

**図7　省エネ基準住宅の全室暖房時の暖房灯油消費量
（QPEXで平均18℃の全室暖房として計算）**

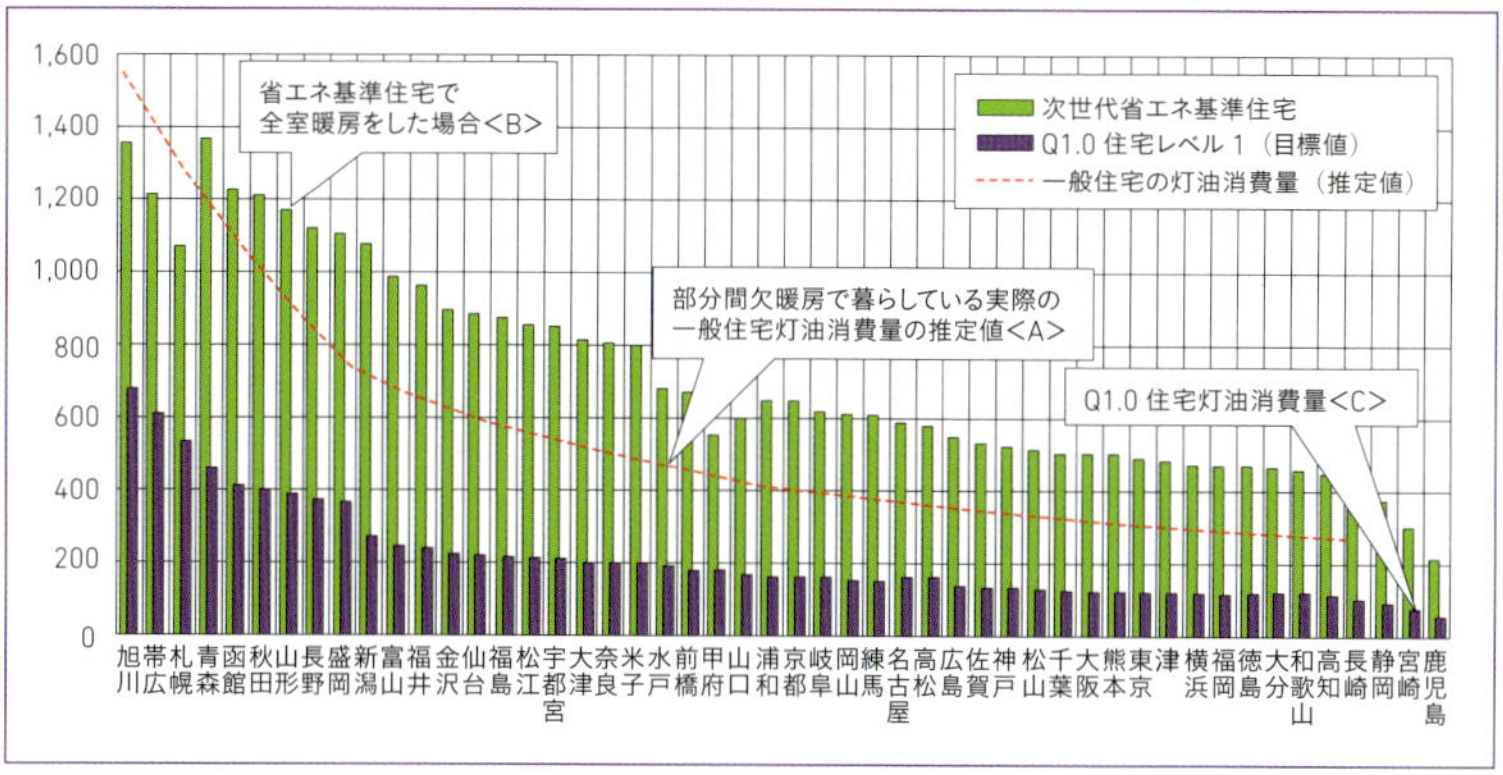

表1　Q1.0住宅 Level 1〜4 暖房灯油消費量目標値

地域区分	1	2	3	4	5	6	7
最寒代表地点	名寄	留萌	弘前	築館	舞鶴	福山	熊本
省エネ基準住宅暖房灯油消費量	1,651	1,268	1,214	1,179	960	674	498
同上全地点平均値	1,483	1,142	1,105	1,055	843	599	391
55%	L1 908	L1 697					
（平均値）	816	628					
50%			L1 607				
（平均値）			553				
45%	L2 743	L2 571		L1 531			
（平均値）	667	514		475			
40%			L2 486		L1 384	L1 270	L1 199
（平均値）			442		337	240	156
35%	L3 578	L3 444		L2 413			
（平均値）	519	400		369			
30%			L3 364		L2 288	L2 202	L2 149
（平均値）			332		253	180	117
25%	L4 413	L4 317		L3 295			
（平均値）	371	286		264			
20%			L4 243		L3 192	L3 135	L3 100
（平均値）			221		169	120	78
15%				L4 177			
（平均値）				158			
10%					L4 96	L4 67	L4 50
（平均値）					84	60	39

06 暖房エネルギーの減らし方

図8は平成28年省エネ基準の1～7地域の省エネ基準住宅を基準のU_A値にぴったり合わせた住宅の熱損失部位別構成である。見なし仕様で住宅を構成し、壁・天井の断熱の厚さを若干低減することでぴったりにしている。住宅モデルは建築環境・省エネルギー機構の**自立循環型住宅**＊に基づくモデルプラン（120㎡）である。なお、換気は第3種換気0.5回／hで、これは全地域同じなので、換気の熱損失は変わらない。

　仕様を地域別に比較すると省エネ基準はおおむね開口部と外壁で地域的な差を付けていることが分かる。平成11年の次世代省エネ基準以来これはほとんど変わっていない。これらの部位のどこに重点を置いて暖房エネルギーを減らすべきかということを検討する必要がある。

図8　省エネ基準住宅の部位別熱損失構成

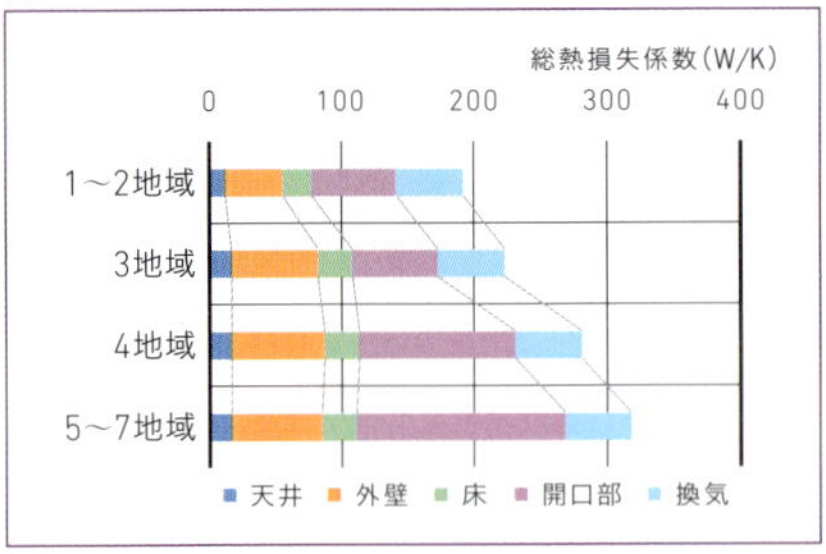

＊自立循環型住宅：従来のエネルギーに頼らず、自然エネルギーを活用しながら生活することを目的とした住宅のこと。（財）建築環境・省エネルギー機構が具体的な設計ガイドラインを提示、講習会やテキストなどを通して普及を進めている。

3地域以南の外壁断熱は壁一杯の105㎜厚にゆとりがあるため、これを壁一杯にするとコストを掛けずに暖房エネルギーを多少減らすことができる。床・天井も同様にあまりお金を掛けずにもう少し断熱厚を増やすことができる。

問題は開口部で、ここが平成11年以来、省エネ性能が最も向上したところでもある。Low-Eペアガラス12㎜が日本中で一般化し、アルゴンガス（Ar）入りLow-Eペアガラス16㎜も普通に使えるようになった。**樹脂サッシ***や**アルミ樹脂複合サッシ***などの断熱サッシも一般化し、性能向上とコストダウンが最も進んだところである。また、熱交換換気設備も改良が進み、いろいろな問題も解消されてきている。

寒冷地の暖房エネルギーの減らし方

図7は札幌での省エネ基準住宅を基準に、各部位の仕様をアップしたときの暖房エネルギー削減率を示したものである。

1〜2地域では外気温が低いため熱交換換気の効果が大きく、約30％近い削減率が見込める。他の部位の基準が結構高いレベルにあるので、これを外しては燃費半分の住宅はほぼ実現不可能である。

開口部のサッシのU値は、仕様値で一律に設定していたのをQPEXで窓ごとに計算

＊**樹脂サッシ**：塩ビ樹脂製のサッシのこと。PVCサッシともいわれる。アルミ製のサッシに比べて断熱性能が高く、国内の大手メーカーの高性能サッシは樹脂サッシであることが多い。

で求める設定に変えると、U値は小さくなる。計算の精度を上げた効果であるが、これを含めた開口部仕様向上の削減率を示す。寒冷地では、開口部の性能向上が暖房エネルギー削減に効いているが、樹脂や木製のサッシにトリプルガラスを装着した場合が、一番削減率が高くなるが、性能の高い**トリプルガラス***はLow-E膜が2面あり、日

部位	NO.	灯油消費量	削減率
換気		1,071	0.0%
	1	896	16.3%
	2	775	27.6%
	3	750	30.0%
開口部		1,071	0.0%
		975	9.0%
	4	883	17.6%
	5	860	19.7%
	6	857	20.0%
	7	848	20.8%
	8	823	23.2%
	9	811	24.3%
	10	794	25.9%
	11	824	23.1%
	12	813	24.1%
	13	800	25.3%
	14	784	26.8%
	15	786	26.6%
	16	770	28.1%
	17	753	29.7%
躯体断熱		1,071	0.0%
	18	981	8.4%
	19	896	16.3%
	20	835	22.0%
	21	798	25.5%
	22	778	27.4%
Q1.0住宅	1	519	51.5%
	2	366	65.8%
	3	268	75.0%
	4	207	80.7%

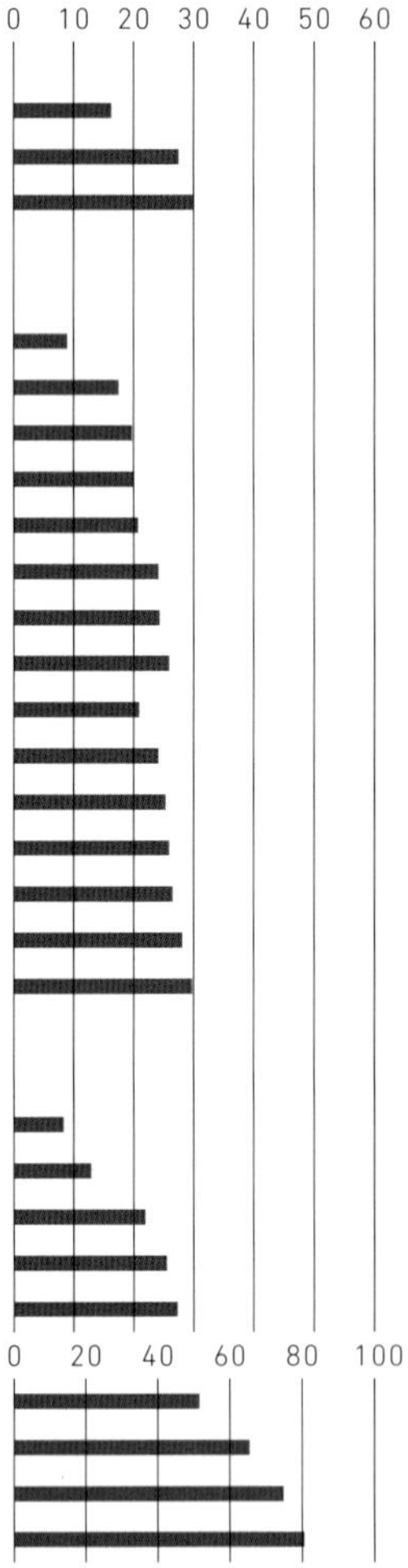

***アルミ樹脂複合サッシ**：樹脂サッシは断熱性能が高いものの、耐候性や強度の面でアルミサッシに劣る点がある。その欠点を補うために、外側はアルミ、室内側には樹脂材を複合してつくられたのが、このサッシである。樹脂サッシよりは断熱性能が若干劣る。

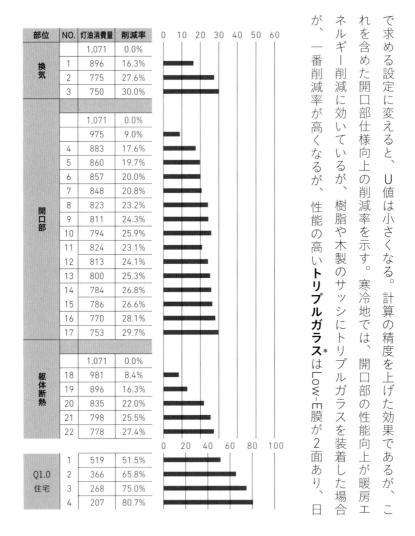

図9　暖房エネルギー削減率（札幌）

部位	NO.	仕様	
換気		第3種換気	0.5回/h
	1		0.5回/h→0.3回/h
	2	熱交換換気	0.5回/h 熱交換効率80%
	3		0.3回/h 熱交換効率80%

部位	NO.	サッシ枠	南面ガラス	東西北面ガラス	玄関ドア
開口部		PVC	Low-Eペア（次世代基準）		H-5
			仕様値→計算値　アルミスペーサー→樹脂		
	4		ArLowE 12mmペア		K=0.7
	5		ArLowE 16mmペアマルチEA		
	6		ArLowE 16mmペアピュアクリア		
	7		ArLowE 16mmペアマルチEA	ArLowE 16mmペアピュアクリア	
	8			2Ar2LowE16mmトリプルピュアクリア	
	9		2Ar2LowE16mmトリプルマルチEA		
	10		同上+断熱ブラインド		
	11		2Ar2LowE16mmトリプルピュアクリア		
	12	PVC+木	PVC ArLowE16mmペアマルチEA	木 2Ar2LowE16mmトリプルピュアクリアEA	
	13		PVC 2Ar2LowE16mmトリプルマルチEA		
	14		同上+断熱ブラインド		
	15	木	木 ArLowE16mmペアマルチEA		
	16		木 2Ar2LowE16mmトリプルマルチEA		
	17		同上+断熱ブラインド		

部位	NO.	天井（HGW）	外壁（HGW）	床	平均厚さ	平均U値
躯体断熱		300mm	141mm	100mm	138mm	0.276
	18	400mm	150mm	150mm	161mm	0.236
	19		210mm		194mm	0.196
	20		260mm	200mm	226mm	0.168
	21	500mm	305mm		252mm	0.151
	22		355mm		270mm	0.141

Q1.0住宅	1	3+8+躯体標準	PVCサッシで南面ペア·東西北トリプル/躯体は次世代レベル
	2	3+8+19	手法1の開口部のまま、外壁210mm断熱に強化
	3	3+14+20	南面はPVCトリプルサッシ、東西北面は木製トリプル/外壁260mm断熱
	4	3+17+22	開口部は全面で木製トリプル/外壁355mm断熱

＊**トリプルガラス**：3枚のガラスで構成されるガラス製品。2枚のガラスで構成されるペアガラスよりも断熱性能に優れるため、寒冷地で窓の面積をある程度取りたい場合などは、トリプルガラスが選択されることも増えてきている。

射侵入率が10%も下がるため、U値が小さくなる割には、暖房エネルギーはそれほど減らない。アルゴンガス入りLow-Eペアガラス16㎜の日射侵入率の高いガラスを南側に使い、東西北には熱損失が少ないガラスを使う仕様でも、Q1.0住宅は十分可能で、削減率は20%程が見込める。Q1.0住宅レベル1ではこれがローコストな手法であるが、レベル2以上ではトリプルガラスを採用することが必要になる。建設地の日射量によって暖房エネルギーは大きく変わるのでQPEXで確かめる必要がある。

熱交換換気と開口部の性能向上で、北海道のQ1.0住宅レベル1に必要な暖房エネルギー45%削減が可能になる。また、外壁の断熱を200㎜厚にすれば同レベル2が、トリプルガラスと外壁250〜300㎜厚とすれば同レベル3がそれぞれ実現する。

温暖地の暖房エネルギーの減らし方

平成28年省エネ基準の5〜7地域を温暖地とすれば、この地域のQ1.0住宅はレベル1で省エネ基準に比べて暖房エネルギーの60%削減が必要となるため、その達成は厳しいように思える。しかし、実際は省エネ基準の開口部の基準がとても甘いためそれほど難しくはない。

＊ホルムアルデヒド：揮発性有機化合物で、接着剤や塗料などに含まれるホルマリンの一種である。シックハウス症候群の原因の１つとされ、平成15年の改正建築基準法では、ホルムアルデヒドを含む建築材料は規格によって使用する面積が制限された。

換気は、内外温度差が寒冷地に比べて小さくなるため、熱交換換気を採用しても削減率は20%ぐらいにしかならない。しかし、換気設備を上手に選べばコストアップはそれほどでもなく、やはり有力な手法である。また、第3種換気でも換気回数を0.3回程度に落とすと12%削減できる。建材の**ホルムアルデヒド**[*]やVOCの発散がほとんどなくなり、調理にIHレンジを採用している場合など換気量を減らしても問題が起こらない住宅も増え、暖房時の乾燥が緩和されるなどのメリットもある。

5~7地域の開口部の省エネ基準はアルミサッシにペアガラス6㎜という仕様だが、この基準が私には信じられない。枠がアルミだけでは結露の問題があるうえに、熱損失も大きいためだ。一説には平成11年省エネ基準の制定時、サッシ協会の陳情に負けたとか。ここは断熱サッシ+アルゴンガス入りLow-Eペアガラス16㎜を採用したい。40%の削減が見込め、熱交換換気と合わせてQ1.0住宅レベル1が達成できる。

注意すべきは遮熱タイプのガラスを南面に採用しないことである。東西面は夏の日射対策として遮熱タイプを使うことも検討する。ただし、住宅密集地で南の日射取得が少ない立地の場合、開口部の構成変更だけでこれほどの削減ができない場合もある。その場合は、開口部なら樹脂サッシや**断熱ブラインド**[*]の採用、躯体の断熱を厚くするなどの検討も必要になる。その場合も壁の付加断熱を避けて、床・天井の断熱厚

＊**断熱ブラインド**：断熱性能をもつブラインドのこと。主に室内の熱が窓から外に逃げるのを抑えるために使われる。日本では、ポリエステルの不織布で、空気の層をつくるためのハニカム（蜂の巣）構造を持たせた製品が販売されている。

さを増やすというローコストな方法をまず検討するとよい。

　このように、QPEXを使うと、省エネ住宅の暖房エネルギーや冷房エネルギーが各部の仕様を変更するたびに、その結果が見える。後は、省エネレベルの目標と予算とコストの兼ね合いで最適な仕様を容易に決定できる。

部位	NO.	灯油消費量	削減率
換気		492	0.0%
	1	433	12.0%
	2	391	20.5%
	3	383	22.2%
開口部			
		492	0.0%
		461	6.3%
	4	377	23.4%
	5	342	30.5%
	6	409	16.9%
	7	313	36.4%
	8	383	22.2%
	9	303	38.4%
	10	291	40.9%
	11	287	41.7%
	12	266	45.9%
	13	284	42.3%
	14	275	44.1%
	15	264	46.3%
	16	261	47.0%
	17	245	50.2%
躯体断熱			
		492	0.0%
	18	457	7.1%
	19	408	17.1%
	20	384	22.0%
	21	360	26.8%
Q1.0住宅	1	112	77.2%
	2	69	86.0%
	3	37	92.5%

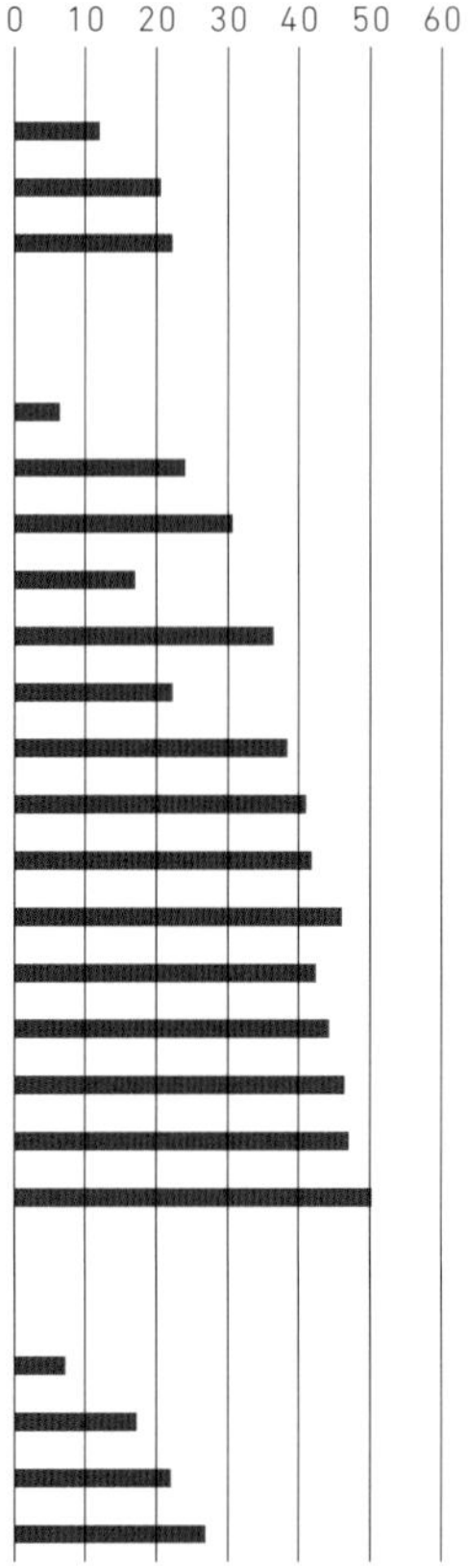

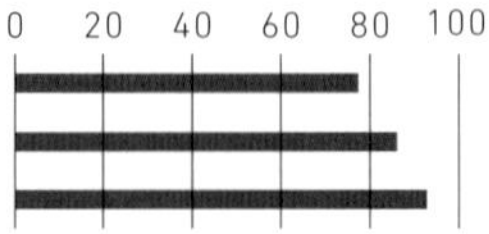

図10　暖房エネルギー削減率(東京)

部位	NO.	仕様	
換気		第3種換気	0.5回/h
	1		0.5回/h→0.3回/h
	2	熱交換換気	0.5回/h 熱交換効率80%
	3		0.3回/h 熱交換効率80%

部位	NO.	サッシ枠	南面ガラス	東西北面ガラス	玄関ドア
開口部		アルミ	6mm 普通ガラスペア		H-1
			仕様値→計算値		
	4	アルミ樹脂複合	普通ガラス12mmペア　アルミスペーサー→樹脂		H-3
	5		断熱Low-E12mmペア		H-5
	6		遮熱Low-E12mmペア		
	7		断熱ArLow-E12mmペア		
	8		遮熱ArLow-E12mmペア		
	9		断熱ArLow-E16mmピュアクリア		
	10		断熱ArLow-E16mmマルチEA		
	11		断熱ArLow-E16mmマルチEA	断熱ArLow-E16mmピュアクリア	
	12		同上+断熱ブラインド		
	13	樹脂	断熱ArLow-E12mmペア		K=1.5
	14		断熱ArLow-E16mmピュアクリア		
	15		断熱ArLow-E16mmマルチEA		
	16		断熱ArLow-E16mmマルチEA	断熱ArLow-E16mmピュアクリア	
	17		同上+断熱ブラインド		

部位	NO.	天井(HGW)	外壁(HGW)	床	平均厚さ	平均U値
躯体断熱		195mm	83mm	80mm	94mm	0.406
	18	300mm	100mm		109mm	0.350
	19		150mm		138mm	0.276
	20		205mm		159mm	0.236
	21		205mm	150mm	182mm	0.209

Q1.0住宅	1	3+10+19	ガラス:高透過型ArLowEペア/外壁150mm断熱
	2	3+15+20	PVCサッシで高透過型ArLowEペア/外壁205mm断熱
	3	3+17+21	PVCサッシで方位別でガラス種類を変える/外壁205mm断熱

07 まずは換気の熱損失を見直す

ここからは、Q1.0住宅をつくるうえでポイントとなる、換気・開口部・断熱厚さについて、もう少し詳細に解説する。

私たちが高断熱・高気密住宅をつくり始めた30年ほど前、気密化により換気設備による常時換気が必要という認識からいろいろな検討が行われた。当時は換気量を決める指標はCO_2で、国際的には0.5回／hの換気量が一般的であった。日本のCO_2濃度の**恕限度***は1000ppmとされ、実際に計算や実測をすると、0.5回／hの換気量で概ねこの数値以下になる。ガスレンジを使った調理の時は一時的に1000ppmを大幅に超えることもあったが、そこからレンジフードの捕集効率を高めたり、計画換気という考え方が生まれたりもした。しかし、この恕限度は住宅に適用するは厳しすぎるという説もあり、第3種換気で0.5回／hが標準的になった。

その後、高断熱住宅では冬期における室内の乾燥に苦しむ人が増え、室内の水蒸気を外に放出しないように換気量を減らす試みが始まったのだが、その後のシックハウ

＊**恕限度**：「じょげんど」と読み、健康などに悪影響を及ぼさない上限の値やその度合いを指す。主に有害物質の濃度や、騒音の程度などに用いられることが多い。

スの問題から中断された。シックハウス自体は、高気密住宅なのに常時換気を備えなかったマンションや、気密性が高くなっているのに常時換気設備を設置しなかった、一部のハウスメーカー住宅で生じた問題であったが、ヒステリックな世論に誘導されるかたちでシックハウス新法が制定、ホルマリン、VOCなどを指標として0.7〜0.5回／hの常時換気設備の設置が義務づけられた。その後はご存じのようにVOCなどをほとんど放散しない建材が続々と開発され、普通の条件ではほとんど問題にならなくなっている。

換気量はもう少し減らすことができる

シックハウス新法＊では、0.5回／hの常時換気設備の設置が義務づけられたが、0.5回／hの運転を要求しているわけではないので、一定の条件を満たせば換気量を少なくすることができる。これによって冬期の乾燥を防ぐことができ、熱損失も大幅に減らすことが可能になる。国際的にもパッシブハウスが先導役になり、0.3回／h程度の換気量で建てられる住宅が増えてきている。その条件としては、家族数が少ない家、家族数に対して大きな家、ペットや特に臭いを出すものがない家、ガスレンジではなくIHレンジを設置する家などが該当しそうである。

＊**シックハウス新法**：平成15年の改正建築基準法におけるシックハウス対策に係る法令のこと。建築基準法第28条の2、建築基準法施行令第20条の5〜9、関連する告示などが該当する。VOCを含む建材の使用制限や24時間換気設備の設置義務化などが行われた。

図11　各部の熱損失

換気　住宅気積 288.18㎡			部位面積
方式	C値	設定換気回数	W/K
第3種換気	—	0.5回	50.43
		0.3回	30.26
第1種換気（熱交換）	C=2.0	0.5回	27.23
	C=1.0		19.16
	C=0.5		16.14
	C=2.0	0.3回	24.21
	C=1.0		17.15
	C=0.5		13.11

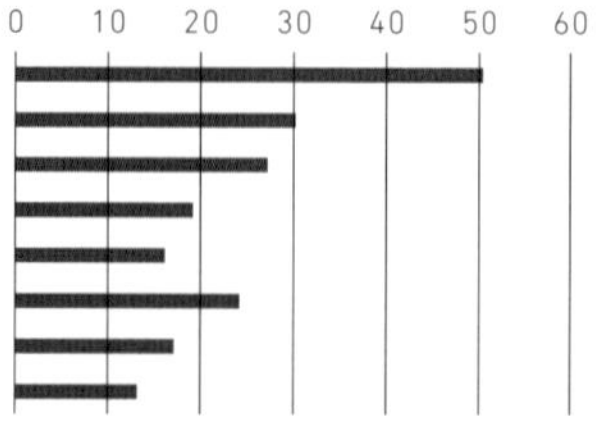

図12　省エネ基準住宅の換気方式の違いによる暖房灯油消費量と削減率

NO.		換気方法の仕様				札幌		東京（練馬）	
		換気回数（回／h）	熱交換効率	住宅のC値	注	灯油消費量	削減率	灯油消費量	削減率
1	第3種換気	0.5	—	—		1,070	0.0%	611	0.0%
2		0.3	—	—		895	16.4%	537	12.1%
3	第1種換気（熱交換）	0.5	80%	1.0	1	806	24.7%	498	18.5%
4		0.5		0.5		774	27.7%	485	20.6%
5		0.3		1.0		782	26.9%	489	20.0%
6		0.3		0.5		749	30.0%	475	22.3%
7		0.3	90%	0.5	2	730	31.8%	466	23.7%
8		0.3		0.5		722	32.5%	463	24.2%

削減率（札幌）

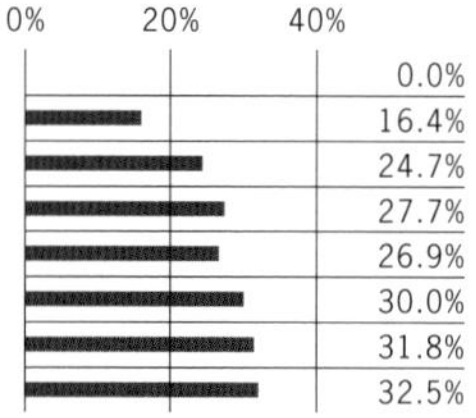

削減率（東京·練馬）

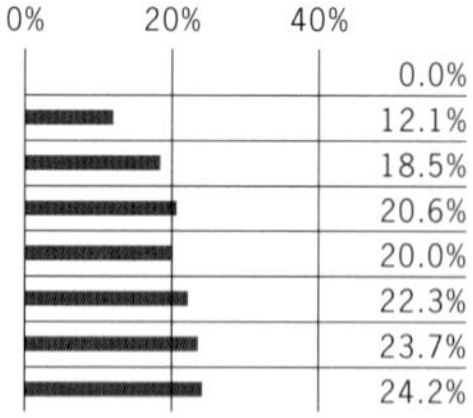

注1:トイレ（2時間／日）、浴室（1時間／日）とも第3種換気　注2:浴室（1時間／日）のみ第3種換気
注3:灯油消費量の単位はℓ

図11にその熱損失量の比較を示す。熱交換換気を採用する住宅では、自然換気も同時に行われるので、この分を減らした換気設備を設置する必要が生じ、相当隙間面積（C値）が2.0以上の住宅では熱交間換気の効果がほとんどなくなる。熱交換換気で省エネを図るには、住宅の気密性能が高い方が有利で、目安としてはC値＝1.0以下を、熱交換換気設置の条件としている。

モデルプランの住宅における暖房エネルギーの削減率を図12に示した。第3種換気でも0.3回／hとすると寒冷地で16％、温暖地でも12％ほどの削減が見込める。同時に室内の湿度も5〜10％程度高くなり乾燥を緩和してくれる。C値＝1.0以下を実現できない状況でもQ1.0住宅を実現することができよう。

熱交換換気では、寒冷地では30％近く、温暖地でも20％もの削減が見込める。C値が、1.0と0.5の時の差に注目されたい。この差は、それぞれ熱交換換気設備による換気量を0.4回／h、0・45回／hとして設計することから生じる。熱交換換気設備は、第3種換気設備より高価になるが、カセット型と呼ばれる小型の機種を1階と2階の天井部に設置している。この方式なら、ダクトを用いる第3種換気に比べて10万円ほどのコスト増で済む。極めてローコストに暖房エネルギー削減効果を得る手法である。換気についての詳細は、第3章を参照されたい。

08 窓は熱損失と日射取得で考える

近年ガラスの進歩が著しい。Low-E膜の特性をいろいろ調節し、いろいろな特性を持つガラスが登場している。Low-E膜のあるガラス間に、**アルゴンガス***（Ar）やクリプトンガス（Kr）を封入すると熱損失が著しく小さくなる。アルゴンガス入りでガスの層が15～16㎜、クリプトンガス入りで同9～10㎜の時、熱貫流率が最も小さくなる。このようなアルゴンガス入りLowE16㎜ペアガラスや、2アルゴンガス入り2Low-E16㎜トリプルガラスも普通に使えるようになった。

トリプルガラスで今最もU値の小さなガラスは0.6ほどである。これは高性能グラスウール16K 65㎜厚の壁に相当する。こうしたガラスを使えば、ガラスは冷たい、窓は寒いという常識はもはや通用しない。図13に外気温に応じたガラス室内面の表面温度のグラフを示す。外気温0度の時、ペアガラス表面が13・7℃に対し、アルゴンガス入りLowE16㎜ペアガラスでは17・3℃、2アルゴンガス入り2Low-E16㎜トリプルガラスでは18・6℃にもなる。寒冷地で外気温が低くなるほどこの差は大きくな

＊**アルゴンガス**：大気中に存在する希ガスの一つで、元素記号「Ar」でも表される。空気より熱伝導率が低いため、ペアガラスなどの中間層（板ガラスと板ガラスの間にある空気層）に充填され、ガラスの断熱性能向上に寄与する。クリプトンガラス（Kr）も同様の理由で、中間層に充填される。

り、トリプルガラスの効果も大きい。

しかし、ガラスの特性は熱貫流率だけでなく、日射侵入率も併せて見ることが必要である。図13にその特性でプロットしたグラフを示す。主として断熱系のガラスを示すが、Low-E膜の特性で大きく異なるガラスが存在することが分かる。日射侵入率が大きくなるように設計されたガラスや、熱貫流率が小さくなるように設計されたガラスなどである。

図9・10の各グラフからも分かるとおり、南面には前者を、東西北面には後者を採用することが合理的である。また日射量の大きい太平洋側では前者を、日射量の小さい日本海側では後者を採用するのがよい。しかし近年、サッシメーカーとガラスメーカーの系列化が進み、工場出荷時点でガラスが装填される樹脂サッシでは、こうしたガラスの選択はほとんどできない。各地のサッシ工場でガラスを入れるアルミ樹脂複合サッシでは、ガラスを選ぶことがまだ可能である。

また、トリプルガラスを採用するときは、まず東西北面に採用することが重要である。南面に採用しても、北海道などの寒冷地以外では、暖房エネルギーがほとんど減らないばかりか、温暖地だと逆に増えることさえある。

図14で日射侵入率重視のガラスと熱貫流率重視のガラスの両方の特性を持つガラス

図13　ガラスの室内表面温度

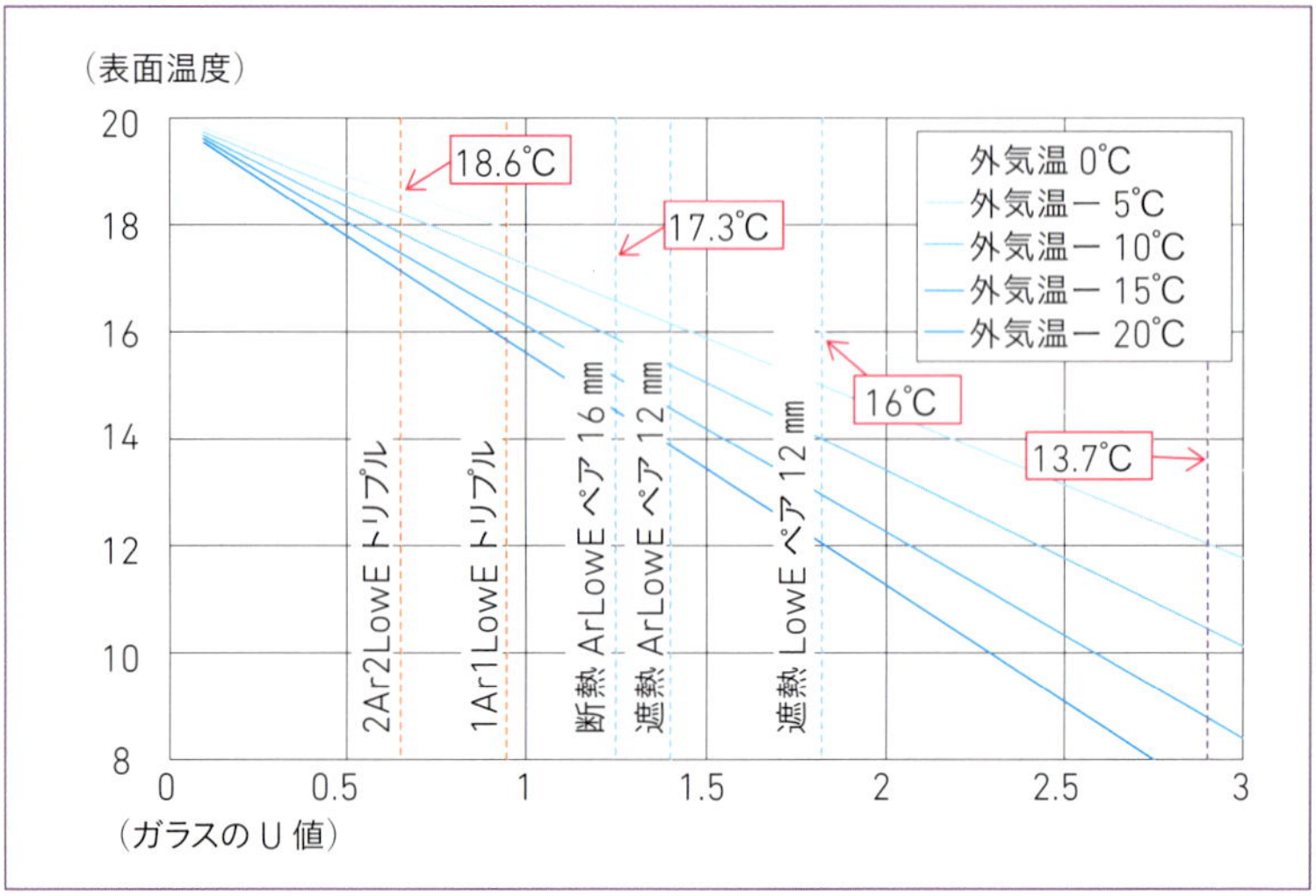

図14　ガラスの熱貫流率と日射侵入率

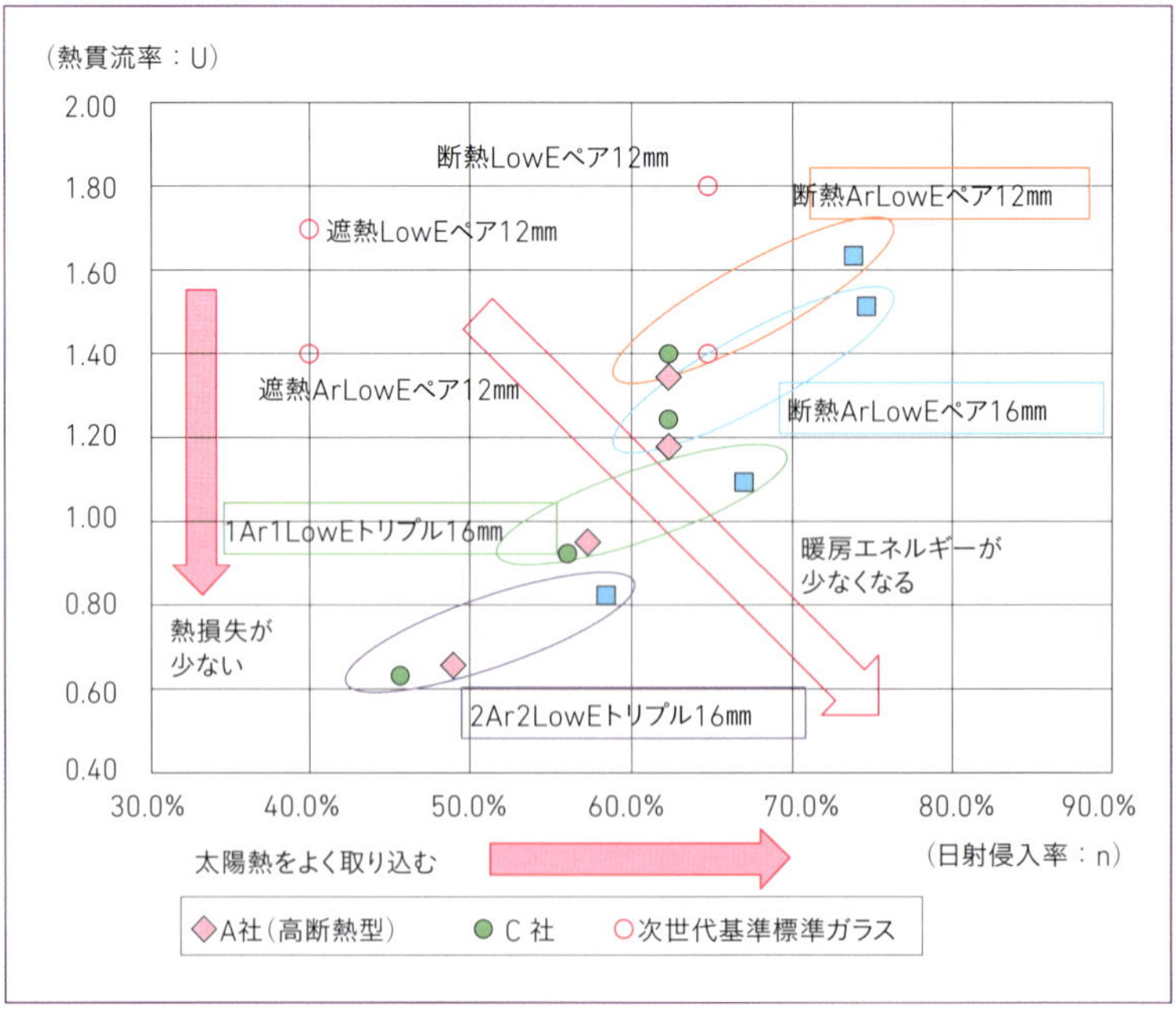

があれば、東西南北、日本海側・太平洋側すべて同じガラスを使うことができ、選択に迷うことはなくなる。ヨーロッパでは、すでにこのようなガラスが使われ始めている。日本のメーカーによる早急な製造を期待したい。

夏の日射対策は、東西面で遮熱ガラスを使う

冬の日射量は南を100%とすると東西は50%程度だが、夏の日射量は、南に対して東西は120%くらいになる。東西、南東、南西面の**日射遮蔽***が冷房負荷削減にはとても重要である。

南面は太陽高度も高いことから、庇、すだれ、**外付けブラインド***などで日射遮蔽を行いたい。東西面については外付けブラインドがベストだが、設置が難しい場合は遮熱系のガラスに白い内付けブラインドという選択肢も悪くない。

窓設計の要点を表2にまとめたので参考にされたい。

＊**日射遮蔽**：その名の通り日射を防ぐこと。高断熱住宅の場合、夏に日射をそのまま入れてしまうと室内がかなり暑くなってしまうため、庇やよしず、オーニング、外付けブラインドなどで日射遮蔽をしっかりと行うことが重要になる。
＊**外付けブラインド**：窓の外側に設置されたブラインドのこと。羽根の角度が調整できるため、日射を遮りながら、眺望・通風・採光を確保することができる。特に太陽高度が低い西日などの日射を遮るには、外付けブラインドが最良の選択になる。

表2　方位別開口部設計の要点

南の窓	• 一般的にテラス窓などの大型窓や中型窓が多い • 冬の日射は南が圧倒的に多いので、それを取り込めるように、熱貫流率(U値)が多少大きくても日射侵入率(η値)の大きなガラスを採用する • 熱損失の大きさを補うためには、断熱戸や断熱ブラインドを取り付ける。これによって、ガラス面の夜間の温度低下も防ぐことができる • 窓を大きくすることを、引違いサッシの完全外付け型、大きなはめ殺し型の窓を採用してガラス面積をできるだけ大きくすることが、暖房エネルギーを削減するのに有効 • 夏の日射遮蔽には、真南側では庇がある程度効く。方位が真南から振れている場合は、庇の先に下げるすだれや、外付けブラインドなどでしっかり遮蔽する
東西の窓	• 一般的に中型窓や小型の窓が多い • 日射取得は南の窓の半分程度になるので、U値とη値のどちらを優先すべきかは、地域によって異なる。冬期の日射量の大きな地域では、やはりη値を優先するほうがよい • 温暖地域では、夏の日射は南より大きくなるので、ガラスの外での日射遮蔽を徹底する。引違いサッシなら、外付けロールブラインドやすだれがよい • 外付けの遮蔽ができないときは、日射遮蔽型のガラスを採用し反射率の高い室内ブラインドを付ければ、相当な遮蔽効果はある
北の窓	• 一般的に中型窓や小型の窓が多い • 冬期の日射取得は、ほとんどないのでU値優先で選択する。熱損失を少なくするため、不要に大きくしないほうがよい • 夏の夜の常時風向を調べると、意外に北側のほうが多い。夏の夜間通風を考慮して、常時開放のできるドレーキップなどの窓を選択する
玄関戸	• 玄関戸は、玄関の狭いスペースの中では大きな開口部であり、温度低下や玄関土間の結露などを避けるため、できるだけ熱損失が少なく気密性の高いドアを選択する • 国産の玄関戸にはU値の小さなものがあまりないので、海外製のドアを設置したほうがよい。シンプルなデザインのものなら、価格も国産とあまり変わらない

09 断熱で床・壁・天井の表面温度が変わる

平成11年の次世代省エネ基準では、躯体の断熱厚さに最低基準が決められていた。また、**みなし仕様***なども存在していた。しかし現行の平成28年省エネ基準ではそれがなくなってしまったように見える。たとえば、5〜7地域では開口部の基準があまりにも甘いため、開口部の性能を上げると躯体の断熱はびっくりするほど薄く済んでしまう。そして、実際にそのような住宅が建てられ、とても寒いという相談が私たちのところにも寄せられている。

平成11年省エネ基準の断熱厚さは、外壁は北海道以外では2×4工法の壁厚90㎜を超えない厚さに抑えられた。しかし、天井の厚さは夏の日射を考慮してかなり厚くなっている。この設定は5〜7地域では最低基準としては、まあまあの厚さと考えられる。なお、現状では在来木造では壁一杯に入れられる105㎜厚の高性能グラスウール16Kが販売されるようになったため、省エネ基準の屋根・天井断熱と組み合わせれば、壁一杯の断熱厚でQ1.0住宅レベル1の達成が十分可能である。

***みなし仕様**：各部の断熱厚さと開口部の仕様について、Q値やU_A値の詳細計算を行わなくて済むように地域区分ごとに断熱仕様を決め、これをみなし仕様と呼ぶ、平成25年基準でなくなったが、最近再び定められた。

図15を見ると、床や壁は断熱厚さをもう少し厚くすると表面温度が上昇する効果が期待できる。特に外壁は表面積が大きいため、厚くすれば暖房エネルギーの削減効果も大きい。しかし、躯体の厚さを超えて断熱厚さを増やすのは手間もコストも膨大なことになる。最も手軽なのは発泡断熱材を外張りすることであろう。壁一杯にグラスウールが充填されているため断熱欠損の心配がなく、一般的な外張り工法とは異なり、木桟を組んでその間に発泡断熱材を施工すればよく、外張り工法の問題であった外壁材の保持力低下の心配もない。

　しかし、私たちは発泡断熱材による付加断熱工法は、火災時の危険が大きいた

図15　床・壁・天井の断熱厚さと表面温度（左：冬・右：夏）

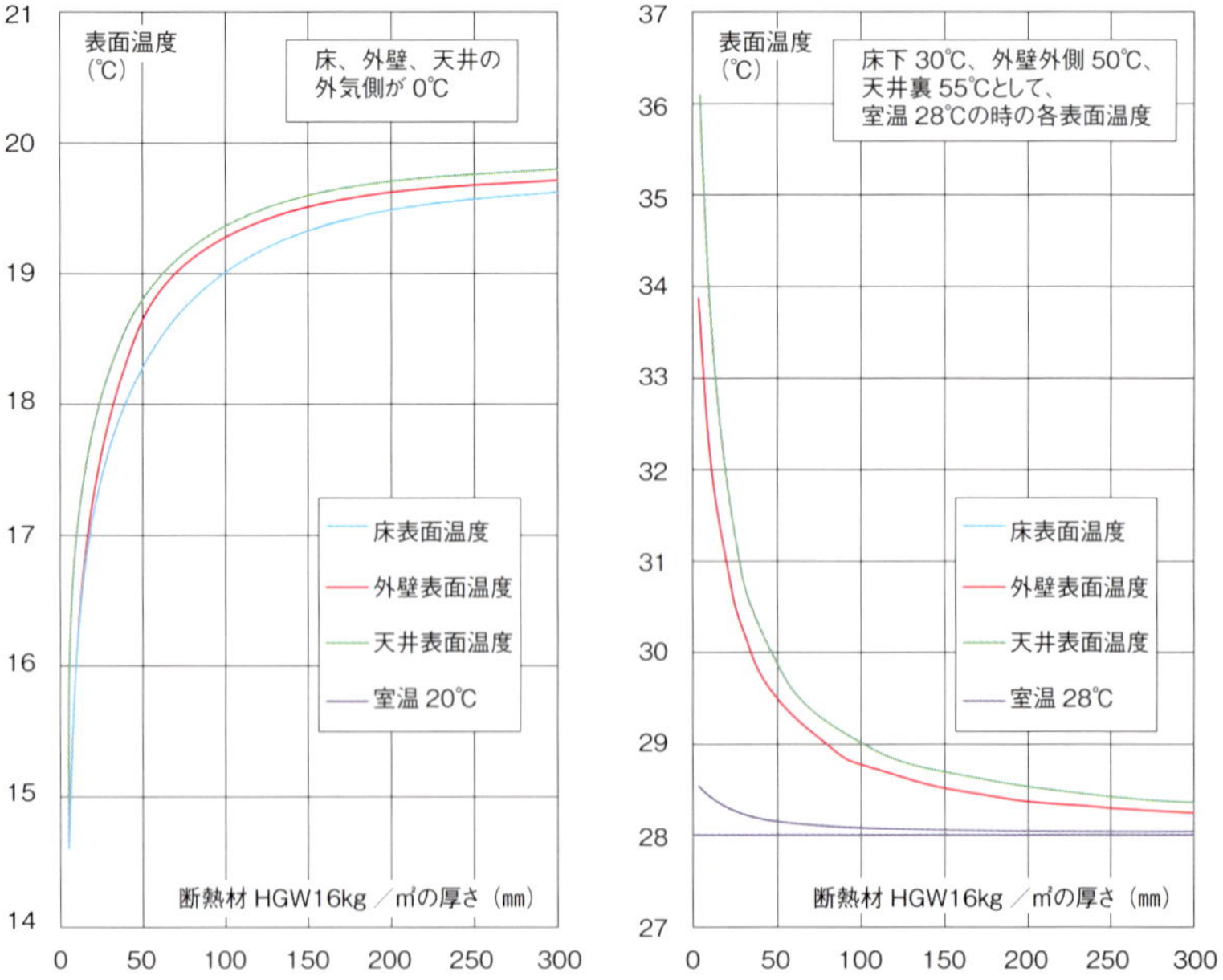

め採用しないほうがよいと考えている。先日のロンドンでの高層マンション火災は、窓からのフラッシュオーバーの炎が外壁外側のウレタン断熱材に引火して起こったといわれている。日本でも、木造外張り工法住宅で同様な火災事例が発生している。

図16に105㎜の間柱材を外壁の外側に付加した210㎜厚の付加断熱工法を示した。従来は45㎜厚を付加する150㎜厚工法が一般的であったが、北海道ではQ1.0住宅で200㎜厚レベルの断熱工法が必要になり、さまざまな試作を重ねて出来上がった工法である。この工法は150㎜厚工法に比べて10万円ほどの工事費増で可能である。

図16　グラスウール210mm厚の外壁断熱工法

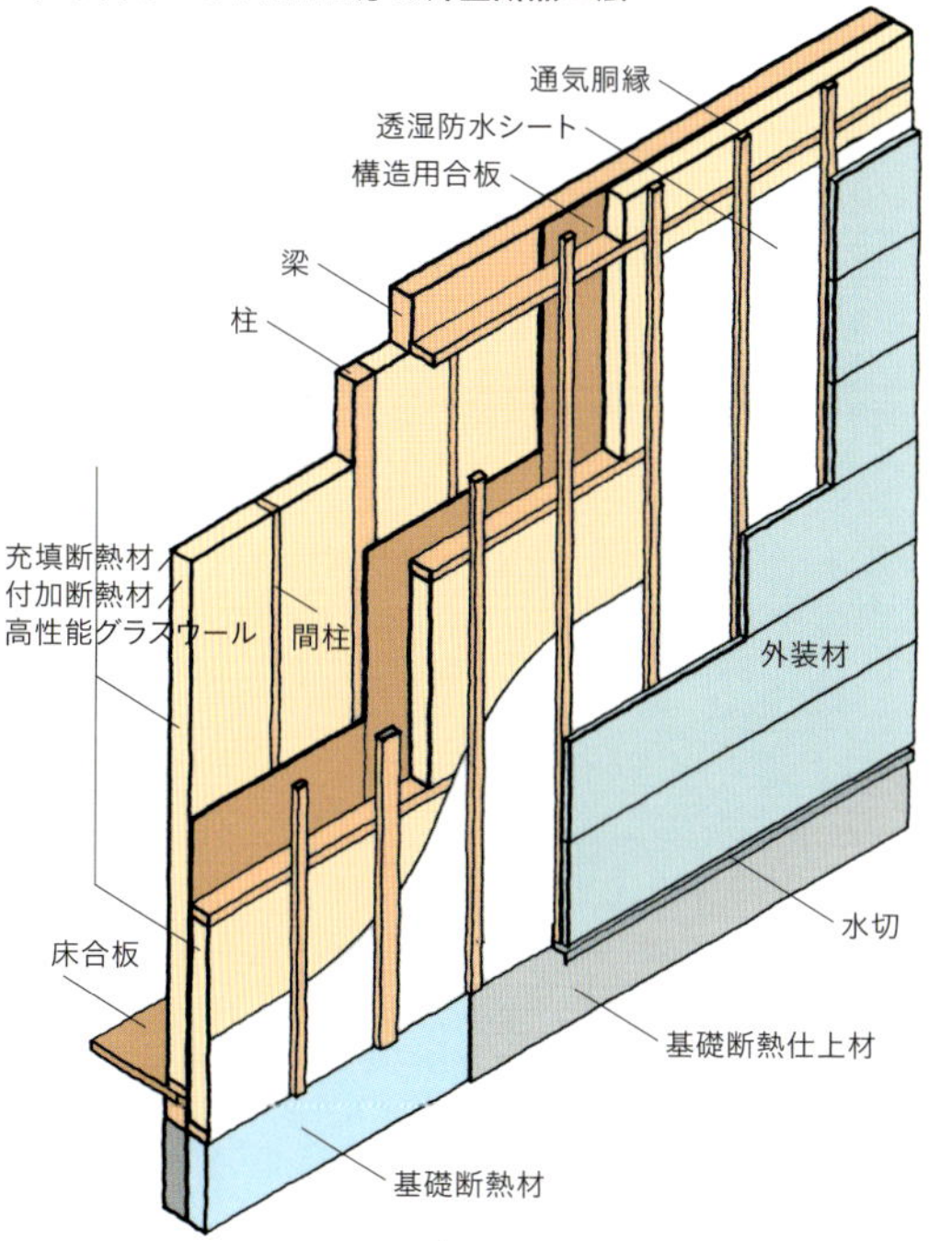

10 安価に熱損失を小さくできる床断熱

基礎断熱＊工法は、床下の水道配管の凍結を完全に防ぐ工法として北海道で急速に普及した。一方で外張り工法が開発され、根太間に発泡断熱材をはめ込むことの難しさから、基礎断熱が採用されたのも同じころのことである。その後、外張り工法が本州で普及するに従って、本州でも基礎断熱工法の住宅が増えた。グラスウール充填工法でも、1階壁下部の気流止めや床を貫通する設備配管廻りの気密断熱処理が不要になることから、基礎断熱を採用する家が増えてきた。

基礎断熱の住宅は床断熱住宅より床表面温度が1～2℃下がるため、それを改善する手法として床下暖房も始まった。しかし、床下暖房のQ1.0住宅のなかで、床下暖房の運転が停止すると、急速に床下温度が下がる現象が報告された。原因はQ1.0住宅では、暖房時間も短くなり、床下土間コンクリートおよびその下の地盤の温度が平衡状態まで上がらない状況にあり、これへの対処として床下地盤面を全面断熱する必要が生じた。これで問題は解決するのだが、そのコスト増はかなり大きい。

＊**基礎断熱**：建物の下部の断熱を基礎部分で行う断熱のこと。本来は基礎外側をぐるりと囲むように断熱するべきなのだが、コストがかかるため基礎外周部の外側もしくは内側のみ断熱材を施工するのが一般的。気密は土台と基礎天端の隙間を気密パッキンで塞げばよい。

図17を見てもらえば分かるが、基礎断熱は**床断熱***に比べて熱損失がかなり大きい。土間下全面断熱を施しても、厚い床断熱にはかなわない。これは、平成14年基準と

図17　床断熱と基礎断熱の熱損失比較

床断熱 部位面積62.1㎡ 温度差係数0.7	熱損失量 W/K
グラスウールボード32K　80㎜	18.69
高性能グラスウール16K　105㎜	15.74
高性能グラスウール16K105㎜+ グラスウールボード32K50㎜= 155㎜	10.17

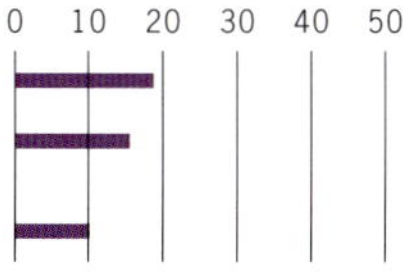

基礎断熱　1階床面積 67.9㎡		熱損失量
立上り部	土間水平方向	W/K
外側押出法ポリスチレンフォーム50㎜	なし	35.79
	土間下50㎜　W900	25.32
	土間下50㎜　全面	24.69
外側押出法ポリスチレンフォーム75㎜	なし	32.01
	土間下50㎜　W900	21.54
	土間下50㎜　全面	20.90
外側押出法ポリスチレンフォーム100㎜	なし	29.74
	土間下50㎜　W900	19.27
	土間下50㎜　全面	18.64

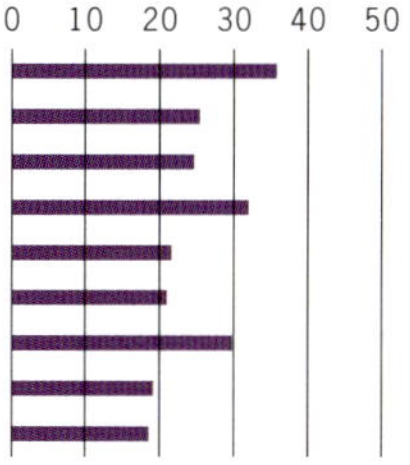

図18　床断熱155㎜厚工法の概要と金物詳細

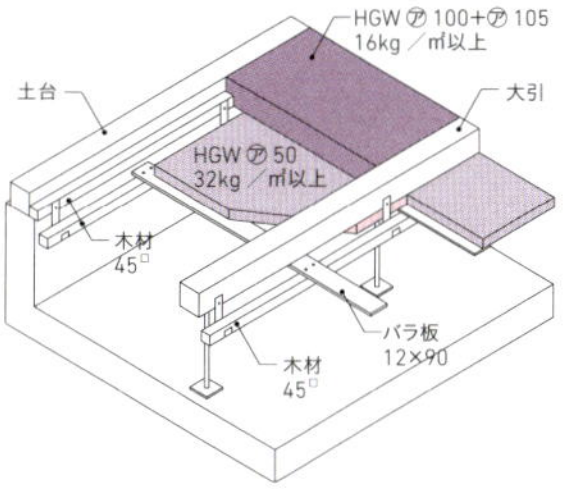

図19　新しい床断熱·基礎断熱併用工法

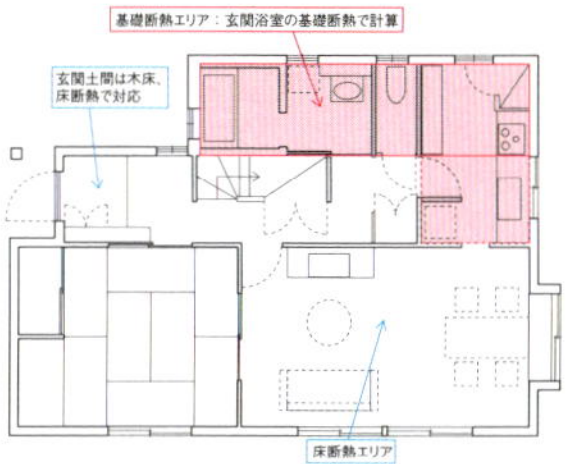

基礎断熱部は内断熱として、発泡断熱材50㎜厚程度で基礎内側と土間スラブ上面を完全に覆う

* **床断熱**：建物の下部の断熱を床部分で行う断熱のこと。一般的には床下地の大引や土台の隙間に断熱材を充填する。気密は床下地の合板で取ることが多くなってきている。

QPEXでの計算であるが、現行省エネ基準で計算するとこの半分ぐらいでむしろ基礎断熱のほうが有利に見える。現行省エネ基準の基礎断熱の熱損失計算式は明らかに間違いで、私たちはそれを平成25年から指摘してきているが、いまだに訂正されていない。訂正の式は既に用意されているようだが、ハウスメーカーの反対で実施されていないようである。

温暖地では床下の水道配管の凍結問題がないので、床断熱のほうがコスト上も熱損失上も有利である。しかし、近年の根太レス合板の普及によって、大引寸法の105㎜以上の厚さの床断熱は難しくなっている。そこで私たちが開発した工法が図18である。グラスウールボード50㎜厚を大引下に入れ込むための下地をつくるための金物で、日本住環境との共同開発である。これにより大引部の熱橋もなくなり、床の平均表面温度は1℃近く上昇する。

そしてお勧めしたいのが、図19の方法である。まず1階水廻りの基礎内側と土間上面を発泡断熱材による基礎断熱とする。これにより設備配管廻りの施工が容易になる。一方、玄関廻りは床断熱として基礎やコンクリート工事をなくすことで大幅のコストダウンが可能になる。また、これを採用することでQ1.0住宅をより簡単に安くつくることができる。

第5章

快適でローコストな暖房を実現する

一口に全室暖房といっても、温水暖房からストーブ1台暖房まで、暖房手法は多種多様なものが存在する。実際に実践された暖房手法を比較、評価しつつ、最新の暖房手法の試みも紹介しながら、ローコストで快適な暖房手法について考える。

01 高断熱住宅の快適性は暖房設計が左右する

住宅を一定の条件で暖房すると、住宅の省エネルギー性能は熱損失係数と**日射取得**＊で決まる。言い換えると躯体の断熱厚さと開口部の熱貫流率と日射取得熱、換気の熱損失で暖房エネルギーの多いか少ないか、即ち暖房費が高いか安いかが決まる。全室暖房を前提としてイメージしているが、もちろんコタツで丸くなる生活をして住宅全体の温度を低く保てばより省エネになることはもちろんである。

しかし、日本の住宅は冬の寒さを耐え忍ぶ生活を強いてきたため、今、高断熱住宅を建てようとする人も、そうとは限らない人でも、冬の間、家中が暖かく快適な生活を可能にしてくれる住宅を望まない人はいないであろう。

高断熱住宅で省エネルギー性能がいかに高くとも、その快適性を決めるのは暖房システムの選択と適切な設計によることは言うまでもない。高性能な住宅に大き過ぎるストーブ1台を置いただけでは必ずしも快適な環境は得られないし、壁掛けエアコンのように温風を天井近くから吹き出す仕組みでは、やはり快適性は得られない。

＊**日射取得**：窓などから日射が室内に入り込んでくること。室内へ侵入した日射によって、室内の壁や床の表面温度が上昇し、室内気温も上昇する。冬期に日射の多い地域などでは、窓を大きく取り、大量の日射取得を得ることで、暖房費を大幅に削減することが可能になる。

私は、北海道で高断熱住宅の設計を始めて以来、コストが安く快適な環境を造る暖房システムを求めて、いろいろと試みてきた。30年前、高断熱住宅は一般住宅に比べかなり費用がかかった。さらに全室暖房設備を導入するとなると、コストのかからない暖房手法が必要だったのである。そしてこの流れのなかから、いくつかの快適な暖房システムが普及した経緯がある。その後Q1.0住宅となって再びコストの問題に直面している。しかし、当時よりは格段に住宅の性能も上がり、住宅の建設地域も南のほうに拡がり、暖房設計の条件も大きく変わり、改めて暖房システムはどうするのがよいのかを見直す必要を痛感している。

福島の原発事故から早7年が過ぎ、電化の波が再び起こりつつあり、冷房のいらない住宅をつくることができる。北海道までも暖房に**エアコン***を使う住宅が増えている。寒冷地用エアコンが発売されているが、暖房時にはこうしたエアコンの効率は極めて悪いものである。エネルギー問題も含めて住宅の暖房を見直す必要がありそうである。

***エアコン**：エア・コンディショナーの略称で、室内の空気の温度や湿度などを調整する設備。ヒートポンプによって熱交換することで室内を冷やしたり暖めたりする。日本では最も普及している冷暖房機で、メーカーの開発競争もあり市販品を中心に価格も安く、省エネ性も年々向上している。

02 一般住宅の寒さと高断熱住宅の暖かさ

在来木造住宅では1980年の省エネ基準施行以降、日本全国でグラスウール50㎜厚以上を床・壁・天井に充填することが義務付けられた。その後1995年の新省エネ基準で断熱材の厚さはほぼ倍増されたが、在来木造住宅や鉄骨系のプレファブ住宅などで断熱工法としての欠陥が是正されないままで、断熱材の効果はほとんど発揮されず、冬の寒さを我慢する生活は強いられたままだった。日本の住宅のほとんどは断熱材が施工されているにもかかわらず、こうした性能のまま大量に建設され、それは今も続いているのである。

こうした住宅の寒さの原因について、生活する人の視点と構法的な視点とを対応させながら整理してみよう。

❶すべての壁に冷気流が生じ、外壁の断熱材が効いていない。またこの冷気流によって天井裏に大量の熱が逃げ、壁の表面温度が低くなり、その**冷輻射**＊で寒い環境を創り出している。

＊**冷輻射**：気温より温度が低い物質から発せられる冷たい輻射熱のこと。住宅においては、室温より表面温度が低い窓や壁などに近づくと冷たく感じる現象がこれに当たる。室温と温度差が大きくならないように、窓や壁の断熱性を強化することが冷輻射を抑えるポイントとなる。

❷天井の断熱材が薄く、断熱材自体は効いているが、天井付近の熱溜まりからの熱損失が大きい

❸床の断熱材が薄く、固定方法がいい加減なため、脱落したり、床裏面との間に隙間が生じたりしている。その結果、床の表面温度が低下し、足元が寒い

❹寒冷地を除き窓はアルミサッシとガラス1枚の構成でガラスやアルミの表面温度がとても低くなり、ダウンドラフトが生じる。また、サッシの気密性がもともと低いうえに、パッキンが劣化してますます低くなっているため、1階は**温度差換気***の影響で外の冷気が窓の隙間から侵入する。これらが重なり、掃出し窓からの強い冷気流が床面を走り、床付近の温度が下がる

❺住宅全体の気密性能が低いため、熱損失が大きく、また断熱材も効いていないため、暖房停止時の温度低下が著しい

❻熱損失も大きく、床と壁の表面温度が低いため、室温を23〜25℃程度に上げないと暖かさを感じない。そのために暖房能力の大きなストーブを設置する必要が生じ、これが強い対流を引き起こし、室温の上下温度差がさらに大きくなる

図1は20年前に建築雑誌「ディテール」（1997年1月・131号）に私が書いた記事からの引用である。寒冷地である青森県弘前市の一般住宅の、1987年の冬

＊**温度差換気**：空気は暖められると軽くなるため、住宅の暖房された部屋あるいは住宅では、空間の上のほう隙間から排気され、下のほうの隙間から外気が入ってくるという換気が行われる。

のデータである。居間の朝の温度は5℃まで下がり、朝2時間ほど暖房して22℃、その後は多分暖房を弱めて、室温は多少上下するが窓からの日射で18℃ぐらいを保ち、夕方から本格的に暖房が始まって室温は23〜24℃、天井付近は30℃にもなり、一方床付近は15℃以下でこの間の居間の上下温度差は15℃近くになる。夜の暖房状態でも非暖房室の温度は10〜13℃程度、2階の寝室の温度は5℃でとても寒い。

こうした家のなかの寒さはこの家に限ったことではなく、ごく普通にみられる。また関東以南の温暖地の冬でも温度に若干違いがあっても同じ傾向であろう。

高断熱住宅では、こうした問題がほとんど解決される。室内の床壁天井の表面温度は室温に近づき、上下温度差も1〜3℃程度に納まり、室温は20℃前後で寒くは感じない。暖房器具の能力が半分以下でも穏やかな対流で快適性が増すことが分かっている。このような高断熱住宅でも、暖房の方式、暖房器具やその能力の選択・配置などによっては快適性に大きな違いを生じる。適切な暖房設計が大事になるが、それについては後で解説する。

図1　非高断熱住宅の暖房環境

弘前市の平均的な家である。在来木造で断熱はグラスウール10K100㎜厚、居間に煙突式の灯油ストーブを置いてある。玄関ホールは寒いのでドアを閉め、2階には玄関ホールから階段を設けている普通の設計である。居間の温度は夜の暖房時で23℃、上下温度差が15℃近くもあり足元は寒い。子ども部屋にはポータブルのストーブがあるが寒く、2階の寝室は朝方には3℃にまで下がっている。居間は、隙間風が多いため乾燥し、ストーブにやかんを載せたり加湿器を使用したりする。その水蒸気は結局壁内や小屋裏で結露して、家が腐る原因となるのである。こたつにもぐり込んでぬくぬく過ごし、あまり動きたくなくなる日本の住宅の冬が見えてくる。

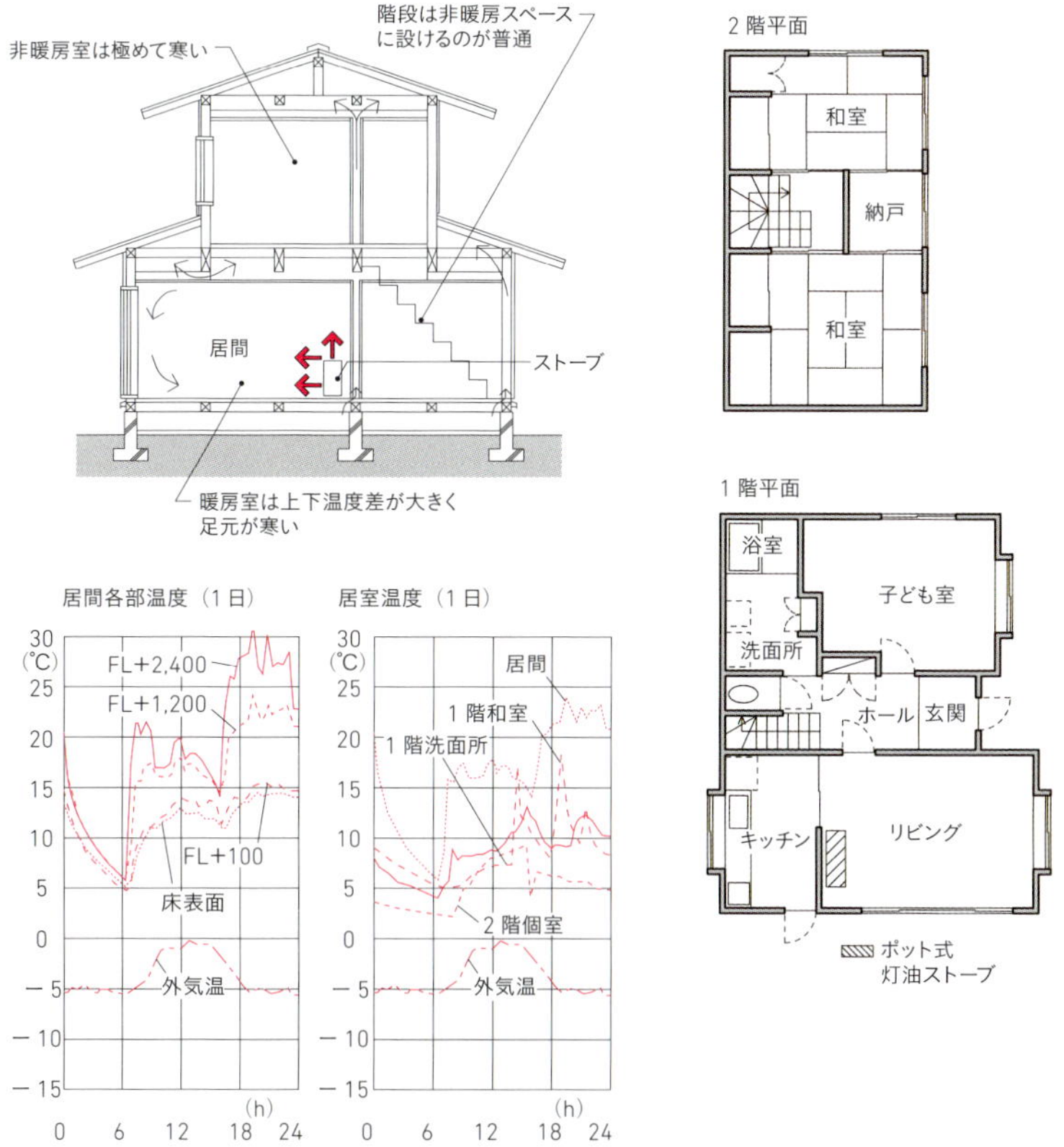

03 高断熱住宅の熱損失と暖房負荷

暖房設備の方式による利点・欠点はいろいろとあるが、高断熱住宅の大きなメリットは、小さな暖房設備で家全体を暖房できる点である。このメリットをコストメリットに生かしながら、いかにして快適な環境をつくるかという点が暖房設備設計の勘どころである。

図2❶❷は床面積120㎡のモデルプランの熱損失係数と年間暖房エネルギーをQPEXで計算したものである。東京・練馬の現行の省エネ基準住宅に対して、Q1.0住宅レベル1は断熱厚が105㎜で、開口部を強化し熱交換換気を採用したモデル、レベル3はそれに外壁の断熱厚を210㎜としたモデルである。札幌も基本は同じだが、外壁が210㎜、315㎜と厚くなっている。

この2つのグラフを比較すると、熱損失係数を減らすと加速度的に年間暖房エネルギーが小さくなるのが分かる。これは、住宅の暖房負荷が、熱損失係数に床面積と内外温度差をかけた総熱損失から日射熱を含む室内取得熱を引いたものであるからであ

図2　住宅性能別の部位別熱損失係数·暖房エネルギー·暖房設備容量

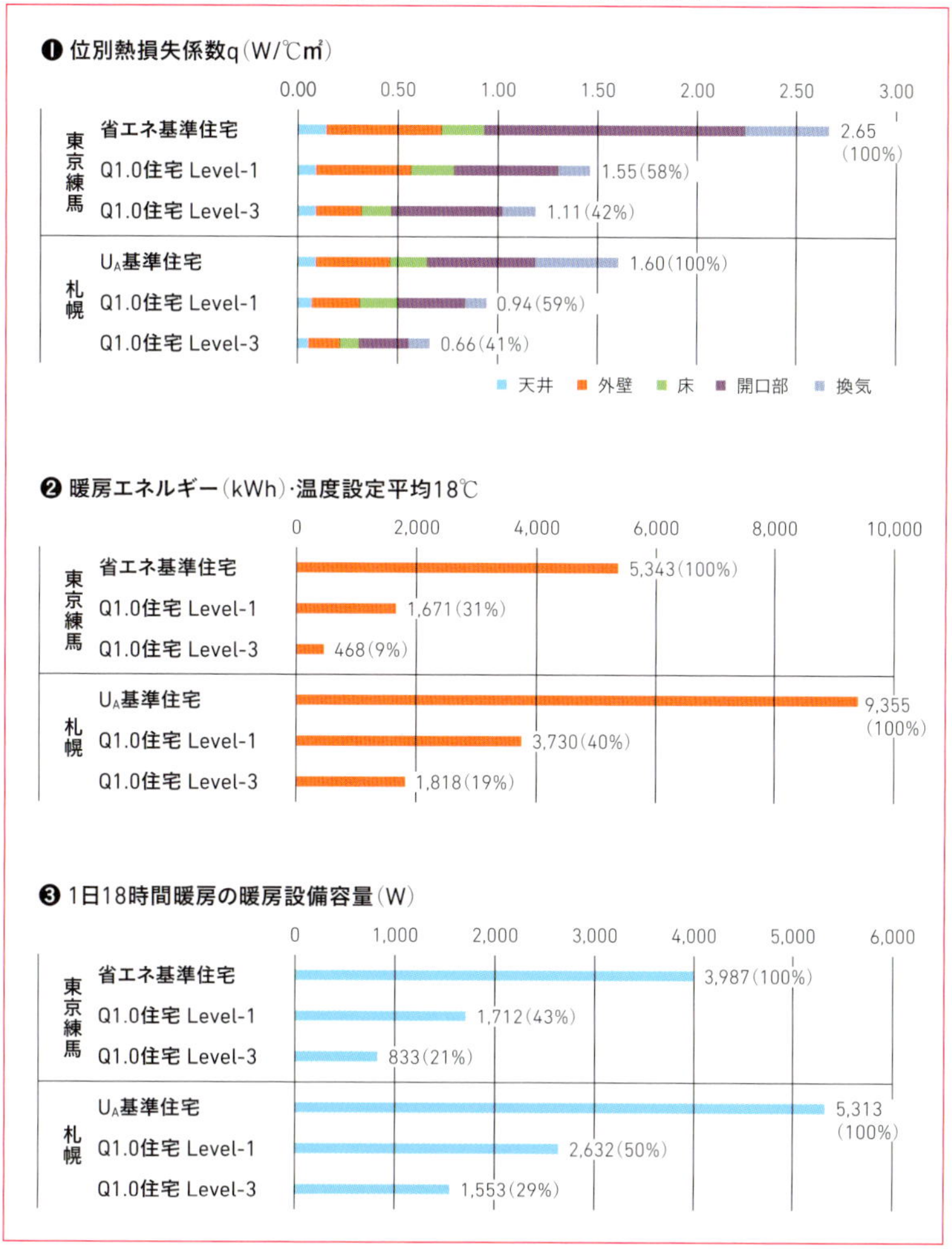

る。室内取得熱は熱損失の30％程度あり、開口部の性能を上げるとガラスの日射侵入率が下がり、日射取得熱は多少小さくなるが、それほど大きくは変わらない。つまり、熱損失係数が小さくなればなるほど、その比率より大幅に**暖房負荷***が小さくなるのである。

図2❸はこの住宅全体を暖房するために必要となる暖房設備容量である。エアコンやストーブのカタログには暖房能力が12畳用などと記載されているが、あれは一般住宅に対してであって、高断熱住宅ではまったく参考にならない。高断熱住宅の暖房設備容量を計算するには次の式を使う。

max=√(24/T) {qa×(ti-to)-E}

ti：暖房設定室温（℃）

to：暖房設計用外気温（℃）

T：暖房時間（h）

qa：総熱損失係数（W／K）（q×床面積）

E：室内取得熱量（W）

これで、夜間は暖房を止める設定で暖房時間を18時間とし、室温20℃、設計外気温は東京3.9℃、札幌マイナス8.6℃として計算したものである。

この式は、40年近く前に北海道工業大学の鈴木憲三先生がつくったもので、北海道のBIS（断熱施工技術者）講習会のテキストにも掲載され、北海道

***暖房負荷**：室内をある一定の温湿度のとき、その温湿度に保つために空気から取り除くべき熱量もしくは空気に供給すべき熱量のこと。一般的に外気の温度が下がると、それにつられて室内の温度も下降するため、暖房負荷もかかる。

では広く使われてきた。この式の暖房時間は、24時間連続暖房なら√の項は1となり、暖房時間18時間では1・23となり、暖房開始時の立ち上がりを考慮して少し大きくしていることが分かる。また、qaやEはQPEXで簡単に求めることができる。

暖房設備容量＊は熱損失係数の変化よりは小さくなるが、暖房エネルギーほどには急激に小さくならない。冬の最も寒い時期の温度を基準にしているからである。それでも十分小さくなっていることに留意されたい。過大な暖房設備では快適な環境は得られない。

参考までにエアコンのカタログに表示されている暖房能力はおおむね6帖用で2.2kW、8帖用で2.8kW、10帖用で3.6kWくらいである。また、灯油やガスのFFストーブは小型のもので2.0～5.0kW、大型のもので2.0～8.0kW程度である。

＊**暖房設備容量**：暖房設備の能力のことで、ここでは住宅全体を暖房するのに必要な暖房設備の能力について論じている。高断熱住宅はエアコンやストーブ1台で十分まかなえる。

04 ローコストで快適な暖房方式を求めて

30年も前になるが、私たちが高断熱住宅を北海道でつくり始めたときの大きな課題は、全室暖房をどのようにしてローコストに実現するかということだった。北海道では昭和40年代末に**温水セントラルヒーティング***が普及し始めたが、それは給湯ボイラーと同じ能力をもつ大型ボイラーを使い、各室の大きな放熱器に温水を供給するもので、灯油を1000ℓ／月も消費し、工事費も200万円以上かかるとても高価な物であった。それでも住宅を暖かく快適にしたいという思いが強く、オイルショック前の昭和47年には新築住宅の15％程度に普及したという。一方で一般住宅では大きな煙突式の灯油ストーブを居間に設置し、居間と隣接する台所や和室を暖房していたが、それ以外の部屋の寒さは我慢するか、ポータブルストーブで暖房する必要がある生活だった。トイレや廊下はとても寒く、浴室の壁や窓には霜が付くほどであった。この一般住宅の冬の寒さは、北海道ほどではなくても日本中で同じような状況だったのである。

***温水セントラルヒーティング**：灯油、ガス、ヒートポンプなどによって温水ボイラーをを設置して、そこで温められた温水を各部屋へ送り届ける暖房方式である。各部屋にはラジエータと呼ばれる放熱器が設置され、それによって部屋を暖める。全館集中暖房、中央暖房ともいう。

したがって、高断熱住宅を広く普及させるために、効率的な全室暖房設備を、できるだけローコストに導入し、快適な環境をつくることを目指して試行錯誤が続いた。当時の私のレポート（雑誌「ディテール」131号1997）を紹介しながらいろいろな暖房方式の特徴に触れたい（なお、登場する住宅の熱性能は今の1～2地域の省エネ基準より少し低いレベルで、熱損失係数Q値は2.0前後である）。

一般住宅が設置するストーブを使って、家全体を暖かくする方式は、いわば暖房設備のコストアップゼロの方式である。当時はストーブ上部の天井にガラリを設け、天井裏を介して2階に熱を供給する方式や、階段下をストーブ室にしてそこからダクトで各室に温風を送る方式など、さまざまな方式が考案された。

❶ストーブ1台暖房

私たちが推奨した方法は、2階への階段を玄関ホールなどに設けるのではなく、ストーブが設置される居間に階段を設け、階段を介して2階も暖かくしようとするものである。この場合は、2階とつながる空間は階段だけで、階段の上部を通って居間の暖かい空気が2階へ上昇し、2階で冷やされた空気が階段下部を通っておりてくる。この対流する空気量が少ないため2階の温度が低めになっていた。これが図3の住宅である。階段から冷たくなった空気が降りてくるのが欠点である。そこで、階段とは別にストーブ付近に小さな吹抜けを設け、ストーブの暖かい空気が2階に流れやすくすると、今度は2階の温度が1階よりも高くなるため、吹抜けにスノコを敷きその上にじゅうたんを敷くなどして開口面積をコントロールし、2階の温度を調節した。こうすると階段からはもっぱら冷たくなった空気が降りてくるのだが、温度が高くなり不快感は緩和された。この方法は比較的うまくいった。

いずれにしてもストーブ1台の熱で家全体を温めるようとすると、住宅全体で冷やされた空気が再びストーブのところに戻ってくるため、居間の上下温度差が7〜8℃になり、足元の寒さは多少改善されるが、十分とはいえず、快適性はもう1つであった。これをQ1.0住宅や温暖地で採用するとどうなるであろうか。住宅全体に対流で回す暖かい空気の量も少なくて済み、ストーブに戻ってくる空気も多少温度が上がり、意外にうまくいくのではないかと思っているのだが。何よりも暖房設備の費用が最小で済むことは確かである。

ストーブ1台暖房によって生じる上下温度差を改善し、対流のリターンの空気の冷たさを緩和するには、熱源を複数箇所に設置して、熱源1カ所当たりの対流を小さくする必要がある。当初はストーブを居間、和室、2階ホールと3カ所設置する方式が用いられ、温度差改善に効果があったが、**FFストーブ**[*]1台当たりの暖房能力が大き

*** FFストーブ**：FFはforced flue（強制送気管）の略で、壁を貫通する給排気筒に直接暖房器を取り付けられた暖房機器のこと。給排気筒から室外の空気を給気し、燃焼後の燃焼ガスは給排気筒から室外に排気するため、暖房中も部屋の空気を汚さず、換気の必要もない。燃料には主に石油やガスなどが利用される。

図3　ストーブ1台暖房

この家は普通の設計の高断熱住宅である。同じ弘前市で、図4の家はすぐ隣である。設計で異なる点は、玄関に内戸を付け、ストーブのある居間と玄関ホールとの間仕切をなくしたこと。結果的に暖房室から直接階段で2階に上がる。こうした設計は普通の家では居間が寒くなるが、高断熱住宅ではあまり問題にならない。この家は、基礎断熱で土台と基礎の間に多少の隙間が生じ、床下の温度が多少低くなっていた。しかし、居間の上下温度差は半減し、2階の部屋も十分温まっている。熱源が1カ所なので対流空気の温度が下がるとストーブのところに戻ってくる。多少の上下温度差は仕方のないところであろう。それでも温度差は図4の住宅の半分になっている。

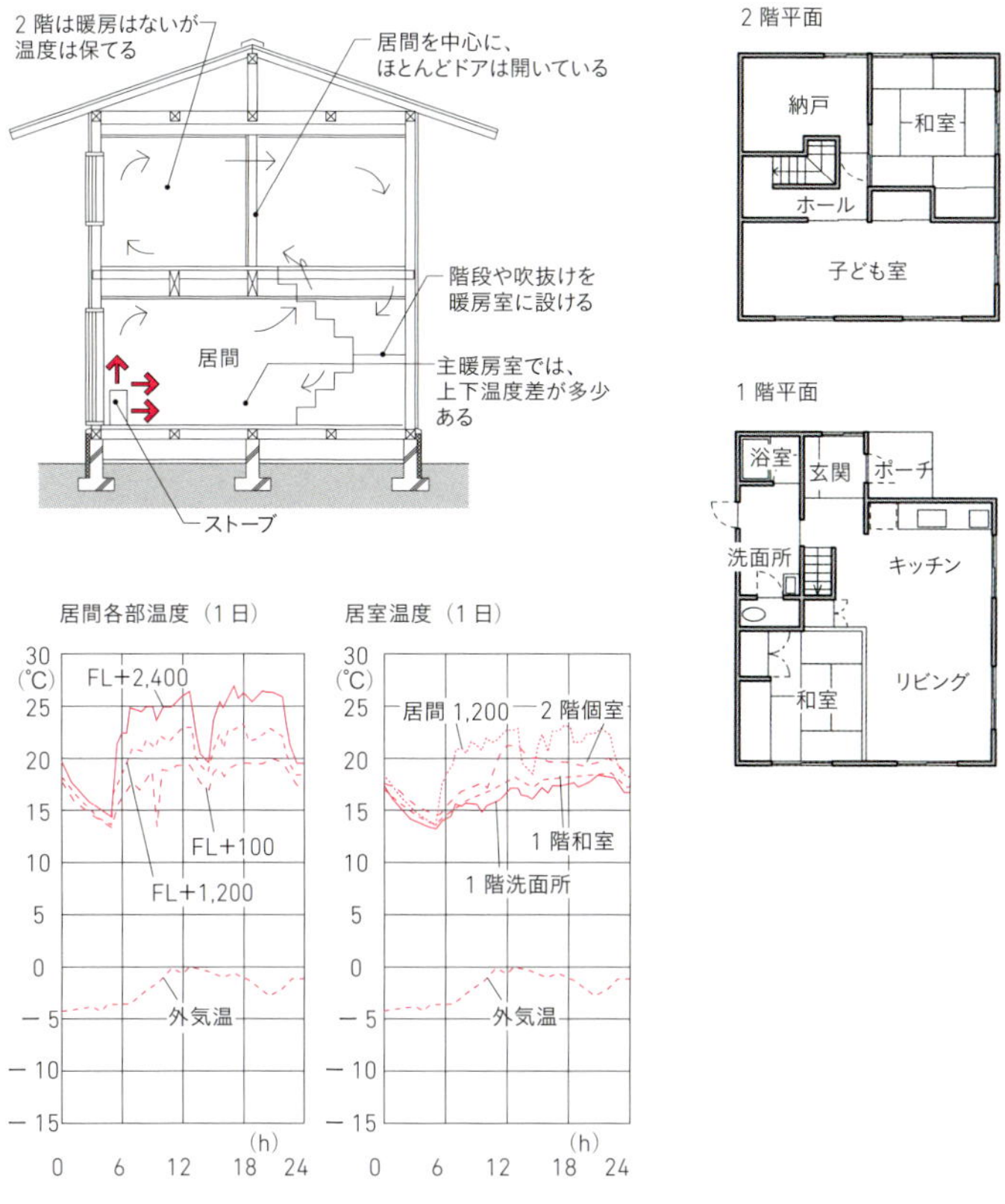

すぎて、どうしても過剰暖房になってしまう。またFFストーブの給排気筒を、外壁を貫通させるため2階に設置する場所が確保しにくいこともあり、あまり普及しなかった。

❷ 床暖ストーブ+温水パネル

図4の例は、床暖房機能をもったストーブ（**床暖ストーブ***と呼んでいる）を使い、床暖房パネルの代わりに温水放熱器を2～3カ所に設置する方法である。これはとてもうまくいって、現在でもこの暖房方式は採用されている。居間のゾーンにストーブを設置すれば、内蔵ボイラーによる温水は本来床暖房用で能力は小さいが、温度分布を改善するには十分である。

床暖ストーブはその後、床暖房用のボイラー部分を独立して運転できるようになり温度調節もストーブと床暖房用の温水温度を別々に調節できるようになった。内蔵されている送水ポンプの能力が小さいので、温水パネルの台数や配管長さには制約がある。ストーブとパネルを含めると設置費用は多少かかるが、ローコストシステムで、快適性評価はとても高い。

このシステムは、その後、本格的な温水パネル暖房がパネル枚数を減らすことでコストダウンし、寒冷地では、少なくなった。しかし、温暖地では温水パネル暖房のコ

＊**床暖ストーブ**：主に寒冷地用暖房機器として販売されているもので、FFストーブに温水ボイラーを組み込んだもの。FFストーブの排熱を利用して床暖房を行うタイプと、ストーブとは独立して動作する温水ボイラーが組み込まれたものなどがある。

図4　床暖ストーブと温水パネル

この家も、やはり弘前市内で、郊外の風の強いところにある。大きな吹抜けで、1階と2階を空間的につないだワンルームに近い設計である。居間に温風式のストーブを置き、このストーブが温水ボイラを内蔵し、これにパネルラジエーターを3枚接続してある。このように、熱源を合計4カ所に分散しただけで、上下温度差は吹抜けで見ても3℃程度しかなく、2階を含めて家全体が安定した温度環境となる。高断熱住宅も24時間暖房をするわけではなく、夜は暖房を止めるのだが朝の温度低下が少ない。この家は、図3の家に比べて断熱・気密性が高く、その違いも出ているようである。設計者も大工さんも初体験の住宅であった。

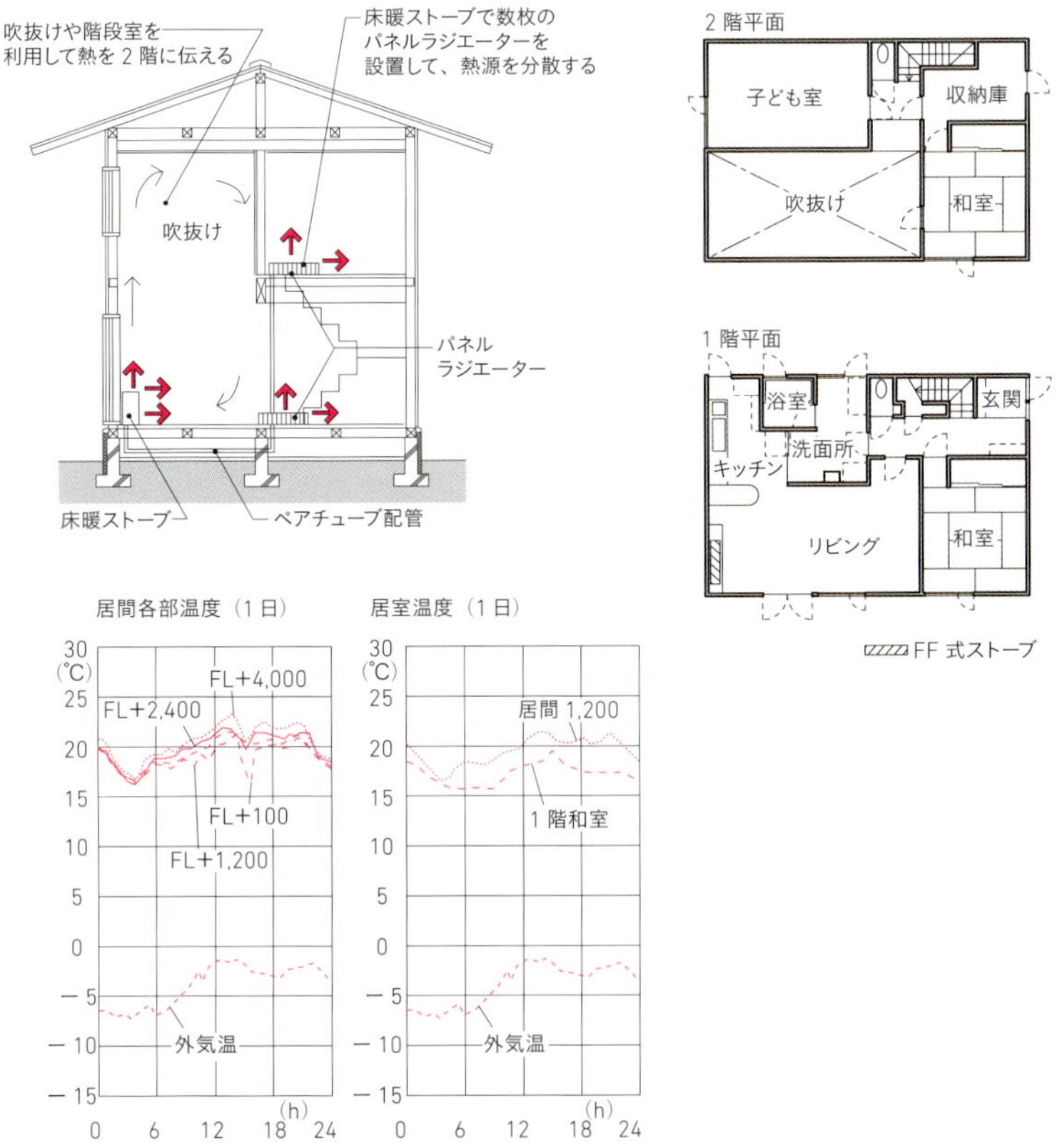

ストはとても高く、このようなシステムでコストダウンを図りながら、エアコンよりはるかに快適性の高い環境を実現できよう。

❸土間コン床暖房

1階床を土間コンクリートの床とし、そこに架橋ポリエチレン製のパイプを埋め込む方式である。1階床全面にできるだけ広い面積を**床暖房**＊とする。土間コンの上にパイプを敷設してモルタルを打設するのではなく、土間コンの鉄筋に直接パイプを固定して、コンクリートを打設する方式とすると、とても安く全室暖房が可能になる。ボイラーと温水ポンプの間に3方弁を入れ、リターンの温水とで送水温度を調節するのだが、リターンの温水温度を検知して送水温度を制御すると、暖房立ち上がり時は高温水が送られ立ち上がりが早くなる。ルームサーモとタイマーで送水ポンプを入切りすれば、ポンプの電気代が少なくて済み寿命も長くなり一石二鳥である。

今なら土間コンクリートの下に全面断熱材を敷き込むところであるが、当時は地盤も熱容量として利用しようと考えていたため敷き込んでいない。高断熱住宅でも、住宅の性能レベルが低いと床表面温度を30℃程度に上げる必要があり、これでは床の温度が高すぎて不快である。この家ではそれほど上げなくても快適であった。

朝からの暖房で床が熱くなっているため、その後窓から日射が入ってきても土間コ

＊**床暖房**：床を加温することで生じる熱伝導、対流、放射を利用した暖房方式。主に発熱体を床下に組み込んで通電することで温める電気式、配管を床下に組み込んでガスや石油などで温められた温水を流すことで温める温水式がある。

図5　土間コン床暖房

1階の床を土間コンクリートとし、和室以外のすべての床にポリパイプを埋設し、温水床暖房としてある。暖房専用ボイラで温水温度のコントロールを行う。床表面は25℃程度で、このくらいなら不快になることはない。吹抜けもなく階段のみで2階につながっているだけなので、2階の温度は若干低めである。温度を上げるには、2階のホールにストーブでも設置すればよいだろう。また、和室にも小さなストーブを設置すれば室温をコントロールできる。土間コンの熱容量が大きいので、室温のコントロールは難しく、変化が少ない。朝もあまり温度は下がらず、日中、日射の影響で高くなっている。掘りごたつは熱源のいらない床暖房掘りごたつである。

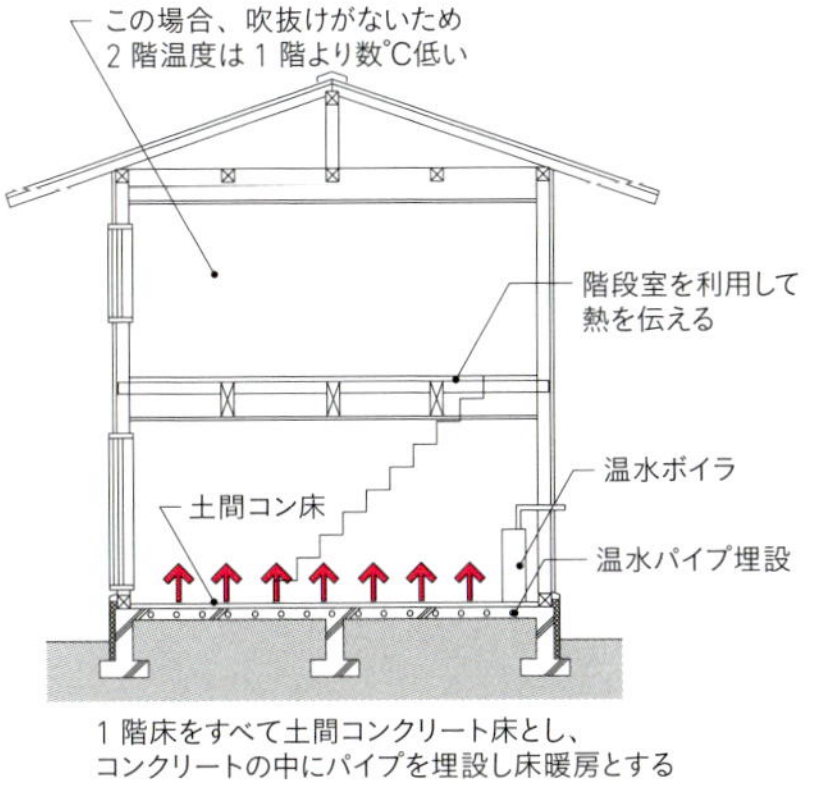

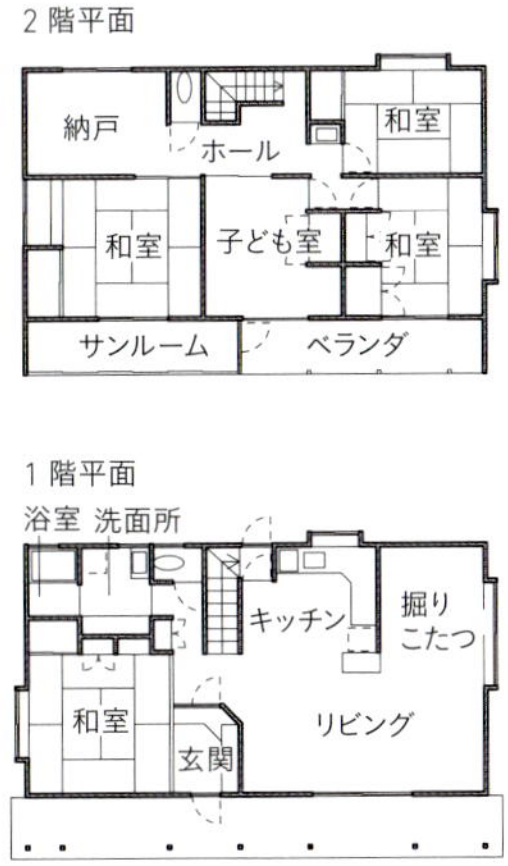

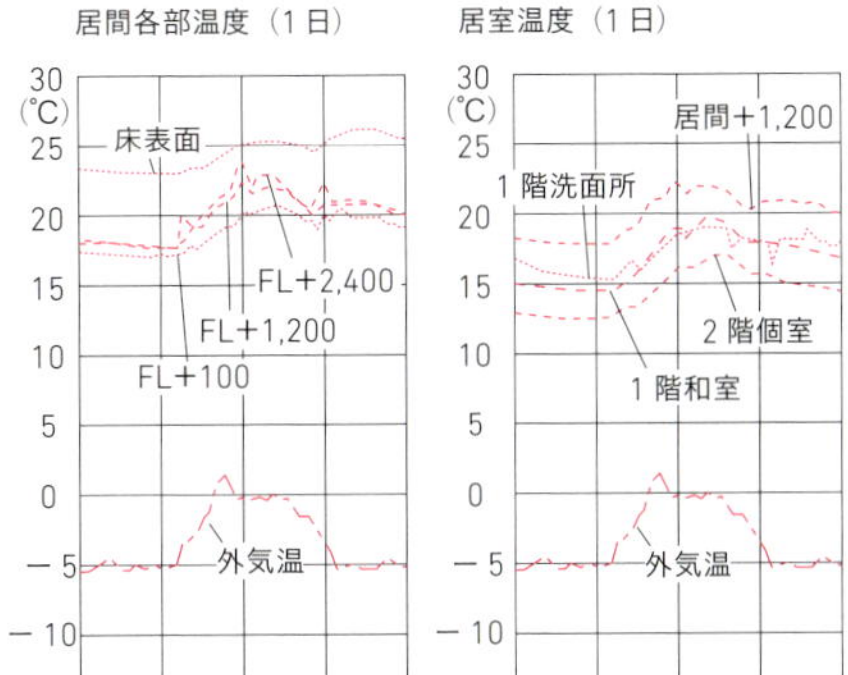

ンに蓄熱されずちょっと悔しい。また、暖房の立ち上がりに時間がかかり、温度調節も難しいため、その後あまり採用されなくなった。

Q1.0住宅では、床表面温度が25℃位で済みそうで、特に温暖地では低く抑えることができそうである。改めてその快適性が再評価される必要があろう。

❹温風セントラル暖房

高断熱住宅の建設が始まると、熱交換換気設備のメーカーが温風暖房の機能を持たせたシステムを開発して売り始めた時期がある。熱交換換気設備の室内への給気側に温水コイルを配置して、暖房ボイラーから温水を送り、各室の吹き出し口から、温風と新鮮空気を吹き出す方式である。この家ではボイラーや温水コイルの容量が大きすぎて、室温がノコギリ波形になってしまった。このような波形の室温環境では、人間が寒いと感じ始めると暖房が入り、少し暑いなと感じると暖房が止まるということを繰り返すことになる。当時は、全室暖房というとメーカーが過大な容量の設備を作ってしまうという時代であった。

この方式は熱交換換気と暖房ユニットが一体型のため、暖房風量と換気風量に差がありすぎてあまりうまくいかなかった。暖房時に合わせると600㎥位、換気時は200㎥ぐらいが必要風量だが、室内からのリターンの取り込み口が1カ所だった

図6　温風セントラル暖房

洗面所の天井裏に、熱交換換気とファンコイルユニットを一体化した温風暖房機を設置し、そこからダクトで各室に温風を送り、リターンは洗面天井からとる。換気として新鮮空気を暖房空気に乗せ、便所から排気している。したがって、暖房がサーモスタットで止まると換気も止まってしまうが、暖房のファンを回し続けるため、換気量が過大になってしまう。暖房能力が大きすぎるため、室温がノコギリ形になっている。温水温度や、温水流量、風量などを比例制御すれば解決するのだが、コストがかかりすぎる。この暖房では、各室を自動的に温度制御することはできず、居間のサーモによる代表点制御になり、各室では風量を調節する。

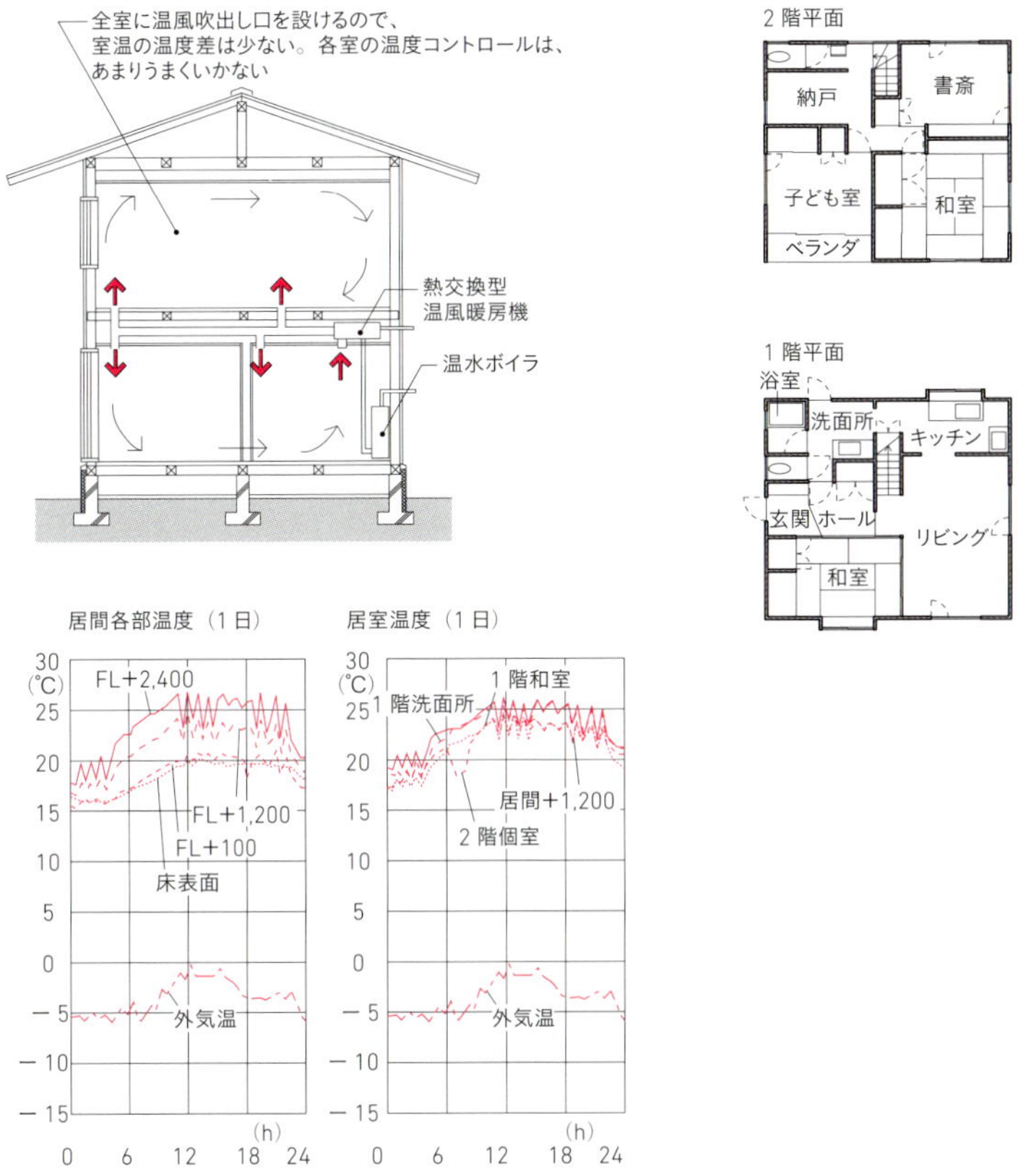

ことが不調の原因だったと記憶している。

北米の住宅では、大きな温風暖房機を地下室に置き、ダクトで温風を各室に送風する暖房が一般的に行われている。住宅性能が低く送風風量が大きいと、乾燥感が強くなり快適とはいえないが、風量が小さくて済めば意外に快適な暖房方式となる。このようなシステムは現在では、ダクトエアコン機器と熱交換換気設備を連結することで、温暖地のシステムとして中心的なものになって行くであろう。Q1.0住宅のように暖冷房負荷が小さいと、小さなエアコンで全室暖冷房が可能になる。詳しくは後述する。

❺温水パネル暖房

全室暖房としては、ヨーロッパで最も標準的な温水暖房である。北海道では昭和40年代後半セントラルヒーティング住宅が増え、給湯用の出力30〜40kWの大きなボイラーを暖房専用に使い、住宅内各室と玄関、サニタリー、ホールなどに10数枚の設置し。当時で200万円以上する贅沢設備であった。灯油消費量も莫大で一冬に5000〜7000ℓも消費するシステムであった。高断熱住宅になり、パネルの枚数を半減することができた。また暖房専用の出力10〜15kWの小さな温水ボイラーがようやくできコストも半分以下になり、北海道では建売住宅でもこの設備が標準的に

図7　温水パネル暖房

高断熱住宅で、すべての部屋やサニタリー、玄関ホールに、輻射・対流型の温水パネルラジエータを設置することは、暖房システムとしては理想形であるが、相当の費用がかかる。ラジエーター1つひとつの能力は小さくてよいのだが、数が多いためサーモバルブも同じだけ必要になるし、配管工事費もかさむ。温度分布は極めてよく、上下温度差もほとんどない。各室の温度には差があるが、これは各室ごとにサーモバルブで調節しているためである。この住宅は札幌市で、この日は非常に寒い日であった。このような住宅はこれまでに何軒もつくっているが、結局2階のパネルは稼働することがほとんどなく、住んでみると暖房設備過剰と感じてしまうようである。

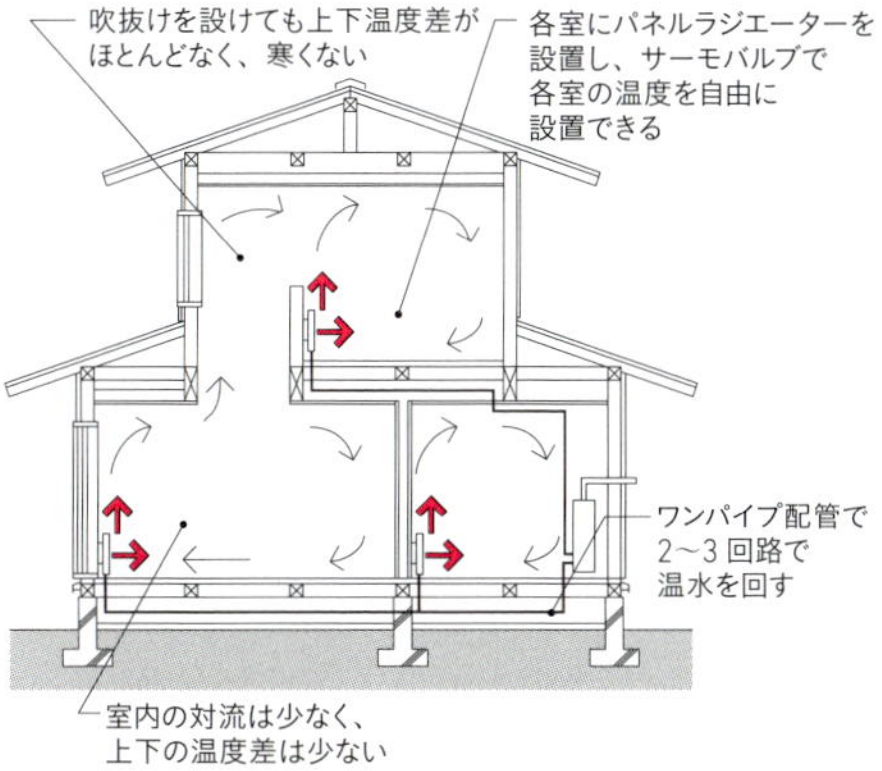

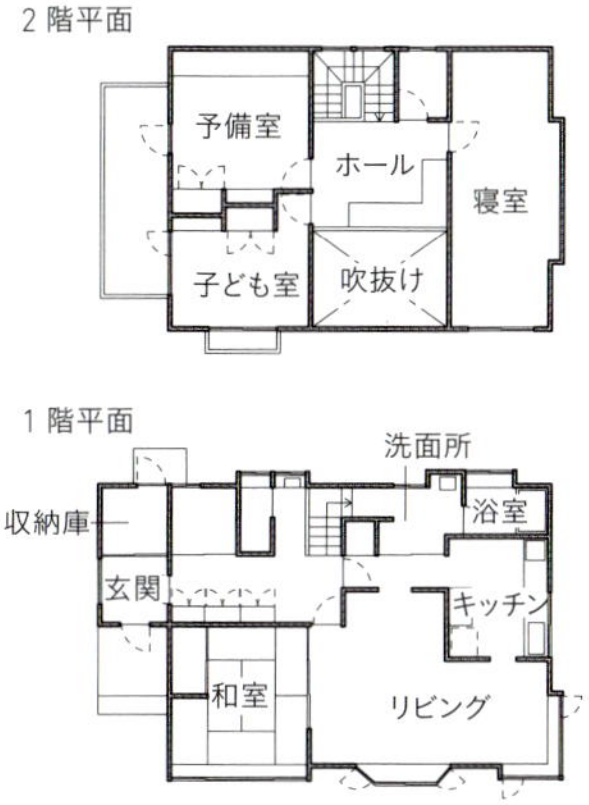

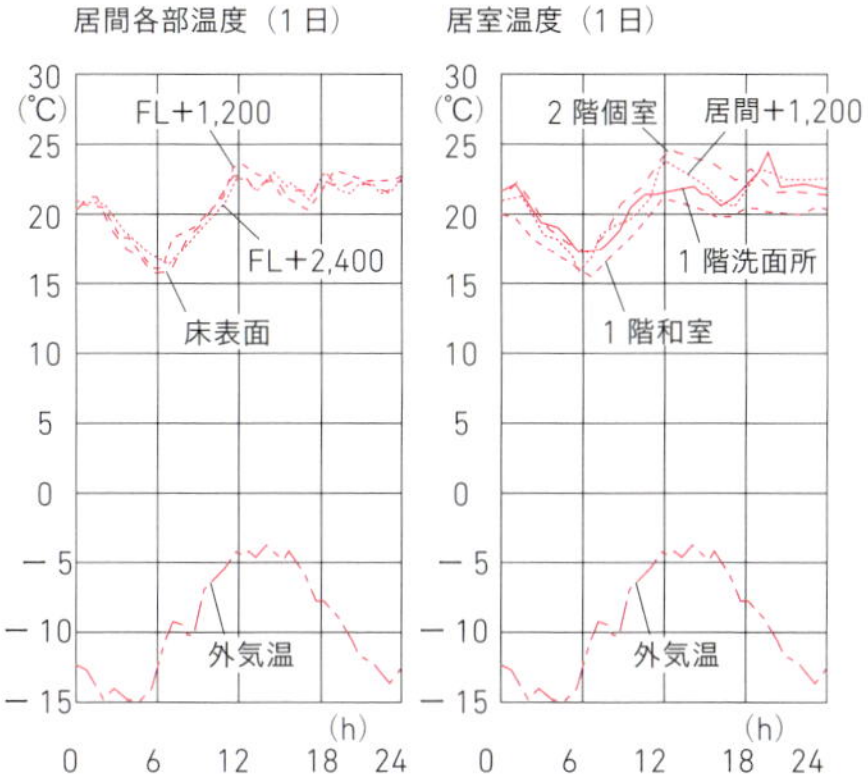

設置されるほどである。北海道ではこの温水暖房を工事する暖房設備工事専門の業者が普通に存在し、手慣れた工事でコストも安くなるようだ。東北でも次第に北海道並みのコストで実現するようになったが、関東以南では工事費はかなり高くなるようだ。

パネルは輻射と対流兼用で、パネルにサーモバルブがあり各部屋の室温を調節できる。送水温度は60～80℃位でストーブに比べて低温の輻射と対流で、穏やかに暖房するため快適性はとても高い。また、ストーブやエアコンのファンなどの機械音がまったくしない静かな環境が得られる。Q1.0住宅では、更に低温の温水で暖房が可能となり快適性を更に高めることが可能である。

開放的なプランでは居間にルームサーモを設置し、パネルのサーモバルブを設置せずに、代表点1点で住宅全体の温度を制御することもできる。このサーモで直接温水ポンプを制御すればポンプの電気代が節約でき、ポンプの寿命も延びる。ボイラーメーカーの温水暖房システムでは送水ポンプが24時間稼働するものがほとんどで、この電気代がかなりかかっている。最近は、直流モーターによる送水量可変の省エネ型ポンプも登場しているという。

❻温水パネル＋床下放熱器

基礎断熱住宅は、床ガラリを設置したり、階段下や玄関上がり框の下などを利用し

図8　温水パネル＋床下放熱器

大きな吹抜けと窓をもつ住宅である。暖房は給湯兼用ボイラやパネルラジエーターに温水を循環している。住宅が大きい割に小さなパネルを設置したため、最初の冬は若干温度が低かった。試作した床下放熱器をこの住宅に設置したところ、左の住宅よりも暖房ボイラ、ポンプとも十分な能力があるためか、床下の温度上昇も大きく、床表面温度も室温より2〜3℃ほど高くなっている。大変快適であるが、これ以上床表面温度が高ければ、かえって不快かもしれない。床表面は室温と同じか、2〜3℃ほど高いくらいがよいようである。この家も床下に換気の給気口を設けているのだが、床のガラリから温かい空気が上昇しているのが分かる。

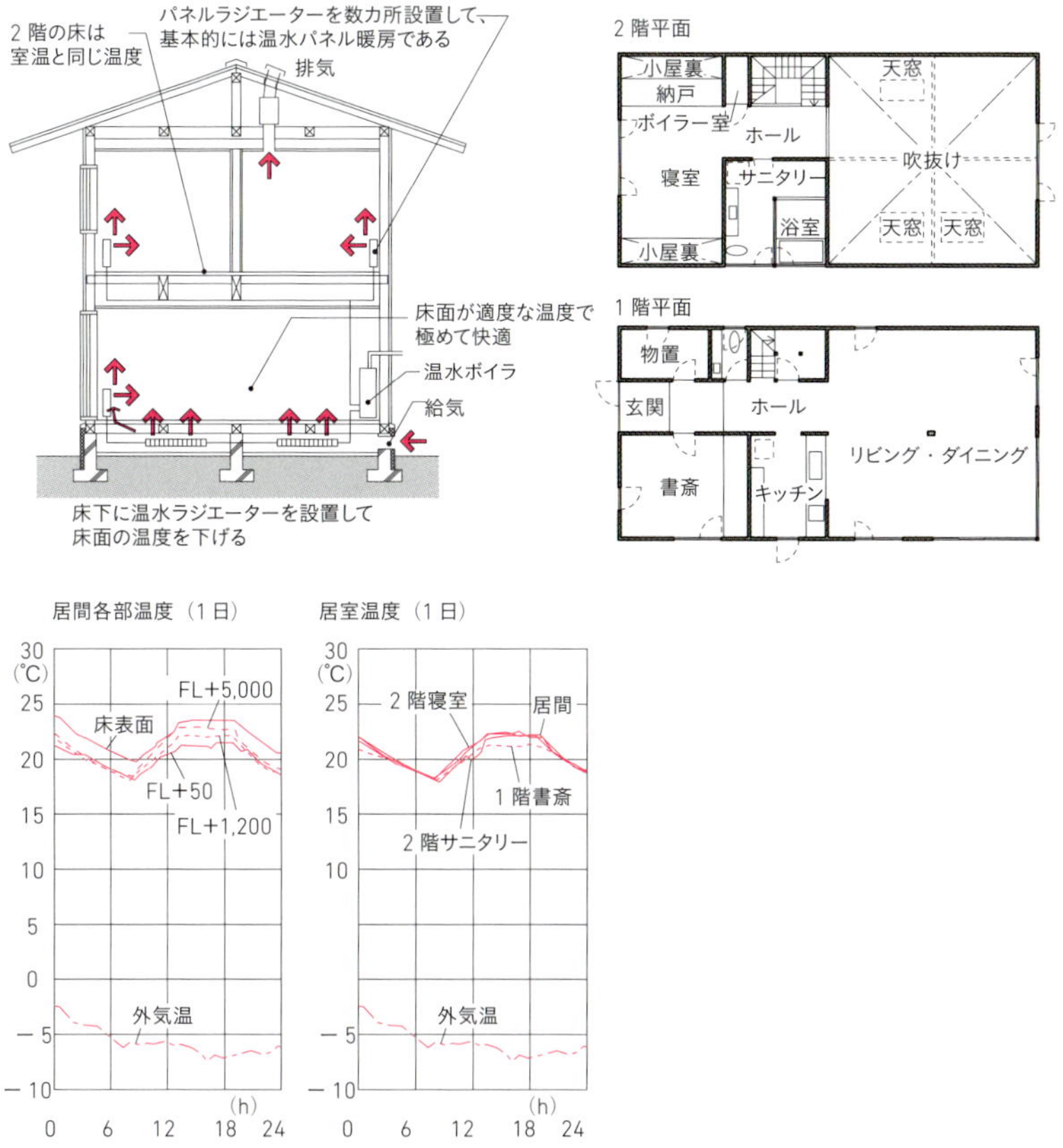

たりして、床下と室内の空気が対流するようにするのが原則だが、どうしても床下の温度が低くなり、床表面温度も18℃以下になってしまう。基礎断熱住宅では、快適なはずの温水パネル暖房で床が冷たくなるのが欠点である。これを改善するため、基礎断熱の床下に温水放熱器を設置して床表面温度を少し上げる仕組みである。放熱器には暖房配管の断熱カバーを外したり、配管にフィン付き銅管を使ったり、また中古の**ファンコイルユニット***の中身の放熱器部分を使ったりした。また、床にはガラリを設け、床下が熱くなりすぎないようにした。床下暖房の原型である。床下に設置する放熱器は、床表面温度を22~23℃程度に温めるだけが目的なので、発熱量は小さくてもよい。この方式は、床下を暖める床暖房とは異なるものである。この方式とすると、この程度の温度で室内では素足か靴下でも床が冷たくなく過ごせ、基礎断熱住宅では極めて有効である。

その後、床下専用の放熱器を開発し、窓下に放熱ガラリと放熱器を設置する方法で床下暖房が完成した。北海道では、掃き出し窓を設置すると窓下に温水パネルが設置できなくなるため、窓の下に低い腰壁をつくり、背の低い温水放熱パネルを設置して窓のダウンドラフトを防止する方式がすでに普及していたため、掃出し窓をよく設置する東北地方でまず普及した。床下暖房については次の項で詳しく述べる。

＊ファンコイルユニット：ファン（送風機）とコイル（熱交換機）を1つのユニットにまとめた空調設備。住宅では、温水暖房の暖房放熱器としてよく使われた。温水だけでなく冷水も使った冷暖房兼用型もある。

05 床下温水放熱器による床下暖房*

これまでいろいろな暖房方式を試みてきたが、その経験を踏まえて高断熱住宅の暖房方式の要点をまとめる。

❶当然のことながら、高断熱住宅にはファンヒーターなどの開放型のストーブは使ってはいけない。換気システムだけでは排気ガスを処理しきれない

❷住宅内の暖房の放熱箇所を複数にして分散配置する必要がある。これにより上下温度差が解消する

❸暖房設備の能力は住宅の暖房負荷に合わせて設計する。大きすぎる設備は、熱源のハンチング運転の元となり室温が安定せず、また上下温度差が大きくなる一因となる

❹基礎断熱住宅は床表面温度が低くなるので、何らかの改善が必要。床断熱でも、床の断熱厚を増やして床表面温度を上げるとよい

❺床暖房では床表面温度が25℃以下で快適な室温を確保できるよう、住宅の断熱性能を上げるか床暖房面積を拡大する必要がある。また開口部のダウンドラフト対策も

＊**床下暖房**：基礎断熱住宅で、床下に温水放熱器を設置し、その直上にガラリを設けて室内を暖房する方式。床表面温度が室温より少し高めになり、パネル暖房より快適になる。ストーブやエアコンの温風を床下に吹き出す方式もある。

必要。床暖房だけでは快適な環境をつくりにくいことが多い
❻室内空気の対流や温風の流速はできるだけ小さくし、人に直接当たらないように計画する

以上の要点を踏まえると、放熱器を床下に設置する床下暖房は簡単に要件を満たし、快適な環境をつくりやすい方法であることが理解されよう。

床下暖房は床下空間を温め、床表面温度を上げる「間接的な床暖房」ではない。あくまでも窓下などの床下に放熱器を設置し、その直上にガラリを設け、対流によって緩やかな温風を室内に放出する暖房方式である（図9）。ガラリに当たった空気の一部が床下で対流し床下温度を少し上げて床表面温度が上がることで、床の冷たさを緩和しながら、床からの低温輻射暖房も同時に実現する暖房方式なのである。

この床下暖房を、温水ボイラーと専用の床下放熱器で構成する方法は、温水暖房が標準的であった北海道〜東北地方では当然の成り行きであった。ボイラーは、灯油の暖房専用ボイラーが一般的に使われているが、より熱効率の高い暖房専用型のエコフィールが近年ようやく発売された。ガスの場合は**エコジョーズ***の給湯暖房兼用型が使われる。また最近はヒートポンプの温水ボイラーもよく使われるようになった。

床下放熱器は、室内からは見えないので見栄えを気にする必要はなく安くつくれ

***エコジョーズ**：潜熱回収型ガス給湯器。従来のガスボイラーは排気が200℃くらいあったが、ここに熱交換器を入れ60℃くらいまで熱回収する。また、ここで結露が生じるため、水蒸気潜熱も回収する。これにより効率が従来品より10数％向上する。灯油ボイラーで同様のものを「エコフィール」と呼んでいる。

図9　温水放熱器による床下暖房

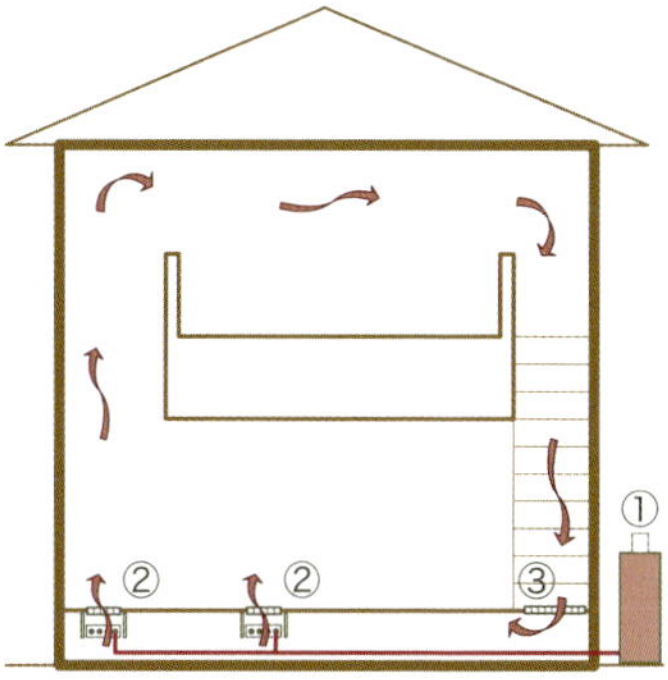

吹抜けがあり1階床下暖房のみで全室暖房

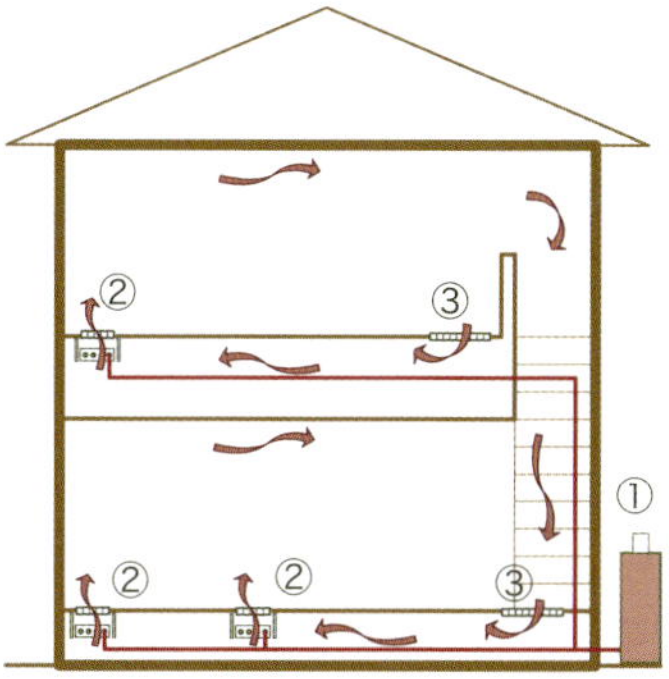

吹抜けがない場合、
2階床下にも放熱器を配置

床下と室内は自然循環によるため相当量のリターンガラリの設置が必要になる。設置場所としては階段の蹴込み板や階段下部側面、玄関上がり框下などを利用する

① ボイラ
② 自然吹出しガラリ+放熱器
③ リターンガラリ

写真1　床下温水放熱器（サンポット）

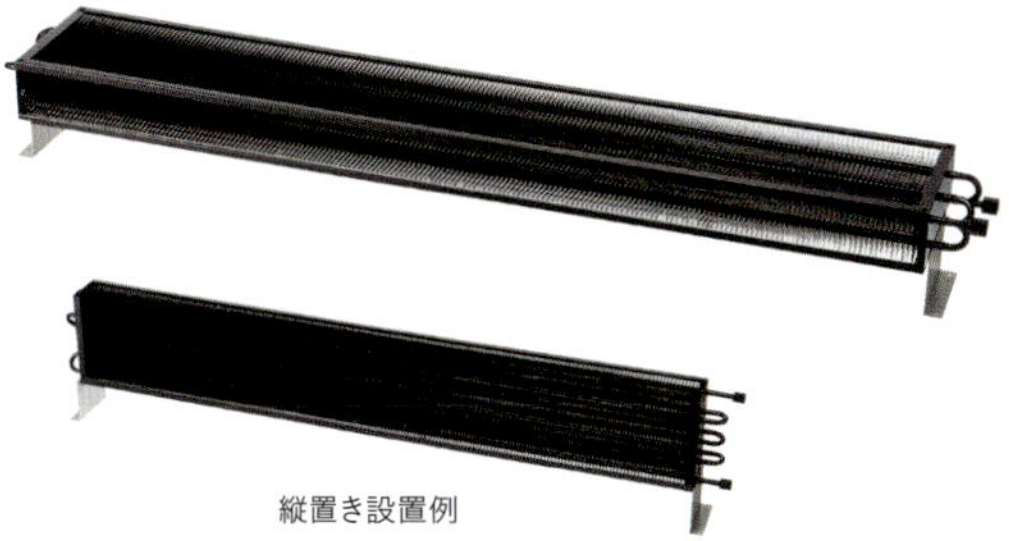

縦置き設置例

写真2　床ガラリ（サンポット）

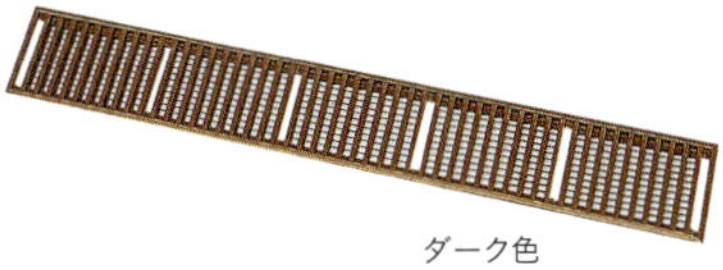

ダーク色

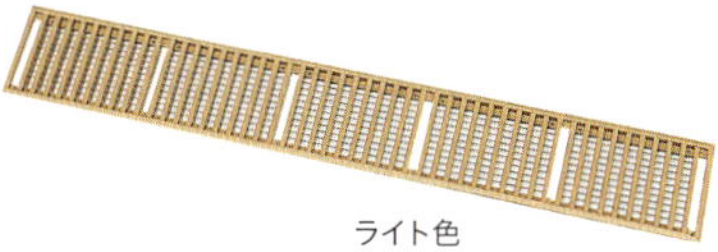

ライト色

る。また対流専用なので銅パイプにフィンを付けた専用タイプをメーカーに開発してもらった。現在はサンポット、コロナの2社から発売されている（写真1）。放熱器上部に設置するガラリも、当初フクビ化学にお願いして放熱器からの温風をできるだけ妨げないように大きめな樹脂製ガラリを造ったが、その後木製の製品が建材メーカー各社から販売されている。木製になって幅の狭いものが増えたが、できるだけ抵抗の少ないものを選ぶことが重要である。放熱器の幅以上のガラリを設け、放熱器はその直下にぶら下げるように設置する。メーカーのカタログに記載されているように床下の土間コンの上に置くと、ガラリから十分な温風が出てこない。室温制御のためのサーモバルブなどがパネル側に付いていないので、いくつかの回路に分け、ルームサーモで回路の開閉を行う。夜間暖房を停止するならばタイマーで温水ポンプそのものを停止するのがよい。

また、床下と室内は自然対流するので、当然窓下などの吹出しガラリの面積に見合うだけのリターンガラリを設ける必要があるが、この場所の確保に苦労することが多い。一般的には階段下などに大きなガラリを設けたり、蹴込み板をガラリにしたりする。室内に温水パネルを併用して設置することが容易なことも利点であり、設置コストは一般の温水暖房とあまり変わらない。

06 ＦＦストーブによる床下暖房

床下暖房の熱源に温風ストーブを使う方法が最初に試みられたのは秋田県能代市で、30年以上前のことである。図9の温水放熱器による床下暖房はこれの発展形である。当初は基礎断熱住宅の1階床の冷たさを緩和するのが目的であったが、好結果だったので、床下暖房の研究が本格的に始まった。その後床下設置専用ＦＦストーブを試作したが消防法の問題もあり、床下温水ファンコンベクターに変えた。しかし、ファンのような可動部があるよりはと自然対流の温水放熱器に変わった。

ＦＦストーブによる床下暖房は初期に試みられた方法である。床に開口を設けストーブを半埋め込みにして温風吹き出し口を床下の位置に下げるという単純な方法であった。ストーブの上にはカウンター板を設置するなどした。最近の温暖地のエアコンによる床下暖房の知見を元にこの仕組みを再評価したいと考えている。（図10）

使用するストーブは、灯油またはガスのＦＦ式温風ストーブである（写真3）。これを開口部の多い南側とは反対側の北側に、ストーブの温風吹出し口が床下になるように床から半分埋め込んで設置する。ポイントは、背面の送風ファンが室内の空気だけを吸い込むよう、ストーブ廻りに仕切りを設けることである。FFストーブの設置基準があり周囲の壁から10㎝以上離すことが求められるので、床開口は周囲10㎝以上大きくして、その上に不燃ボードなどをストーブの廻りにかぶせて、背中のファンは1階に、吹出口は床下にセパレートする。これにより多少ともファンの圧力で床下空間に空気を押し込む圧力がかかるようにする。ストーブから吹き出された温風は、正面のガラリから吹き出すが、床下全体が正圧になるので、ストーブ正面以外の左右の遠いガラリからも温風がゆっくり吹き出してくる。ただし、ストーブのファンは圧力ファンではなく、燃焼の強弱によってファンの強弱も切り替わるので、うまく吹出しガラリに温風を送り込むにはストーブの前に補助ファンを設置したりストーブから遠い吹出し口には**ブースターファン***を設置したりするとよい。

2階は吹抜けがあれば自然に温まるが、吹抜けがない場合や2階各室の温度を上げたい場合は、1階床下のストーブ付近から2階の床下に向けてダクトを設け、ここに小さなパイプファンを設置するとよい。また、1階ス

写真3　FF温風ストーブ（サンポット）

***ブースターファン**：送風機や通気口の能力不足を補うために設置されるファンのこと。詳しくは205頁図13参照。

図10　温風式FFストーブによる床下暖房

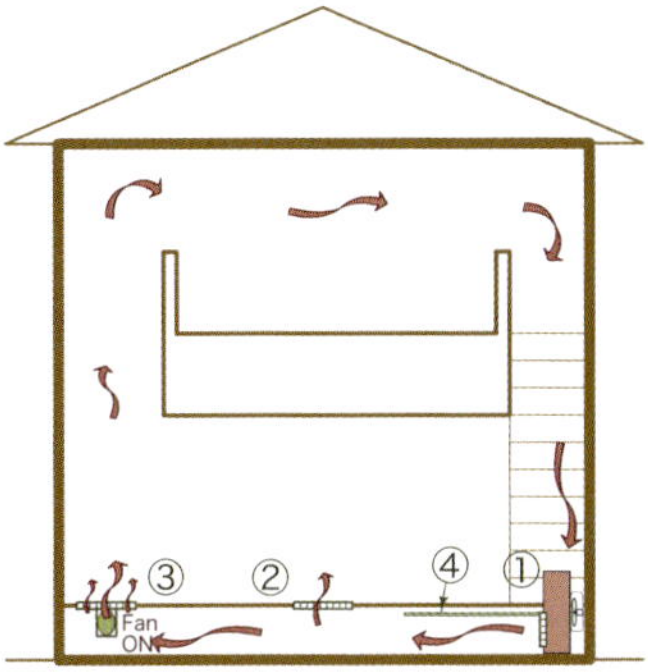

吹抜けがあり1階床下暖房のみで全室暖房

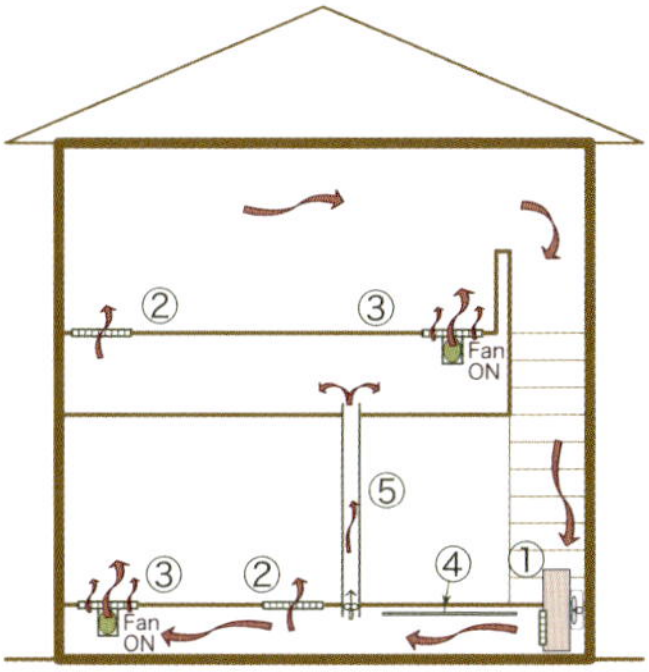

1階床下暖房の熱をダクトで
2階床下に送る方式

改めてこの方式を考えてみると、ストーブ廻りに仕切り板を設置して、ファン付きガラリも併用するととてもよい環境ができる。ストーブ近傍には必要に応じて遮熱板を設けるほうがよい。欠点はストーブの熱効率が若干低い点

① 温風式FFストーブ
② 自然吹出しガラリ
③ ファン付き吹きだしガラリ
④ 遮熱板
⑤ 温風ダクト（パイプファン付き）

図11　エアコンによる床下暖房

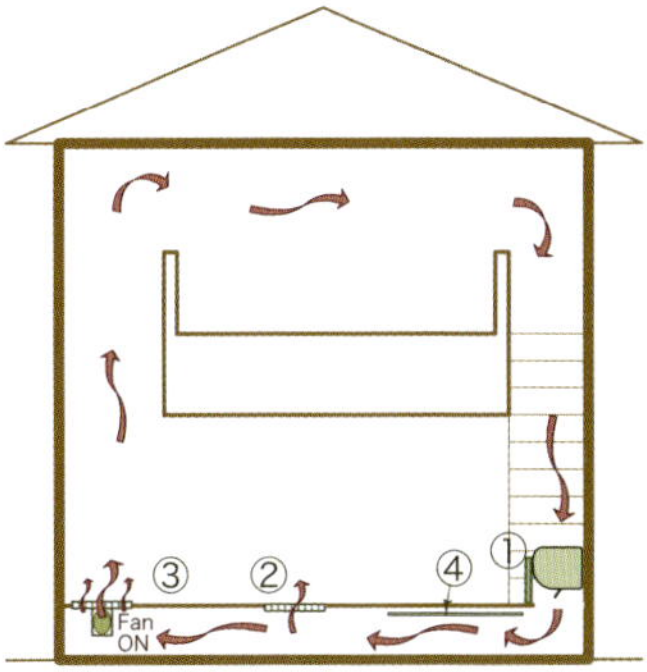

吹抜けがあり1階床下暖房のみで全室暖房

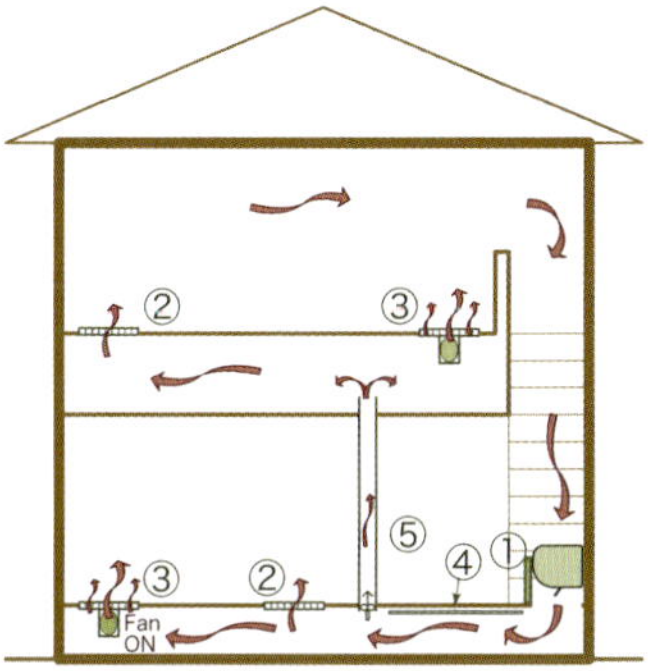

1階床下暖房の熱をダクトで
2階床下に送る方式

暖房のみにエアコンを設置する方式。夏は床下の除湿を兼ねて弱冷房にする場合もある。夏の冷房は壁掛け式になることを考えると、関東以北の比較的寒冷な地域に適する

① 壁掛けエアコン
② 自然吹出しガラリ
③ ファン付き吹出しガラリ
④ 遮熱板
⑤ 温風ダクト（パイプファン付き）

トーブ付近の床の温度が上がりすぎるので、ここには遮熱板としてグラスウールなどの不燃の断熱材を床下面に設置する。

設置にあたっては、外部に90～200ℓの灯油タンクを設置する。寒冷地では500ℓまでのタンクの設置が認められている。外部タンクがあるので給湯も灯油ボイラーにすると、ガスよりは燃料費が安く済むようだ。

温暖地に向くエアコンによる床下暖房

温暖地では温水ボイラーによる温水暖房はほとんど見られない。また、灯油やガスのＦＦストーブもあまり使われていない。そこで床下暖房の熱源として、西日本で10年ほど前からエアコンを使って床下暖房の快適さを実現しようという動きが始まった（図11）。暖房方式としては、ＦＦストーブによる床下暖房とまったく同じである。冷房には別に壁掛けエアコンを1～2台設置し、床下のエアコンは暖房にのみに使用する。

なお、最近は寒冷地でもエアコンを床下暖房に使うケースが増えているが、寒冷地では効率が悪いため止めたほうがよい。特に室外機の凍結の頻度が高くなり、それを解凍するのに使用される電力は効率の計算に含めなくてもよいことになっているらしく、カタログの暖房時の効率より、実際の効率は大分下がるようである。エアコンは、1階床付近に設置するが、ストーブと形状が異なり、多くは上部吸込み・下部吹出し型である。エアコンは床下設置でも床上設置でも構わないが、吸込み部と吹出し部を気密に仕切ることが肝要だ。また、エアコンのメンテナンスに十分配慮して設置することも大事である（6章図17参照）。

床下エアコンに高級機種は不要で、安い家電品で十分である。最近寒冷地向けに高温風を吹き出すタイプが販売されているが、床下暖房ではまったく必要ない。エアコン特有の室温と同じ温度の風を受けるときの「寒さ」を感じることもないので、温風が高温である必要がないためだ。室外機の解凍で暖房が停止することの影響もほとんどない。

平成30年の寒波のとき、西日本の工務店から、エアコン床下暖房で室温が上がらないという声が聞こえてきた。外気温が低くなると、エアコンの効率が下がるばかりでなく、出力も低下するためではないかと考えられる。温暖地でも暖房はエアコン（床下）よりFFストーブ（床下）のほうが快適ではないかと考えている。寒波が来た時の温かさのレベルが変わるような気がしている。

07 Q1.0住宅ならストーブ1台暖房が復活できるか？

初期の高断熱住宅の暖房で最もローコストなストーブ1台暖房は、本章の図3で紹介したとおり、ほかの暖房方式に比べ上下温度差が大きく快適性では劣っていた。理由としては、1つの大きな対流で熱を住宅全体に行き渡らせようとするため、ストーブのところに冷たくなった空気が戻ってくることにある。しかし、Q1.0住宅では、当時の住宅に比べ熱損失も半分ほどになり、冷たい空気の発生源であった開口部の性能が格段に上がっているため、ストーブに戻る空気の温度も昔より高くなっている。温暖地では内外温度差も小さくなるため、さらに有利だ。

図12に示すように、ストーブ付近の上部に1坪ぐらいの吹抜けを設けスノコを敷き、この吹抜けと階段と2カ所で2階への対流を促進する。また、少し原始的ではあるが、2階のほうの温度が高くなるようなら、スノコの上に敷物を敷き、2階に上昇する暖気の量を調節する。余談だが、このスノコを敷いた2階の空間は物干しスペースとして絶好である。

ストーブは輻射・対流兼用型（写真4）か、対流型（写真3）のＦＦストーブを設置する。エアコンに比べストーブは温風の温度が格段に高く、同じ熱量を供給するための温風の量が少なくて済む。また、その温風もストーブ付近で上昇してしまうため、風が体に当たって不快ということはほとんどない。温かい空気は天井を伝わって家の隅々まで熱が伝わっていく。ＦＦストーブはガスか灯油を直接燃焼する仕組みであるが、最近の製品は熱効率も高く、CO_2排出量もエアコンと比べてもほとんど変わりがなく、寒波がきても暖房能力の低下はない。また、電力を使わないことは、原発に頼らないというスタンスにも貢献する。

図12　床断熱住宅のストーブ1台暖房

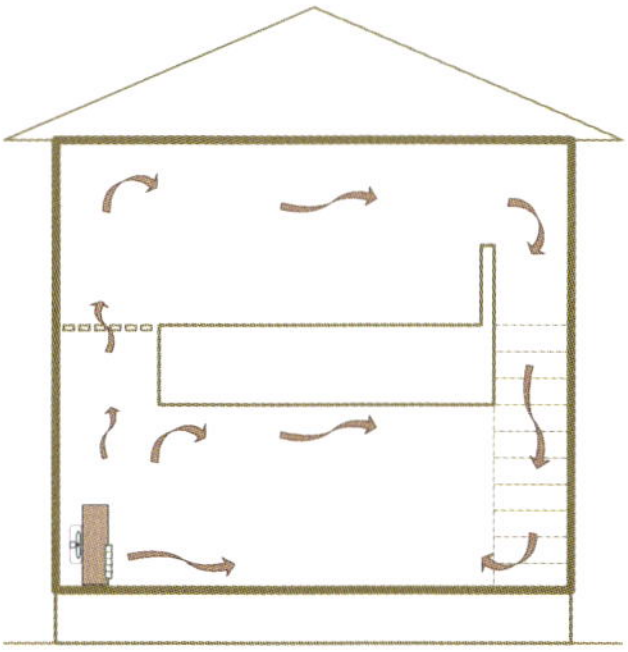

30年前の高断熱住宅ではこの方式は、今の上下温度差が多少残り、より快適な方式を求め、あまり普及しなかった。しかし、Q1.0住宅では、熱損失が当時より半分近くになり、2階で冷やされ手ストーブまで戻ってくる空気の温度がそれほど低くならないことが期待される。ストーブ近辺に一坪程度の吹き抜けを設け、スノコ敷きとし、2階との対流をスムーズにする。ここに何か敷物を敷いて、開口面積を調節することで2階の温度を調節することができる。

写真4　輻射·対流兼用型FFストーブ

08 壁掛けエアコン・ダクトエアコンによる床下冷暖房

床下暖房を採用するには、住宅が基礎断熱であることが前提で、基礎断熱の床の冷たさが改善される、暖房停止したときでも床下の基礎コンクリートや土間コンクリートが蓄熱することにより温度低下が緩和される、などのメリットがある。

しかし、高性能断熱住宅であるQ1.0住宅の事例で、暖房が止まると急速に床下の温度が低下する現象が起こった。暖房時間や暖房熱量が少ないため、床下地盤を温めきれず、暖房を止めると急速に地盤に熱が吸収され床下の温度が下がるようである。土間下を全面断熱してみると、この問題は解消した。

基礎断熱は、基礎のコンクリートの**熱容量**＊を利用して室温の安定を図るという観点からは、基礎の外側、土間コンの下側で断熱すべきである。温暖地では、シロアリ対策とコストの観点から内側で基礎断熱をすることが多いが、土間コン上面に断熱材を敷き詰めるのは比較的簡単であるが、間仕切り基礎の立ち上がりがすべて**ヒートブリッジ**＊になるし、コンクリートの熱容量はまったく利用できない。もともと基礎断熱

＊**熱容量**：1m³の物体の温度を1℃上昇させるのに必要な熱量のこと。熱容量が大きいとは、物体の温度を上昇させるのに必要な熱量が大きいということで、熱をたくさん蓄える能力を持っていると言い換えることができる。コンクリートは木材に比べて熱容量が大きく、そのぶん蓄熱量も大きいといえる。

は床断熱に比べて熱損失が大きく、断熱材も厚くしてもあまり小さくならない。床断熱のほうが遥かに安く熱損失を減らすことができる。しかし、床断熱では快適な床下暖房を採用することができないというジレンマが生じてしまった。
だが床断熱を150㎜の厚い断熱にすると、大引の熱橋も解消し、表面温度がかなり上がり、1階の床下暖房をしなくても床の冷たさがあまり気にならなくなる。

図13　住宅用ダクトエアコン

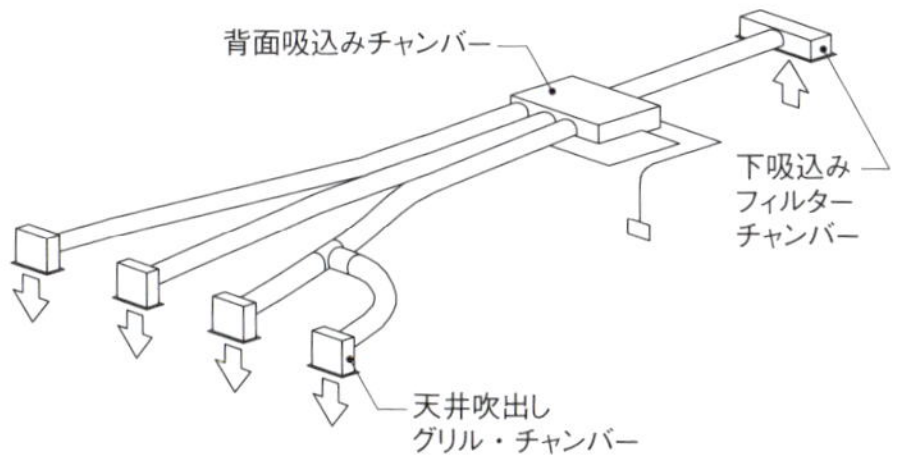

写真5　新型ブースターファン

微風	30㎥／h（1.2W）
弱	50㎥／h（2.0W）
中	100㎥／h（7.0W）
強	120㎥／h（9.0W）

注：数値は風量。
（　）内は消費電力
電源：DC12 V・5 台連動可能

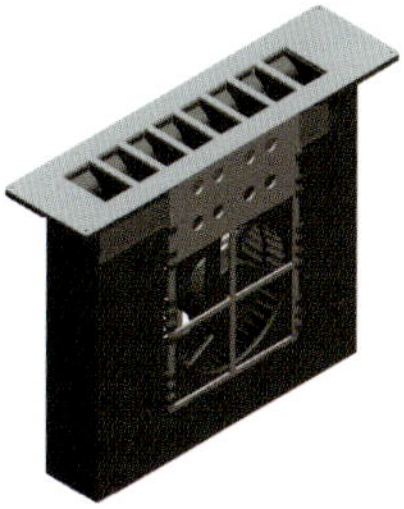

写真6　赤外線リピータ

＊**ヒートブリッジ**：熱伝導率の大きな部分に熱が集中して伝わる現象のこと。熱橋ともいう。木造などで壁に断熱材を施工した場合、内外を貫通する柱や梁、窓枠など断熱材に比べて熱伝導率が大きい部位がヒートブリッジとなる。ただし、木材は熱伝導率がそれほど大きいわけではないので、温暖地などでは問題にならない。

床下暖房を使って、床下冷房も実現する

関西で基礎断熱の床下が夏に高湿度になるのを防ぐために、床下暖房用エアコンを夏も弱めに冷房で運転をする事例を見て、本格的に床下冷房の開発が始まった。

床下冷房をしてみると、暖房時とは異なり、床ガラリから出てくる冷気が室内の空気より重いため、床付近で停滞する。そこでファン付きガラリを開発する必要を感じ始めたところに、ちょうど別の目的で開発されていたファンが発売された。写真5のブースターファンである。これを長い床ガラリの中央に取り付けて、暖房時にはファンを運転せず自然ガラリとして働かせ、冷房時にはファンを運転し、冷風を天井まで立ち上げ、ゆっくりとした対流を起こすことができる。なお、ファンによる気流はかなり流速の早いスポット流で、周囲のガラリを通じた**ショートサーキット***は生じない（図14）。暖房時はこのファンは運転せずに自然対流でガラリから暖かい空気が出てくる。

また、天井に設けた下吹出しガラリは、冷房時はファンを運転せず、暖房時に運転し、スポット流を床表面まで届けることができる。また、エアコンの吹出し方向から左右に遠いガラリに取り付けると、エアコンからこのガラリに供給される風量が増

***ショートサーキット**：給気口（給気ファン）と排気口（排気ファン）の位置が近すぎて、狭い範囲で空気が循環してしまう現象のこと。給気された外気が、建物や部屋全体に行き渡らないため換気不足となる。

図14　エアコンによる床下暖冷房（基礎断熱住宅）

暖房

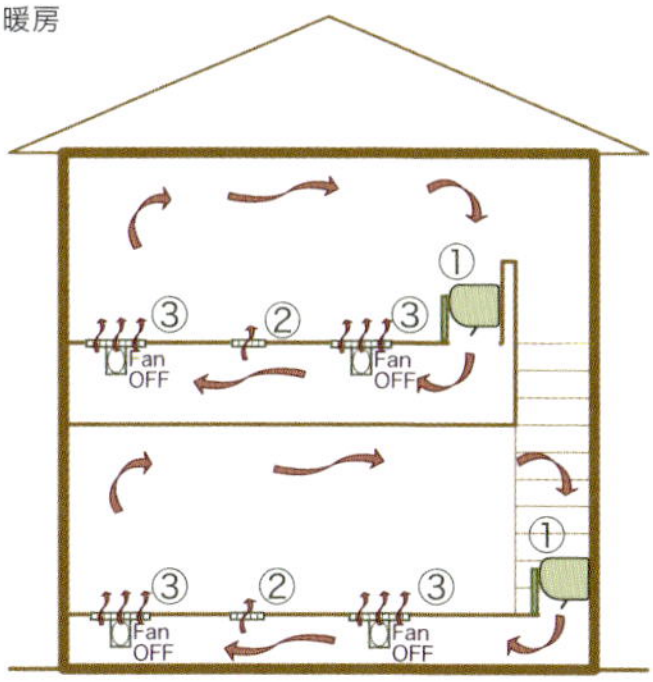

1階および2階床下エアコンによる全室暖房

冷房

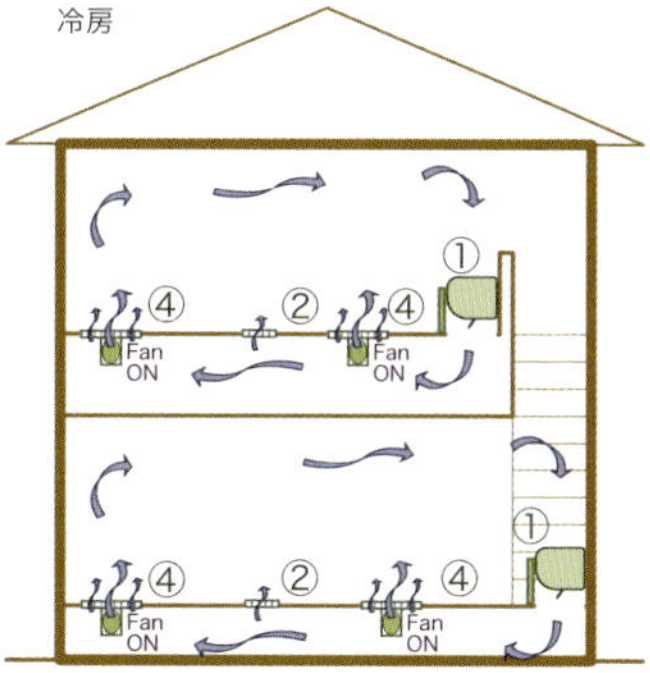

1階および2階床下エアコンによる全室冷房

ファン付きガラリを適当に併用設置する。ファンは冷房時のみ運転する

① 壁掛けエアコン
② 自然吹出しガラリ
③ ファン付き吹出しガラリ（ファン OFF）
④ ファン付き吹出しガラリ（ファン ON）

図15　エアコンによる床下暖冷房（床断熱住宅）

暖房

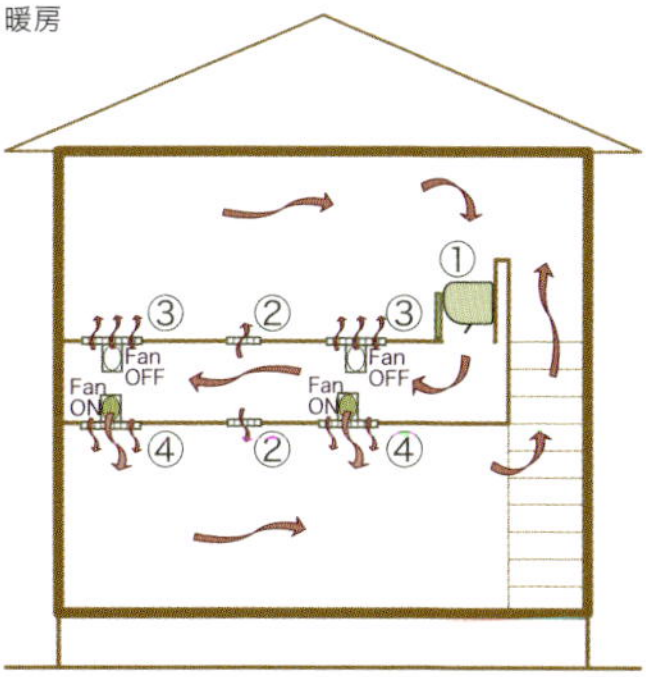

2階床下エアコンによる全室暖房

冷房

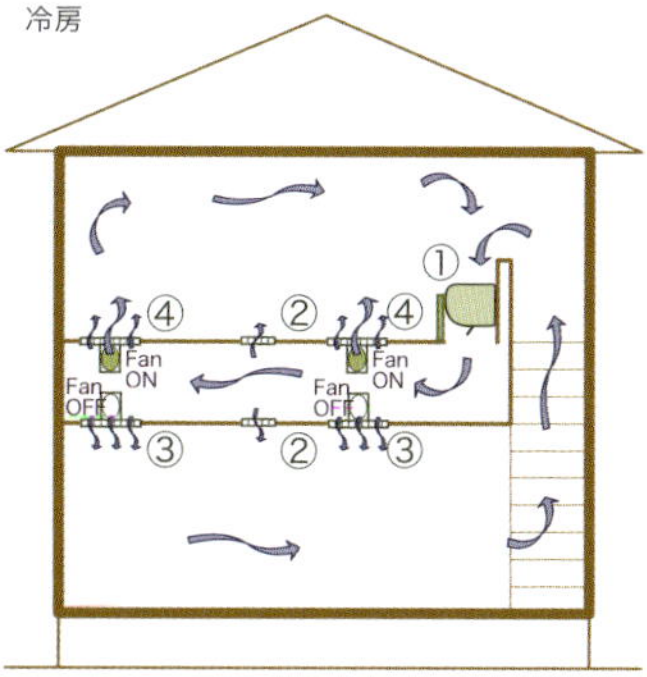

2階床下エアコンによる全室冷房

ファン付きガラリを適当に併用設置する。ファンは暖房時の下向きと冷房時の上向きに運転する

① 壁掛けエアコン
② 自然吹出しガラリ
③ ファン付き吹出しガラリ（ファンOFF）
④ ファン付き吹出しガラリ（ファンON）

え、周辺の床表面温度が上昇し、家全体の床表面温度が均一になると思われる。

床断熱の場合は2階床下にエアコンを設置し（図15）、基礎断熱の場合は1階、2階の床下にそれぞれ1台ずつ設置するのがよい（図14）。冷房時の上吹出しガラリと暖房時の下吹出しガラリには、必要に応じてブースターファンを設置する。このとき、エアコンの設置の仕方によってはリモコンが利かなくなるが、写真6の赤外線リモコンリピータを利用すれば問題はない。

床下暖房の設計例を見ると、間仕切基礎をやめて柱状基礎で床下を1つの空間にする例がみられるが、これは構造計算が必要なうえに地中梁の鉄筋量も増え、かなりコストがかかる。人通口で空間的に全部つながった状態の普通の基礎であれば、エアコン廻りの吹出しと吸込みの間を気密化して仕切り、床下を圧力チャンバーとすることで、確実にすべてのガラリから空気を吹き出すことができる。さらにエアコンから遠いガラリにブースターファンを設置すれば万全だ。床下をチャンバーとしてここに冷房時の冷風を吹き出すと、このチャンバー内の外壁で夏型の逆転結露が起こる。これを防ぐために、必ず外壁の断熱材内側の防湿層（防火構造の場合この内側に石膏ボードが張ってある場合が多い）のさらに室内側に50～100㎜の断熱材を施工する。逆に冬の結露を防ぐために外壁の断熱材厚さの半分の厚さにするのがよい。

ダクトエアコンによる床下冷暖房

壁掛けエアコンの代わりに、天井裏埋め込み型のダクトエアコン（図13）を利用する床下暖冷房を図16〜17に示す。ダクトエアコンは、本来は1台のエアコンで3〜4カ所の吹出口にダクトで送風するためのものだが、これを床下や天井裏に収納し天井裏や床下の空間をチャンバーとしてダクトレスで使う方法である。もちろんダクトを使うこともできる。この機器を使うと、コストは若干高くなるが、ファンが強力になるので温冷風の風量が増え、室温設定が容易になる。また、基礎断熱の場合は3口のダクト吹出し口を利用して縦ダクトを設け、冷房時は2階の風量を増やし、暖房時は1階の風量を増やすこともできる。

ダクトエアコンを利用するメリットは、なんといっても熱交換換気と直列につなぐことで熱交換換気の各室へのダクト配管が不要になることであろう。暖冷房停止時にも熱交換換気だけは動き、エアコンの熱交換器の結露水を乾燥させてカビを防ぎ、ダクトエアコンを介して新鮮空気を各室に供給できる。リターン空気取入れ口はエアコンに直接吸い込む形式もあるが、騒音レベルを下げるために、別に掃除しやすい場所に設置してダクトで本体につなぐほうがよい。熱交換換気の換気扇の外気フィルターもできれば2階の床に点検口を設け、上から掃除ができるようにしたい。

Q1.0住宅では10～20帖用ダクトエアコン1台でかなり大きい家でも暖冷房可能であるが、どれを選ぶかは計算式もなく、つい大きめな機種を選んでしまう。この冷房設備容量をQPEXで計算できるようにしたいと考えている。

図16は、基礎断熱2階建て住宅の例で、冬は吹出口3カ所の内、2つを1階床下にダクトで導き、1つはそのまま1階天井裏に吹き出す構成である。夏は床下に行くダクトの内、1つを2階の天井付近から吹き出して2階の冷房負荷に対処する。

図17は床断熱住宅で、完全ダクトレスとして1階天井裏に全部吹き出している。ダクトエアコンを使うことで3階建て住宅も、基礎断熱か床断熱かにかかわらず、1台で暖冷房が可能になる。縦ダクトスペースは必要になるが、冷房負荷の大きくなる3階も十分冷房できる。この実施例を第6章10節に取り上げたので参考にして欲しい。なお、この実施例は、ダクトエアコンの採用を決めたのが遅かったため、十分なダクトスペースが取れず、また熱交換換気との連動もできなかった。施主からはエアコンの音もまったく気にならず、夏冬とも快適に過ごしていると聞いている。

図16　ダクトエアコンによる床下暖冷房（基礎断熱住宅）

暖房

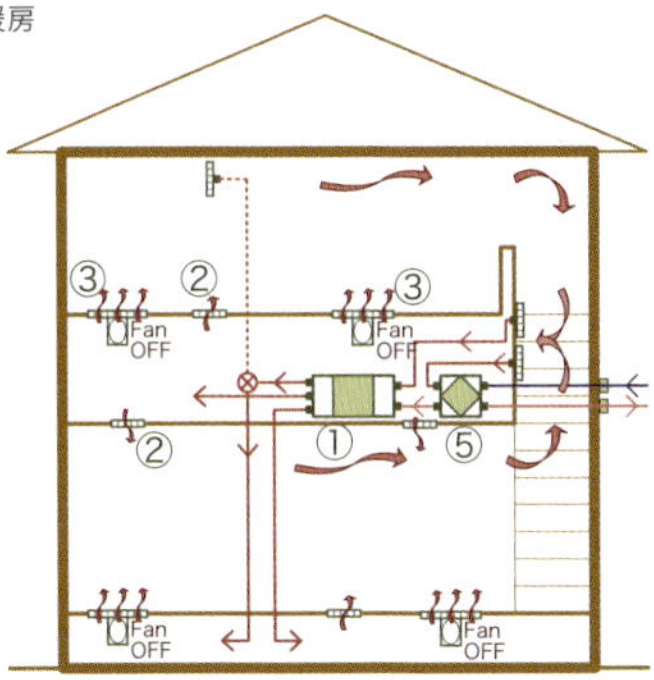

2階床下ダクトエアコンによる全室暖房

冷房

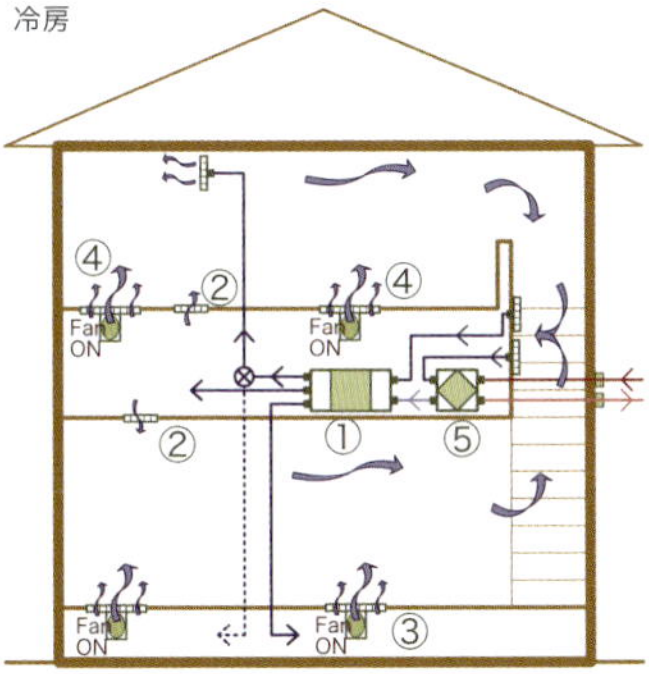

2階床下ダクトエアコンによる全室冷房

ファン付きガラリを適当に併用設置する。ファンは冷房時のみ運転する。ダクトエアコンの吹出し口が3カ所あるので、負荷の大きい暖房時は1カ所を1階床下に、冷房時は2階の室内に吹き出すこともできる

① 壁掛けエアコン
② 自然吹出しガラリ
③ ファン付き吹出しガラリ（ファンOFF）
④ ファン付き吹出しガラリ（ファンON）
⑤熱交換換気システム

図17　ダクトエアコンによる床下暖冷房（床断熱住宅）

暖房

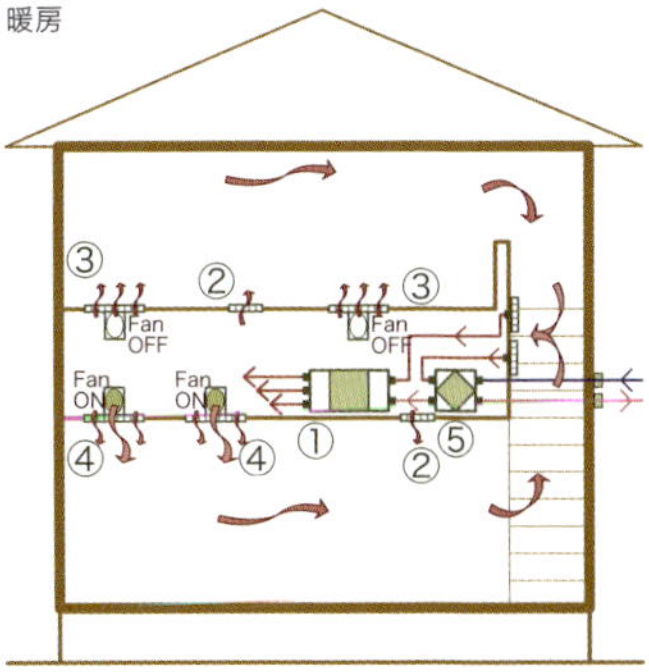

2階床下ダクトエアコンによる全室暖房

冷房

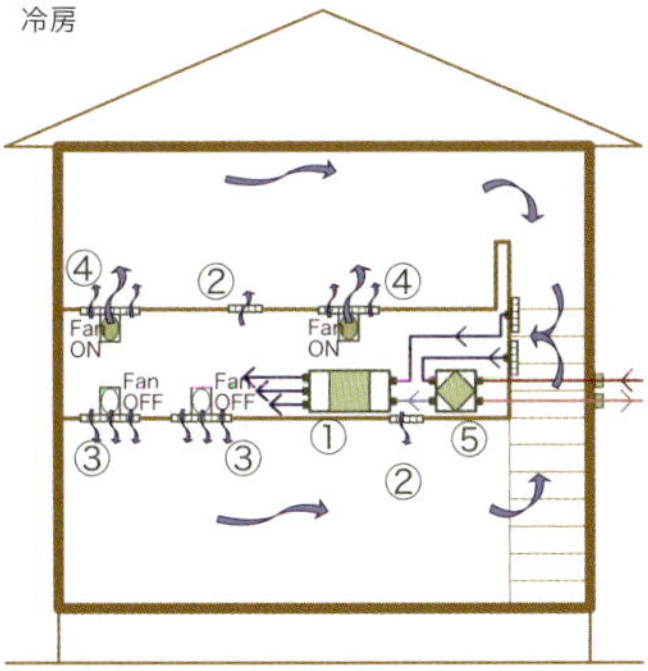

2階床下ダクトエアコンによる全室冷房

ファン付きガラリを適当に併用する。ファンは暖房時の下向きと冷房時の上向きに運転する。熱交換換気システムを一体に組み込むことができる

① 壁掛けエアコン
② 自然吹出しガラリ
③ ファン付き吹出しガラリ（ファンOFF）
④ ファン付き吹出しガラリ（ファンON）
⑤熱交換換気システム

09 高断熱住宅はサバイバル住宅になる

約20年前の阪神・淡路大震災は、寒い時期の災害であったため、震災後の停電状態による寒さで、住宅が倒壊しなくても死者が多数出たという。6年前の東日本大震災は3月ではあったものの、被害の大きな地域が寒冷地であったため、停電が10日も続き、ボイラーやファンヒーターなどの電気で動く設備機器はまったく使えなかった。電気を使わなくても燃焼する灯油ストーブや**薪ストーブ***だけが使用できたのである。

高断熱住宅は、暖房に頼らなくても日射熱と人体発熱の内部取得熱で、外気よりかなり高い温度を保つことができる。正確には、「内部取得熱÷総熱損失係数」を自然温度差と呼び、この温度分だけ外気より平均で室内の温度が高くなる。日射は昼だけだが大量に入り、室内の建材などに蓄熱されるため、夜もかなり温度を保てる。

この住宅は、2007年12月に断熱耐震改修が終わり、'11年3月に震災に遭った(写真7・8、図18)。図面にあるように室内の間仕切を取り払いワンルームに改造する大規模改修である。耐震改修は金物取り付けと耐力合板張りで耐力壁の補強を行い、

＊**薪ストーブ**：薪を燃料とする暖房器具で、主に鉄製の容器の中で薪を燃やし、その熱で容器（炉）そのものを熱し、表面から放出される熱や温風を暖房に使う。容器は密閉式なので、室内に煙などが充満することはない。薪を燃焼した際に放出されるCO_2は木の成長によって回収されるため、カーボンニュートラルなエコ暖房であるといえる。

写真7·8　断熱·耐震改修した事例の外観

平成19年の改修前の外観

平成23年の改修後の外観。震災の影響で電柱が傾いている

図18　事例の平面図（改修前→改修後）

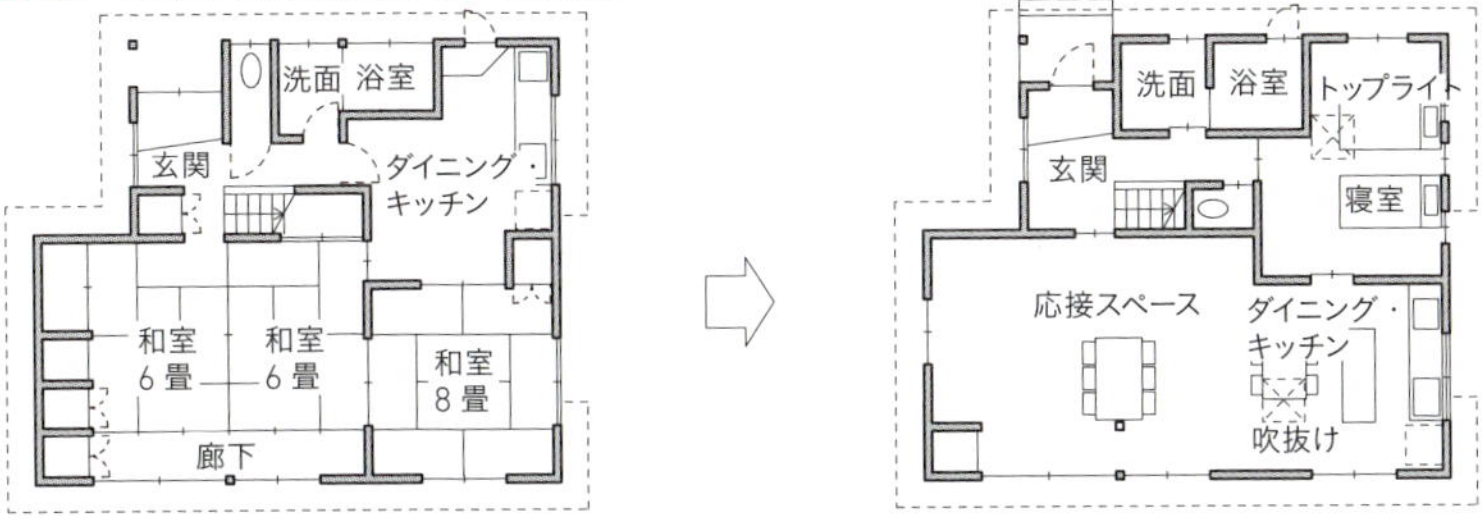

3部屋に仕切られていた和室の間取りを開放的なワンルームに変えた

図19　東日本大震災前後（3月10日〜3月22日）のA邸室温グラフ

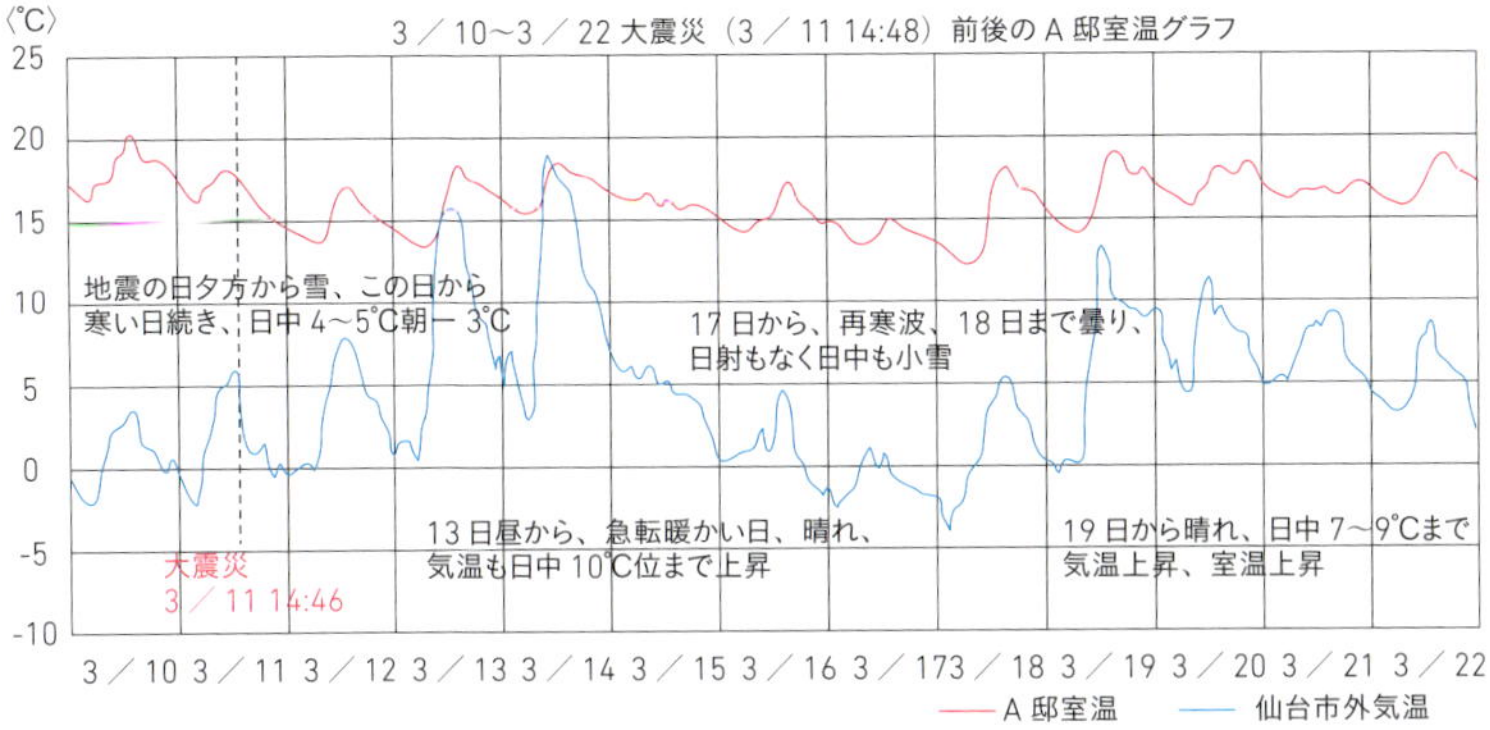

床を剛床として水平剛性を高めた。外壁は105㎜付加断熱で210㎜厚とし、サッシも樹脂サッシに交換し、Q1.0住宅のレベル3の熱性能となった。暖房は灯油ボイラーによる温水床下暖房で、年間の灯油量は約200ℓである。夏は新たに設けた屋根の天窓を夜間に開けて夜間通風を行うことで、ほとんどエアコンを使わずに生活できている。改修後、温度調査を続けている状態のとき震災に襲われた。

震災後、地震による被害はまったくなく、皿が2~3枚割れた程度だったという。室温は図19のように日中はほぼ15℃以上を保っていた。3月16~17日にかけて寒波で雪が降る日があり、最低気温がマイナス4℃まで低下、室温も12℃まで低下したが、住人はわずかに厚着するだけで寒いと感じることなく生活できたという。

国はソーラー発電にさらに蓄電池を設置して災害対応性も高めようとしているが、当然、相応の費用がかかる。お金のない人はどうすればよいのだろうか。よくいわれるのが、災害時に一番大事なのが水だという。高断熱住宅に、エコキュートのような大きなタンクを持つボイラーと、さらに太陽熱給湯が備わるとよいだろう。そして、スマホやパソコン、テレビぐらいの電気があると万全だ。非常用発電機や、小規模な太陽光発電と充電池のコンパクトなキットが付いていると頼もしい。住宅の災害対策では、このようなことも考えていく必要があると感じている。

第6章

暑すぎる夏をどうやって快適に過ごすか

高断熱住宅が温暖地に普及するに従って顕在化した高断熱住宅の夏の暑さ。特に熱帯夜が続くような地域で、どのように高断熱住宅を設計すべきなのか。日射遮蔽や通風などのパッシブな対策のほか、冷房病にならない快適でローコストな全室冷房の手法についても解説する。

01 西日本の夏の猛暑にどう対処すべきか

高断熱住宅が全国に先がけて北海道でつくられ始めた当時は、夏の暑さはさほど問題視されなかった。断熱レベルが今より低かったせいもあろう。やがて本州でも高断熱住宅が建設され始めると夏の暑さが問題となり始めた。山形の暑い地域では、2階の吹抜けの上にエアコンを設置して全室冷房の試みも行われた。関東などでは、夏は一般住宅より高断熱住宅のほうが暑くなるという声がある一方で、高断熱住宅のほうが夏は涼しいという意見も寄せられた。いずれにしても高断熱住宅が普及し始めたのは北関東以北であり、夏の暑さ対策への関心は低かった。

その後、北関東の高崎など日本の代表的な猛暑地域で、やはり夏の暑さが問題になっているという声が寄せられ、高断熱住宅から一般住宅までいろいろな住宅について、大がかりな温度調査を行うに至った。調査では居住者の生活や暑さの感じを聞き取り、収集された温度データなどを分析して、暑さの原因が日射遮蔽と通風の悪さにあることが分かった。これらの住宅では、一般的な設計手法によって通風や日除けで夏への対応を行っていたにもかかわらず暑かったのである。そこで、これらを改善する高断熱住宅用の本格的な暑さ対策の設計手法を提案したのは20年以上も前のことである。

これでエアコンにそれほど頼らずに十分涼しい家ができるようになったはずだったが、その後、関西のほうにも高断熱住宅が広がってくると、「日射遮蔽と通風だけでは暑くて暮らせない！」「エアコンで家中涼しくしたい！」という声が聞かれるようになった。そこで、近年、西日本における高断熱住宅を、エアコンを使っていかに効率よくかつ快適にできるかについて、新住協の会員とともに試行錯誤を続けている。

省エネ基準義務化やZEH*、いろいろな超省エネ住宅の話題で世の中一杯である。しかし、冷房設備を高断熱住宅でどのように取り扱うべきかの議論はあまり聞かない。住宅にエコキュートやエアコンの室外機5～6台が並んでいるのは当たり前になったし、断熱材を厚く施工すると熱がこもり、冷房負荷が増えるという意見もよく耳にする。このような状況は本当に正しいのであろうか。ここでは、私たちがこれまで積み重ねてきた、高断熱住宅の夏対策について、その設計の勘所を提示したい。

＊ZEH：Net Zero Energy House（ネット・ゼロ・エネルギー・ハウス）の略で、ゼッチと呼ばれる。住宅の断熱性・省エネ性能の向上と太陽光発電などによる創エネにより、年間の一次消費エネルギー量の収支をプラスマイナス「ゼロ」にすることを目的とする。ZEHの仕様をクリアすることで補助金を得ることが可能。

02 冬は一様に寒いが、夏の暑さには地域性がある？

日本は南北に長く、地域によって気候も大きく変わる。つまり気候に地域性があるのだが、そのことは高断熱住宅にも大きな違いをもたらすのであろうか。冬の寒さは、私の住んでいた北海道は格別で、1〜2月は1日中氷点下の**真冬日***が何日も続き、暖房期間はとても長い。一方、九州といえども12〜3月初旬は暖房が手放せない。暖房については寒さの違いはあるが高断熱住宅のつくり方としては北海道から九州まで基本は同じである。

夏の暑さもやはり地域によって大きく異なる。日最高気温を競う町もあり、猛暑日という言葉もつくられた。一方で熱帯夜の寝苦しさは北海道の人には想像できない。こうした暑さの違いをテレビのニュースで知ることはできるが、実際に体験できるかといえばなかなか難しい。暑さの地域性に高断熱住宅をどう対応させていくか。まずは人の暑さ感をよく現す気象データを見てみたい。

図1は標準気象データで、**猛暑日***、真夏日、熱帯夜の日数を比較している。南へ行

＊**真冬日**：1日の最高気温が0℃未満の日をいう。また、1日の最低気温が0℃以下になる日を冬日という。

くほどすべての日数が増えていくのは当然として、細かく見ていくと、関西以西が関東に比べ熱帯夜、真夏日ともにかなり多いことが分かる。猛暑日は逆に関東のほうが多い。東北では日本海側に熱帯夜が多いことが目を引く。猛暑日、真夏日は当然日中には冷房（エアコン）が必須であり、熱帯夜には夜もエアコンが欲しい。エアコンは文明の利器であるが、エアコンによって体調を崩す人も多い。

　夏にエアコンが必要になる期間については、地域によって大きく異なり、当然その地域の人は体験的に分かっている。春秋の中間期は窓を開閉することで、日本中どこでもエアコンを運転

図1　**都市別真夏日等の日数比較**

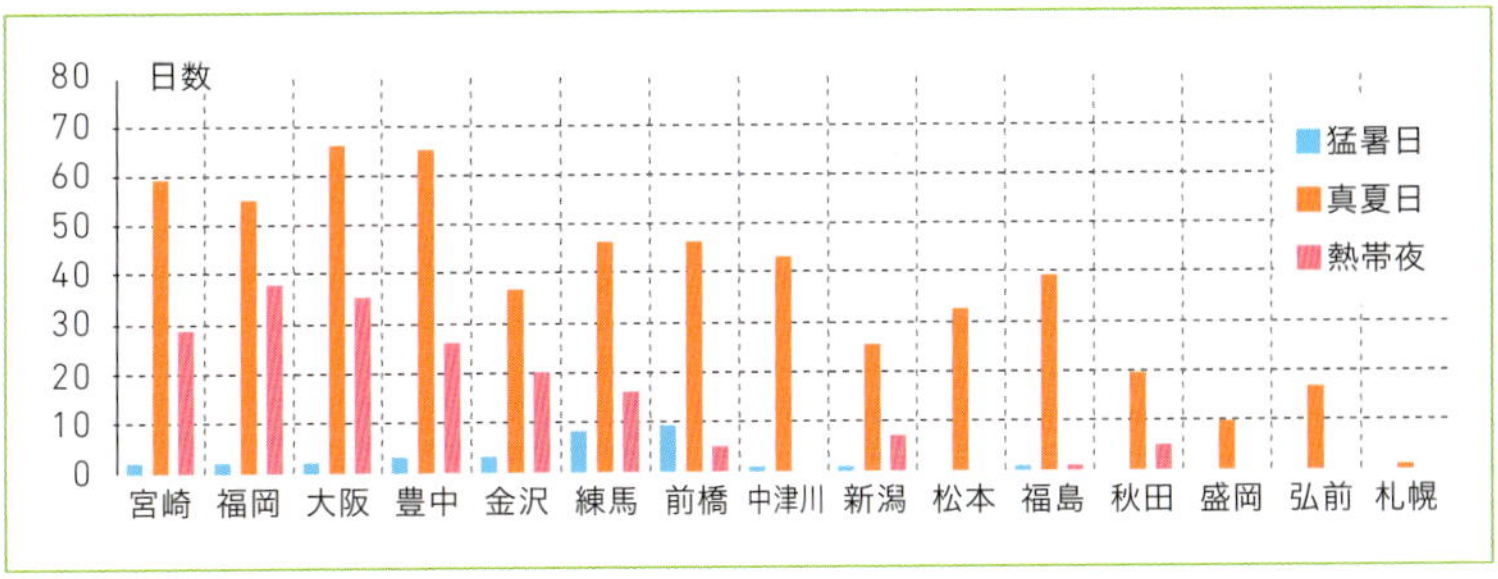

図2　**冷房期間**

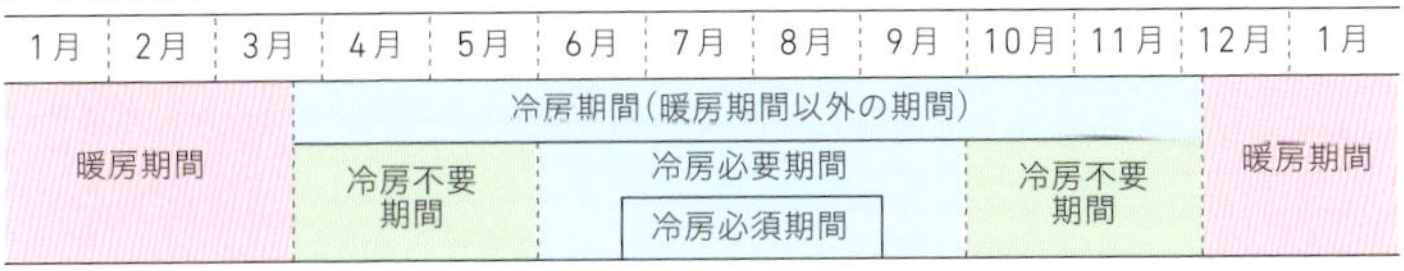

＊**猛暑日**：1日の最高気温が35℃以上の日をいう。また、1日の最高気温が30℃以上の日を真夏日、同じく25℃以上の日を夏日という。

しないでも快適に過ごすことができる。

ところが省エネ基準では、冷房負荷の基準値を決めるに当たり、図2の暖房期間以外の期間をすべて冷房期間として、この間窓を閉め切った状態での冷房負荷を求めている。これでは**中間期***も冷房負荷が発生してしまう。そこで、冷房が必要とされる可能性が高い期間（冷房必要期間）を6～9月の4カ月として、さらにその期間中、冷房を毎日必要とする特に暑い時期を**冷房必須期間***（地域により異なる）として、それらの期間の冷房の必要度に応じた日数を拾ってみた（図3）。日中冷房が必要となる日についていては、夕方から夜にかけて外気温が次第に下がってきて、設定温度より低くなる時間帯で仕分けした。グラフを見ると、夜中の0時まで外気温が設定温度以下に下がらない日数が、福岡・大阪と関東以北では著しく異なることが分かる。暑さの質がこんなにも違うのである。

いずれにしても、西日本の住宅はエアコンをほとんど1日中かけ続ける日が30～40日もあり、一方関東以北はずっと少ないものの同じように暑い日が1～2週間は確実に存在する。つまり、西日本でも関東・東北でも住宅をつくる際には暑さ対策をせざるを得ないのである。夏の暑さに地域性は地域性がしっかりあるが、住宅の対処としてはあまり変わらないことになろう。

＊中間期：中間期は冬と夏、夏と冬の間の季節のことで、春と秋をいう。住宅の断熱や冷暖房設備の設計を行ううえでは、温度差の大きい夏や冬を前提とした設計を行うため、「夏や冬の中間の時期」という意味で、そう呼ばれている。

図3　冷房必要期間の通風可能パターン別日数（6月～9月の122日）

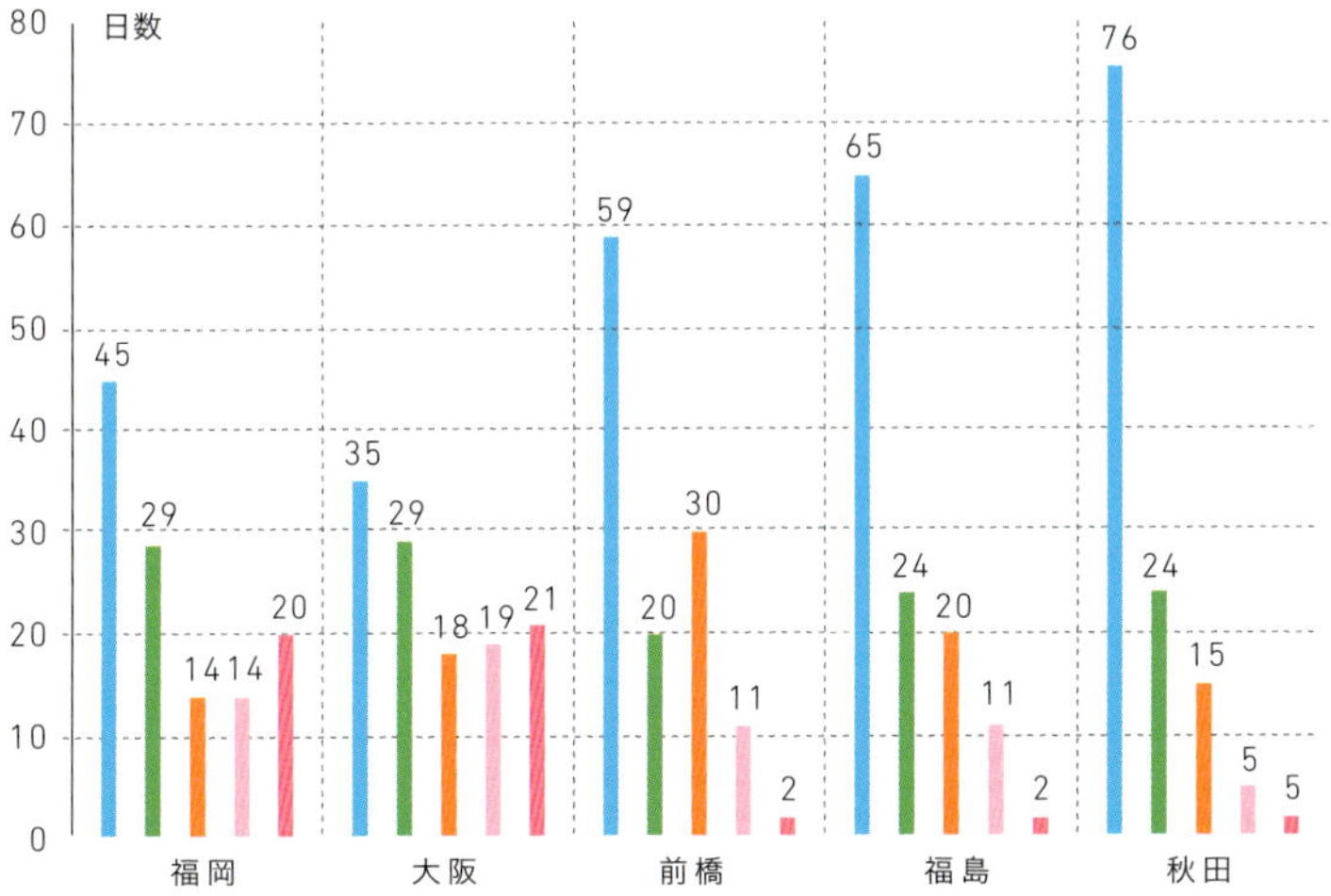

外気温が一日中設定温度より低い日を冷房不要日、日中冷房して、18：00までに外気温が設定温度より低くなった日は18：00から通風を行う日とする。21：00、24：00も同様。24：00でも設定温度より高い日は24時間冷房として積算した。冷房設定温度は28℃福島、秋田のみ27℃

■冷房不要日数　■18:00～6:00通風日数　■21:00～6:00通風日数
■24:00～6:00通風日数　■通風なし、24時間冷房日数

＊冷房必須期間：都市によって異なるが、関東以南では大体梅雨明けの6月中旬から9月中旬の夏のなかでも暑い期間をこのように名付けた。QPEXでは厳密には気象データのエンタルピーを計算して定めている。

03 断熱を厚くすると冷房負荷が増加？

2009年に「**蒸暑地**＊版自立循環型住宅への設計ガイドライン」が出版されたときの某建築雑誌の紹介記事のなかで、建築研究所の某氏の談として、「蒸暑地では、室内に熱がこもりやすい断熱対策よりも、日射を反射させたほうが冷房負荷を抑えられる。地球温暖化が進むなか東京や大阪の住宅でも、夏場の省エネ設計を考える際の参考になるはずだ」とあった。私はあっけにとられた。厚い断熱材と併用される反射材はあまり効かないことは当たり前の事実だと思っていたからだ。「暑い時期に、冷房必須の蒸暑地で断熱を厚くすると、冷房負荷が増える」と言っているのである。断熱で熱がこもるのは窓を閉めているときだが、その時はエアコンで冷房しているはずで、熱がこもって冷房負荷が増えるはずはない。

私は当時QPEXに冷房負荷計算機能を付加するため、彼らが使っているのと同じ「SimHeat」というプログラムで、いろいろな条件のもと全国各地の暖冷房負荷計算を行っていた（図4・5）。省エネ基準住宅とさらにレベルが高い断熱性能の住宅とで

＊**蒸暑地**：蒸し暑い地域のこと。省エネ基準の地域区分においては7、8地域（宮崎、鹿児島、沖縄）が該当する。その特殊な気候条件から、自立循環型住宅設計ガイドライン講習会で蒸暑地向けのテキストが用意されている。

図4　省エネ基準住宅とQ1.0住宅の暖房負荷比較（SimHeatによる計算）

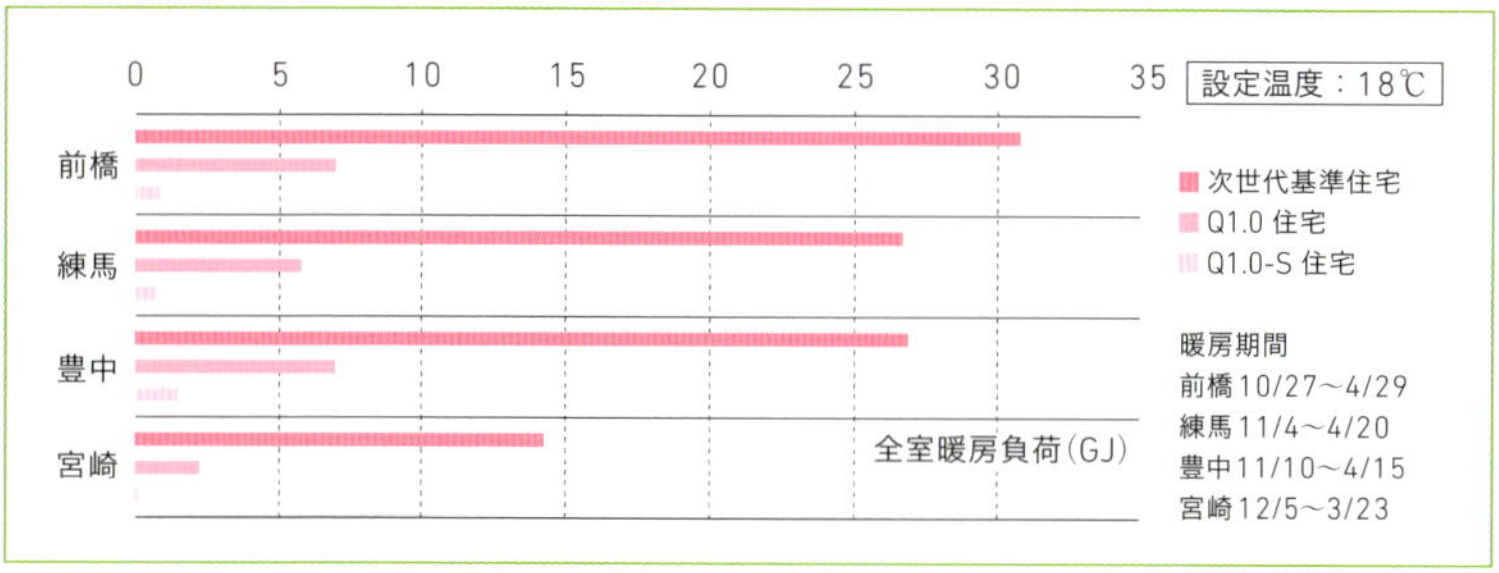

図5　省エネ基準住宅とQ1.0住宅の冷房負荷比較（SimHeatによる計算）

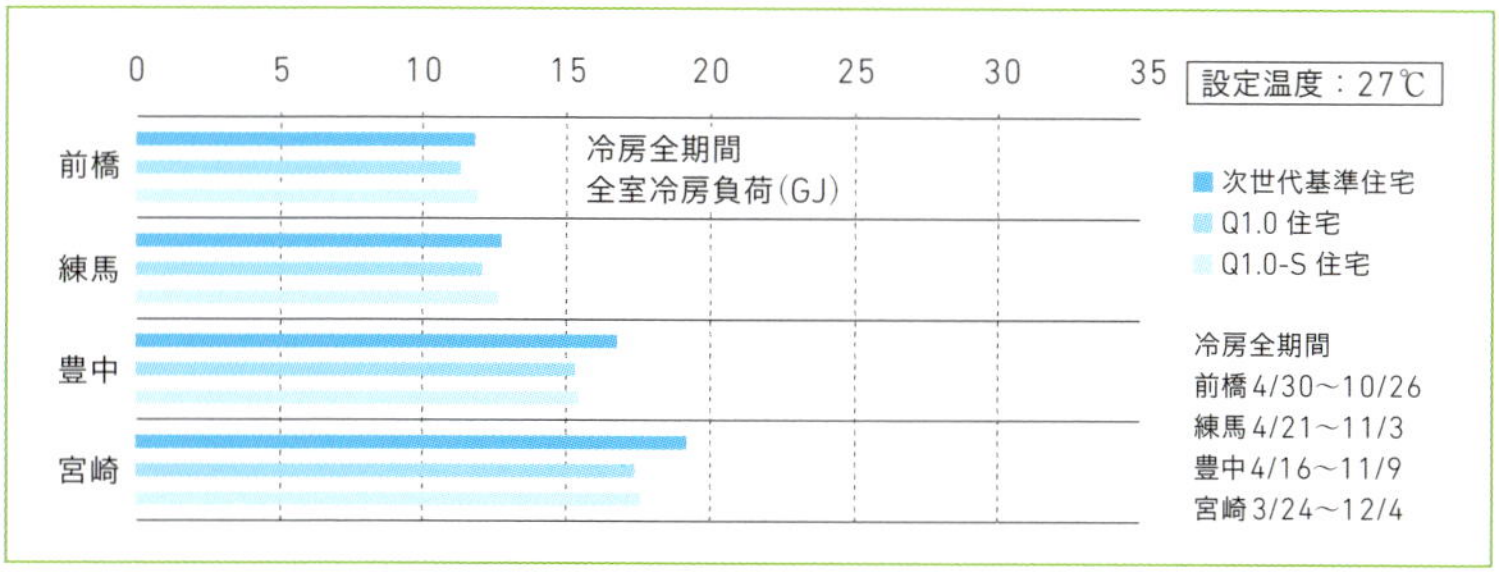

図6　全室27℃冷房時の日別冷房負荷と外気温（宮崎）

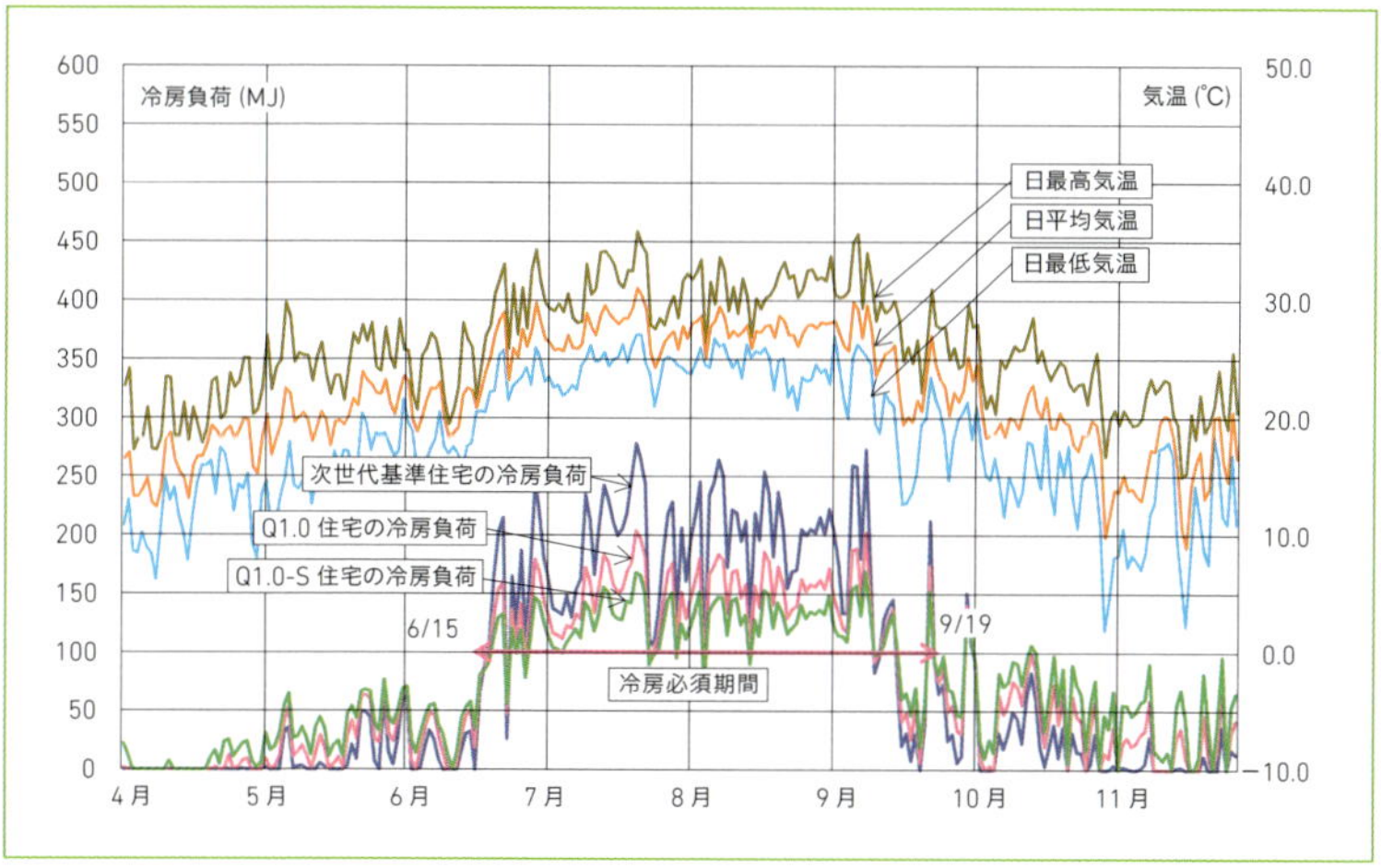

計算したのだが、暖房負荷は著しく減少するものの、冷房負荷はほとんど減らず、むしろ断熱レベルを上げると若干増えた。一瞬私は某氏の談のとおりの結果に慌ててしまった。しかし、冷静になって結果を別の形に集計してみた。年間の冷房負荷ではなく、1日ごとの冷房負荷のグラフを書いてみたのだ（図6）。図中には日最高・平均・最低気温も記入している。これを見て私は納得した。某氏の談はやはり間違いである。

全国19地点で同じ計算をしているが、梅雨明けのころから9月中旬までの夏の期間は、ほとんどの地域で最高気温が30℃を超える日が多いのだが、この間の冷房負荷は、断熱レベルが高くなるに従って小さくなっている。それに対して春秋の中間期は、断熱レベルが高くなるにしたがって冷房負荷が増えている（図6）。春秋の中間期は、日中の最高温度が冷房設計温度より低い。したがって、窓を閉め切ったままだと日射熱や**内部発生熱***で室温が上昇する。そして断熱性能が高い家ほど室温の上昇は大きく、そのぶん冷房負荷が増える。これを全冷房期間で集計すると図5のようになる。

しかし、外気が比較的涼しい中間期に、窓を閉め切ったままにして、暑くなったからといってエアコンを付ける人などいない。普通は窓を開けて涼しい空気を室内に取り入れて過ごすのである。やはり中間期の冷房負荷は計算に含むべきではなく、エアコンを付ける夏の冷房負荷は、断熱性能が高いほど少なくなるのである。

＊**内部発生熱**：建物内部の熱負荷のこと。室内で発生する人体発熱や、照明などの器具、その他室内発熱体すべてからの発熱を指す。

04 夏中全室冷房の冷房費はいくらか？

省エネ基準では1年中窓を閉め切って冬は18℃、夏は27℃の設定で年間の暖冷房負荷を計算し、地域ごとにある一定値以下にすることとなっている。しかし、前の項目で述べたようにそれは現実的ではない。そこで私は各地の冷房必須期間をある定義で定め、QPEXではこの冷房必須期間の冷房負荷を表示するようにした。

図7にさまざまな設定での冷房負荷を示す。図5と比べて省エネ基準住宅の冷房負荷が少し減っていることが分かる。そして断熱レベルを上げた住宅（Q1.0住宅、Q1.0-S住宅）できちんと冷房負荷が減っていることも分かる。暖房負荷計算では、室内発生熱や**日射熱**＊が暖房負荷を減らす役割をするが、冷房負荷計算ではこれらはすべて負荷を増やしてしまう。そして内外温度差が冬より夏のほうが小さいため、断熱レベルを上げても冷房負荷は減りにくいのだ。とはいえ、断熱性能に応じてはっきりした冷房負荷の減少が見込める。

冷房負荷を削減するには、断熱性能の向上も大事だが、住宅内に流入する日射熱を

＊**日射熱**：太陽エネルギーのこと。また、日射熱の内、室内に取り込まれる割合を日射熱取得率と呼び、日射熱を生かした設計を行う際にガラスなどを選択するときの指標の1つとなる。

少なくすること、つまり日射遮蔽が重要になる。また、冷房必須期間内でも日中の外気温が低い日や、高い日でも夜間に外気温が下がったときには、熱が室内にこもらないように窓を開けて家中に効率よく風を通すことも大切だ。さらに日中の日射遮蔽と夜間通風を取り入れると、もう少し冷房負荷が下がる。

図8は、冷房必須期間より少し期間を広げて6～9月の3カ月間を冷房必要期間として比較したものだが、必須期間負荷と冷房負荷がほとんど変わらないことが分かる。また、省エネ基準で設定されているスケジュールで部分間歇冷房を行った時の冷房負荷は逆に増えていることが分かる。暖房と違って冷房では部分間歇冷房はあまり省エネにはならないようである（図で示す10GJはCOP＝4.0のエアコンでの消費電力が約700kWhとなる）。

図9に、最近で最も暑かった2010年と標準気象データ2000年版との冷房負荷を比較した。2010年は冷房負荷が西日本で1.5倍以上、東日本で2倍以上になっているところもあり、また、都市による差が大きくなっていることが分かる。これからは地球温暖化により地域によっては冷房負荷がかなり増えるかもしれない。また、西日本の冷房負荷の内訳で、24時間冷房が必要な日の冷房負荷が大部分を占めていることから、西日本と東日本の暑さの質の違いが分かる。

図7　冷房必須期間の冷房負荷比較

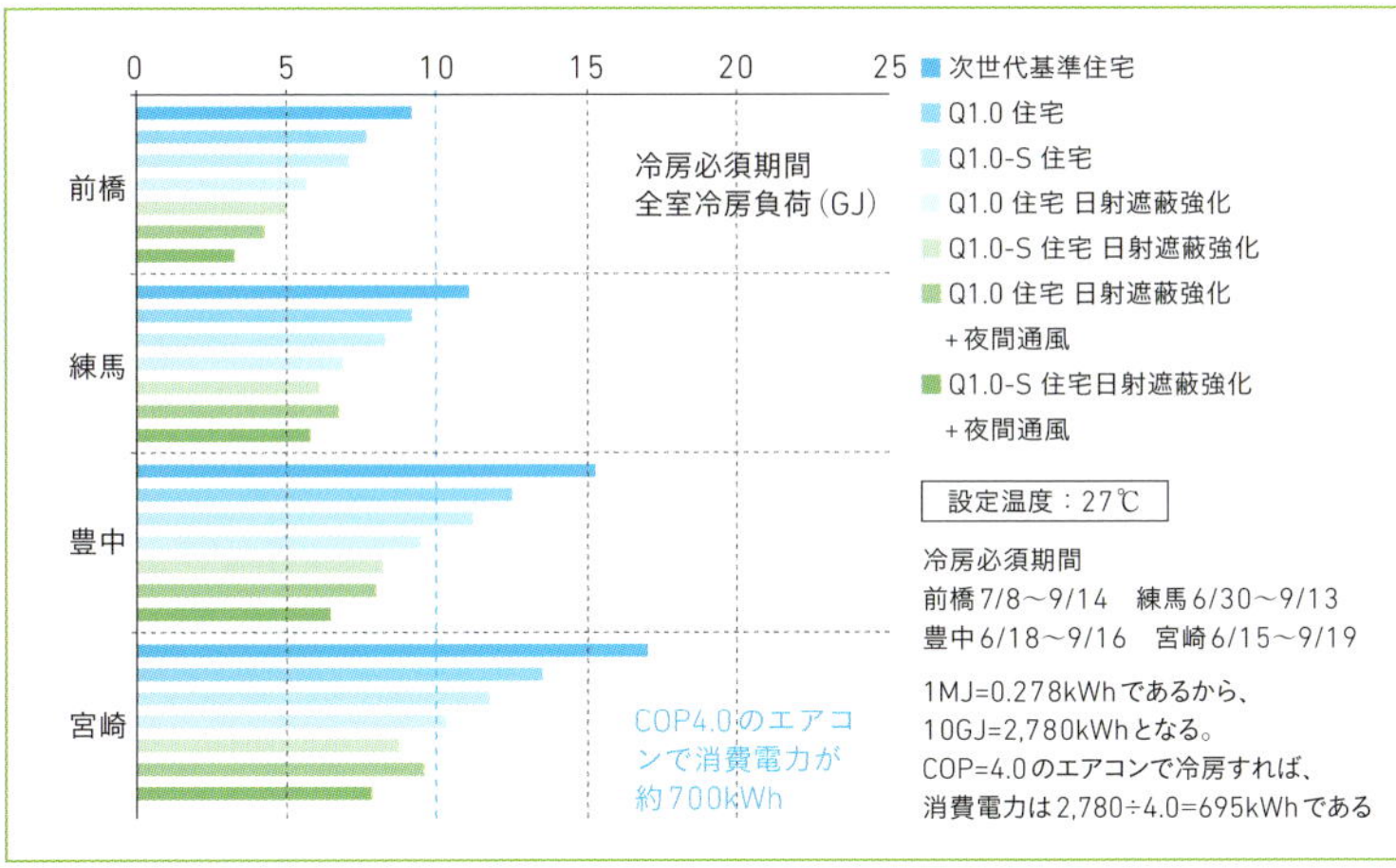

図8　冷房期間・パターン別冷房負荷比較

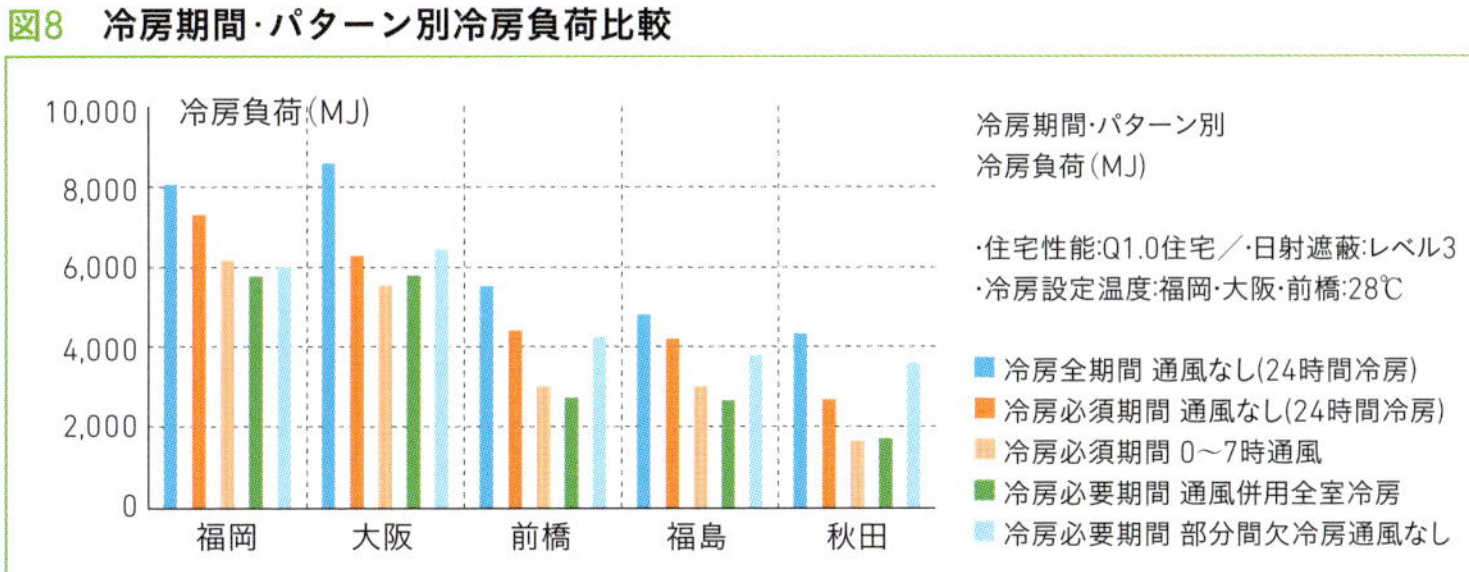

図9　標準気象データと2010年の冷房負荷比較(通風パターン別)

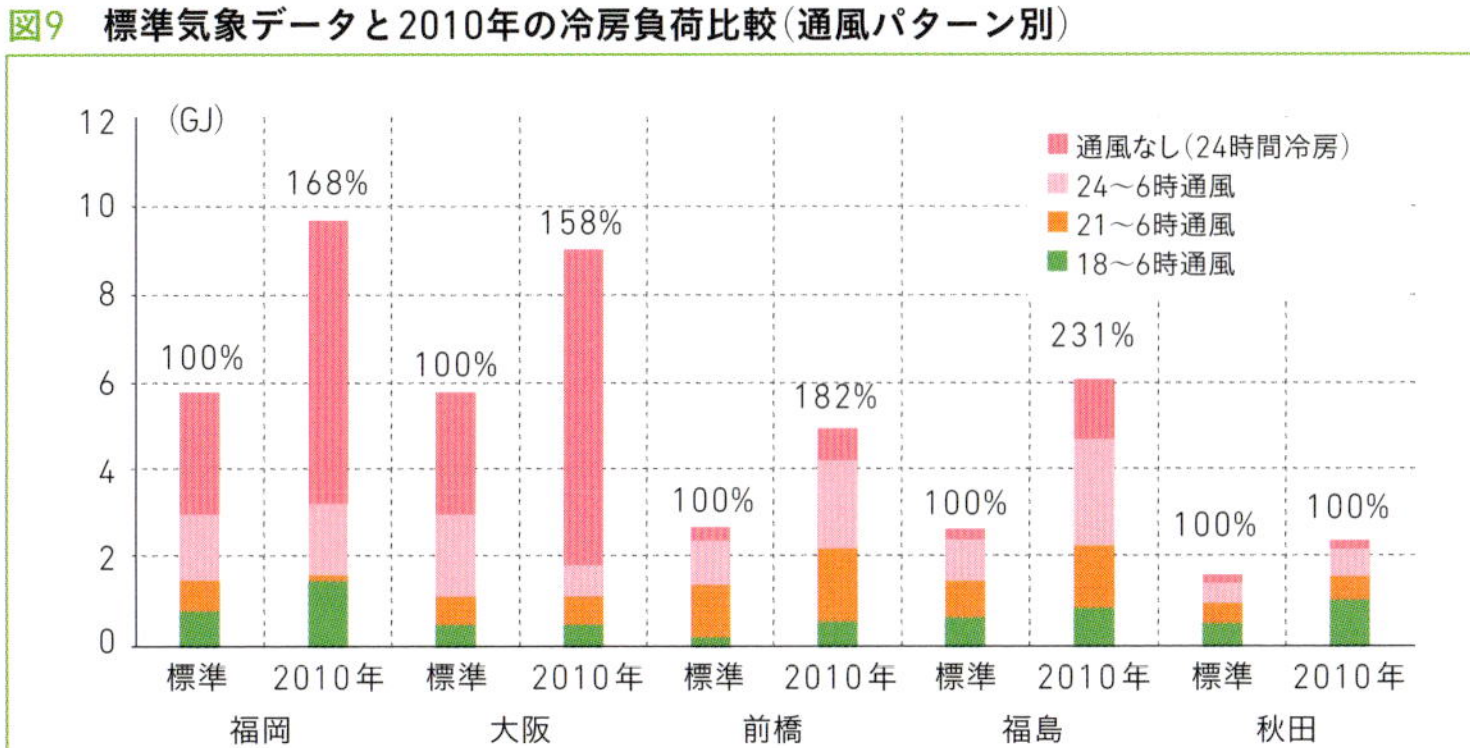

05 日射遮蔽は意外と難しい

日本の伝統的な民家は、深い庇や簾、よしずなどで日除けをして、窓を開け放って風を家の中に取り入れることで、夏の暑さをしのいできた。現代の住宅も、基本的には同じ考えでつくられているはずだが、涼しい家になっているとは言い切れない。地球温暖化によって昔より暑くなっているということもあるだろうが、それだけでは片付けられないような気もする。ここでは日除けについて考えてみよう。

冬の日射は暖房期間全体の平均値で、窓の面積当たりで南窓面を100%とすると、南東・南西面は89%、東西面からは63%流入する。それに対し夏は、冷房期間全体の平均値で、南東・南西面からは97%、東西面からは73%の流入である（QPEXで算出。場所は東京都練馬区）。南面の日射は夏と冬ではほとんど同じだが、夏の南東、北西、東西面が冬より8～10%も多い。夏は太陽高度が高く、南面は庇などで遮蔽が比較的容易であるが、南面の窓は一般的に大きくなるため流入絶対量は無視できない。庇の効果をQPEXで計算してみると、幅1間高さ2mの南面のテラス窓で、窓の上

図10　掃出し窓の遮熱

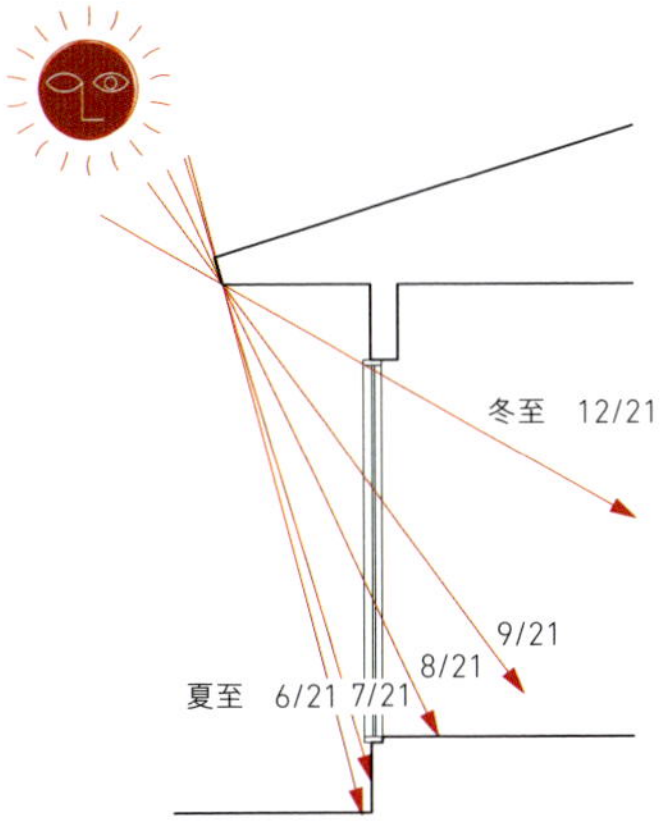

真南の掃出し窓への日射は、3尺ぐらいの普通の庇で遮ることができる。しかし、8月～9月には太陽高度が下がってきて、日射が室内にかなり差し込むようになる。また、南東、南西向きの窓では、庇はほとんど効かない

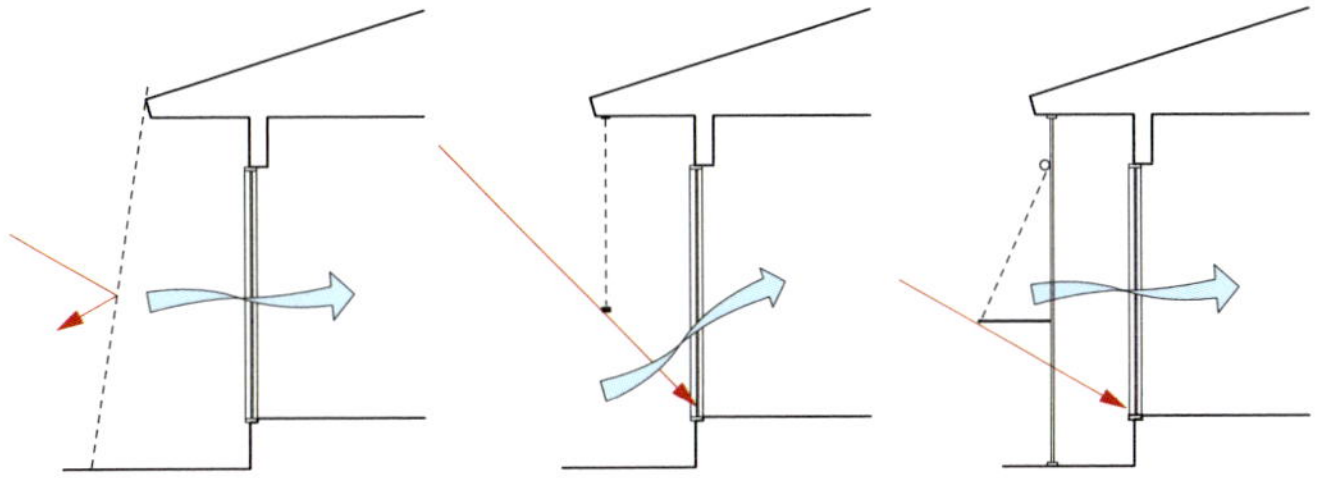

A. よしずを立てかける

B. 軒先にすだれを下げる

C. 軒先にポールを立て、ブラインドを設置する

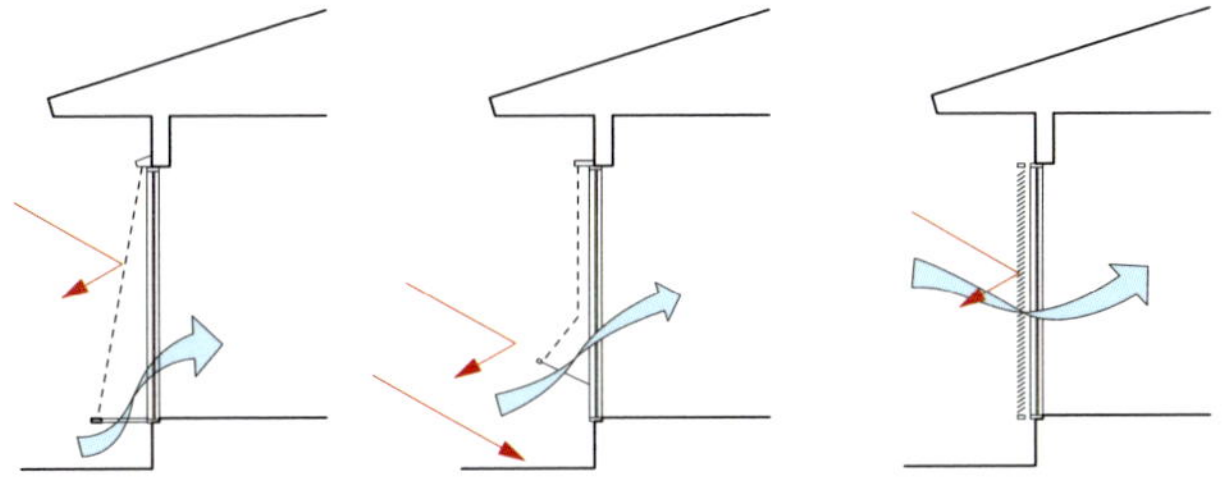

D. 窓の外にすだれ、ブラインドなどを設置、通風も確保できるように、下端を突き出す

E. 木製ガラリ雨戸で西日を避ける

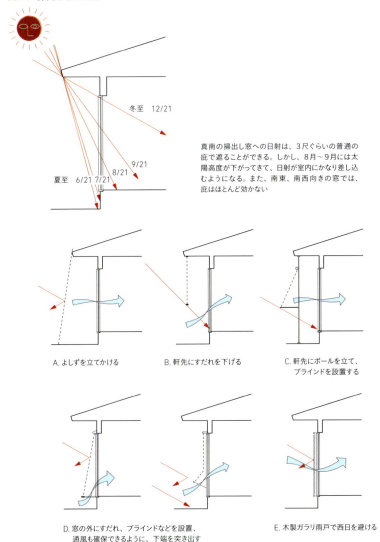

400㎜の高さで出幅が900㎜の庇は26％しか日射を遮蔽しない。南東・南西面では22％である。この数値は春秋も含まれるため、冷房必須期間の庇の効果はこの倍くらいありそうだが、それでも庇はあまり効いていないのである。

表1　各種日除け部材による窓の日射侵入率

	可視光透過率	日射侵入率				
	%	ガラスのみ	レースカーテン	内付けブラインド	紙障子	外付けブラインド
ペアガラス	82.1	0.79	0.53	0.45	0.38	0.17
Low-Eペアガラス	82.1	0.69	0.45	0.41	0.37	0.15
Low-E遮熱ペアガラス	82.1	0.42	0.32	0.29	0.26	0.11

庇の効果を示す図1は、よく環境工学の教科書に載っているものだが、毎日の南中時の日射しか示していない。そのような状況で80％近い遮蔽率を目指す場合、図1A～Eのような方法が考えられるが、雨風に弱いという欠点があり、核家族で日中家に誰もいないような状況では突然の雨風に対処できない。本州の住宅は南面に庇などが設けられるので、その軒先から下側に60～90㎝の長さの日除けがしっかりと固定される部材があればよいと思う。

南東・南西面と東西面は太陽高度も低く、庇はほとんど効かない。窓の内側に設置するカーテン、ブラインドは日射侵入率が40～45％もあり、日射遮蔽ガラスを使ってようやく30％である（表1）。一方、外付けブラインドは15％程度と効果が高く、やはり日射遮蔽は窓の外側で考えることが重要となる。ただし、引違い窓やドレーキップ窓でないと外付けブランドや簾は操作できない。

06 風がなくても通風が起きるように通風計画は断面で考える

冬の暖房期間は、窓を閉め切って暖房すればよい。日射で暑くなったら、暖房はたいてい自動で止まる。それでも暑ければ服を脱いだり、窓を開けたりすればよいのだから、冬の過ごし方は簡単である。

ところが冷房期間になると、春秋の涼しい時期ならば窓を開閉することで快適に過ごせるが、暑い夏の時期には、窓を開けても涼しくならないことも多く、窓を開閉したり、エアコンをつけたりとなかなか忙しいことになる。そのような場合、写真のようなワイヤレス内外温湿度計が便利である。室内に居ながら外気温と温度が分かるので、外が涼しくなっているのに窓を閉めたままエアコンをつけているような状態を防ぐことができる。

また、家の通風をよくするために、一般的には各室に2〜3方向に窓を付けておしまいにすることが多いが、これは風があるときはよいとしても、熱帯夜などで、風がほとんどないときには無力である。したがって、内外の気温差や室内の空気の温度差を利用して、下から上方向に通風するように計画することが大事だ。夏の常時風向を調べ、風上側の1階と風下側の2階に常時開放できる窓を設置する。常時風向が夜昼で逆になる地域もあるが、そのときは両方設置するか、夜の風向を重視するべきであろう。

また、2階の通風窓の上端は天井高さにそろえるか、それに近い高さに設置するのが望ましい。通風窓の上端を腰窓でよく見かける高さ2m程度の位置に設置すると、天井と窓の間の空間に住宅全体の内部発生熱や日射によって生じた熱い空気が溜まり続け、2階の天井面の温度が40℃近くまで上昇してしまう。このような状態ではエアコンをつけてもなかなか効かない。

また、常時開放できる窓には工夫が必要だ。昔は、テラス窓には欄間が付き、小窓は3尺幅引違いで霧除け庇と面格子が付いており、夏には安心して開け放すことができた。しかし現代の住宅では欄間がなくなり、小窓は横すべり出しになった。この窓は外から簡単に開けられるので、安心して開け放しにすることができない。**ドレーキップ***や内倒しの窓、あるいは防犯ストッパーの付いた横すべり出し窓などを選択する必要がある。

＊**ドレーキップ**：内倒しと内開き、2つの機能をハンドル操作ひとつで使い分けることができる窓。欧米ではポピュラーな開閉方式で、内倒しなどは換気に適している。

図11　通風･換気の仕組み

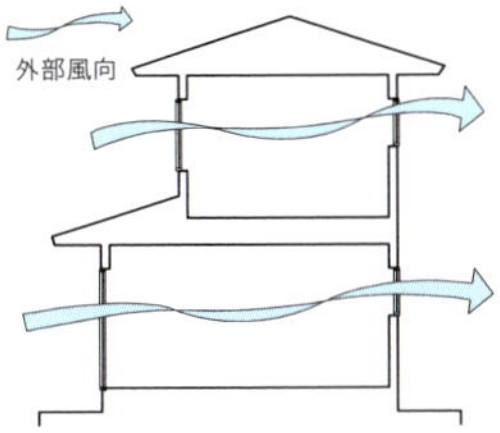

平面的な通風しか考えない設計では、風が弱いと室内の通風はほとんど生じない。外出時や就寝時、1 階の窓を閉め切るため、通風がなく、日中は室温が大幅に異常上昇し、夜間はその熱を排出できず朝になっても家中が暑い。天井付近は、窓上部から天井までの小壁によって、熱気溜まりになり、温度が非常に高くなり、天井面からの輻射熱が暑さの要因となる

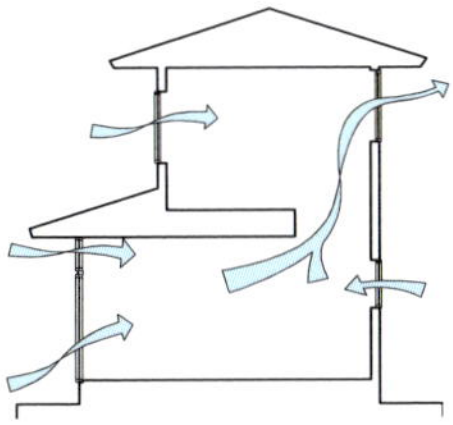

上下の通風を考慮すれば、風をつくり出すことができる。2 階の通風窓を天井までとり、熱気がたまらないようにする

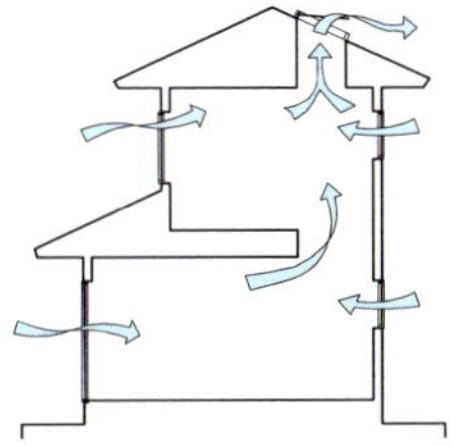

屋根窓を換気窓にすると、天井と窓との間に生じる空間が煙突効果を発揮し、屋根窓からの日射熱が室内に流入しない

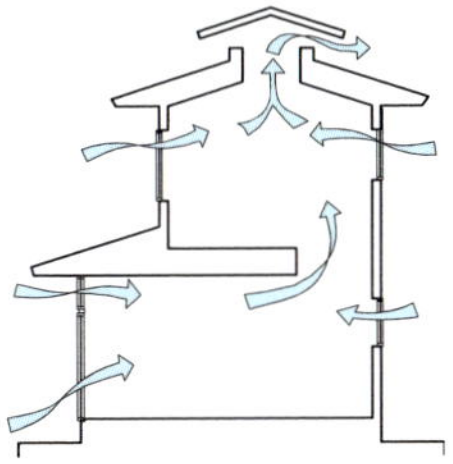

屋根断熱で 2 階の天井に傾斜をつけることによって、さらに効率のよい通風換気が可能になる

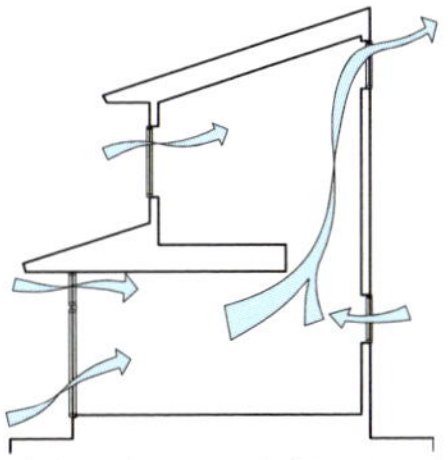

片流れ屋根のように高窓をつけることでも効率のよい通風換気が可能になる

図12　常時開放できる窓

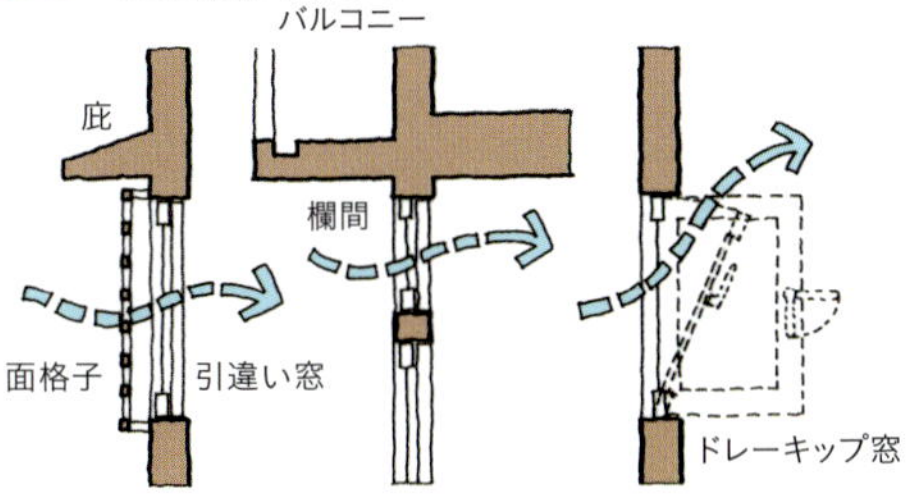

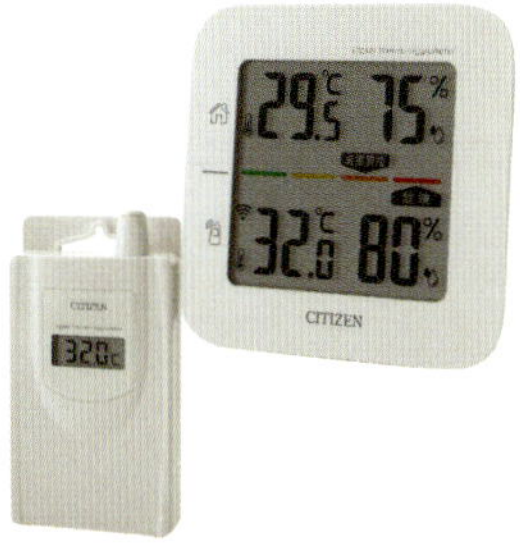

コードレス温湿度計。リビングの目立つところに置いて、外気温湿度と室内温湿度を対比しながら知ることができる。シチズンシステムズ製

07 エアコンが止められない西日本の夏の夜

高断熱住宅では、徹底的な日射遮蔽と**夜間通風***による住宅全体の冷却が実現すると、住宅は夏の暑い時期もとても涼しく過ごせることが分かっていた。20年ほど前に行った北関東での夏の温度調査の成果である。この時は、夕方に窓を開けて、夜間を通して家中温度を下げた後、朝には窓を閉めて日中の暑い外気の流入を防ぐと、室内は外気温より低い温度で推移し、また夕方に窓を開けると、涼しい外気で夜も涼しく過ごせることが実証された。エアコンは、それでも暑い時に少し運転するだけでよかった。

ところが西日本の暑さは質的に異なり、特に夜の暑さは尋常ではないようである。夜になっても外気温が下がらず、窓を開けると逆に暑くなってしまう。夜中の12時でも窓を開けられず、結局朝までエアコンを付けざるを得ない日がひと夏に20日もある。

6~9月の3カ月の冷房必要期間中、深夜0時までに外気温が28℃より下がって窓を開けて通風した日の1時間ごとの室内の温湿度を、18時以降の通風可能な時間だけ

***夜間通風**：夜間に換気を行うこと。北日本地域などで夏の日中は暑くなるものの、夜は温度が下がり涼しくなるような場合に、夜間窓をあけて室内の換気を促し冷たい外気を室内に取り入れることで、日中窓を閉め日射を遮蔽しながら涼しく過ごすことができる。

図13　夜間通風時の不快指数

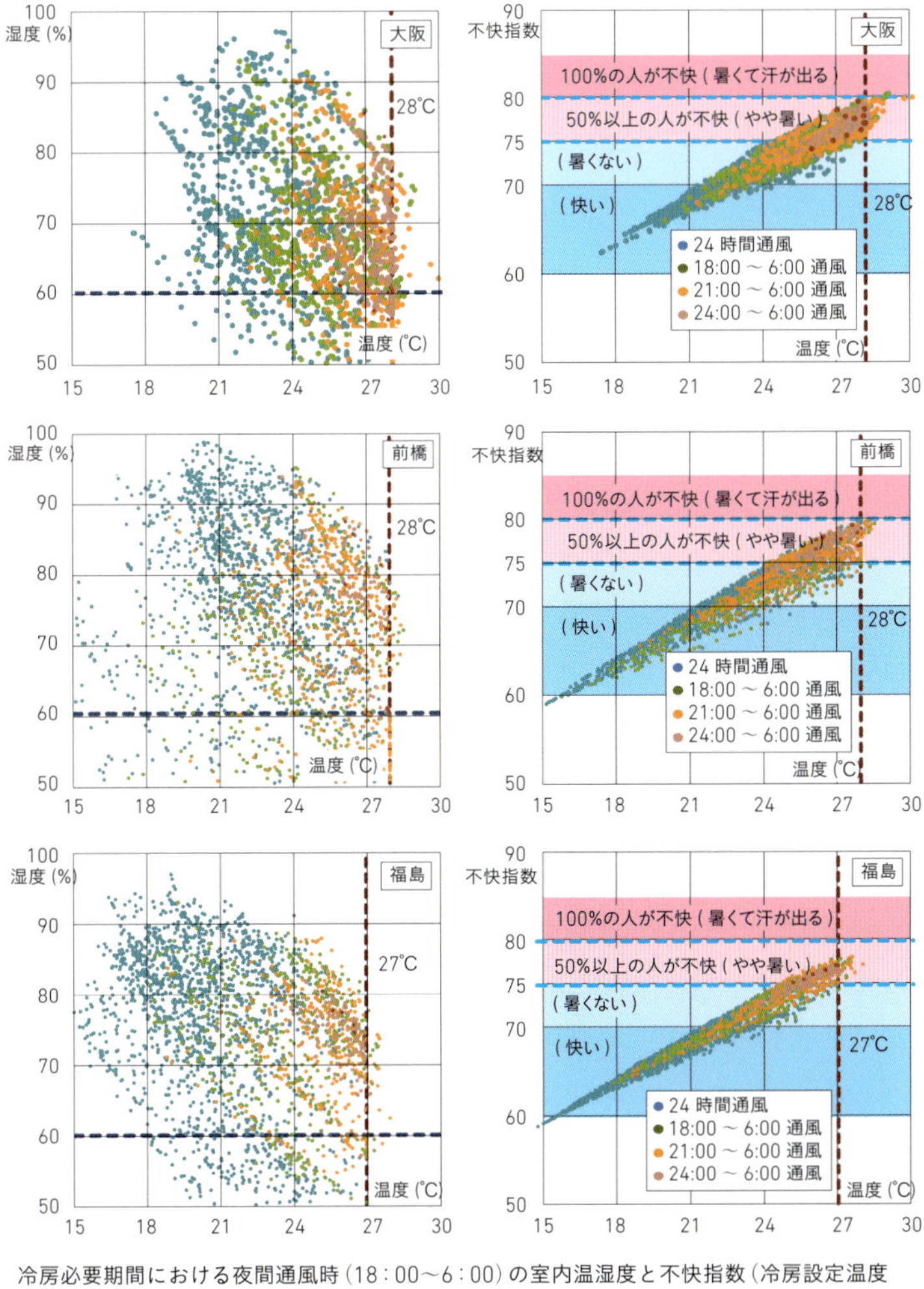

冷房必要期間における夜間通風時(18:00〜6:00)の室内温湿度と不快指数(冷房設定温度28℃、福島のみ27℃)

拾ったものが下図である。熱負荷計算ソフト「SimHeat」によるシミュレーションの結果なので、窓を開けると室内はすぐ外気温と同じ温湿度になっている。実際の住宅ではもう少し時間差が生じると思われる。左図の温湿度のプロットを不快指数に換算したのが右図である。

1日中窓を開けて過ごせる涼しい日はあまり問題にはならないが、18～24時に外気温が28℃以下に下がり、窓を開けて通風できる日でも、不快指数が高い点が多数あることが分かる。結局18～24時に窓開け通風が可能な日であっても、実質的に24時間冷房が必要になる。今後、西日本ではは冷房必須期間ではほぼ24時間全室冷房が望まれることになるだろう。意外だったのが、北関東の前橋でも**不快指数***の高い点がずいぶん多くあるということである。

多くの人が寝る前に寝室のエアコンを付けて何時間かタイマー運転をして過ごしているという。朝までエアコンをつけ放しにすると体調を崩すのをおそれてのことだろうが、夜中にエアコンが止まるとすぐに室温が上がり、暑くて目が冷めるという。その後、エアコンが止まると同時に自動的に窓が開いて通風できるようにしたら、今度は窓が開く動作音で目が覚めたという笑い話まである。結局望まれるのは、体調を崩すことなく快適に朝までエアコンをつけていられる設備設計なのである。

＊**不快指数**：人間が不快を感じるような「暑くじめじめした」体感を，気温と湿度にもとづく計算式によって表した指数。最大は100で、一般に80を超えるとほぼ全員が不快と感じる。

08 壁掛けエアコンだから冷房病になる

エアコンはとても便利な暖冷房設備である。1台で暖房も冷房もできるため、冷房が必須となる温暖地では、ついついエアコン頼みの設計になってしまう。欠点は電気代が意外に高いことと、エアコンの吹き出す風が不快なこと、特に暖房時に、設定温度近くまで室温が上がると室温と同じ温度の風が吹き出るため、体感的にかえって寒さを感じてしまうこと、冷房時にはエアコンで体調を崩す人が多いことである。最近は効率が向上し、カタログ上ではCOP値が7を越えるものもあるが、自動車の燃費と同じで実際の運転では相当低下する。最新のエアコンでもCOPを3〜4で計算すると大体合うようである。なお、最近の寒冷地エアコンでは室外機の凍結防止の電力をCOPの計算に入れないため、暖房運転はCOP1.5〜2程度を想定すべきだ。

暖房の不快さも**冷房病***もエアコンから出る風が直接人に当たるために起こる。数年前エアコンメーカのCMでセンサーが人を感知して、その方向に風を送る省エネエアコンが流行ったが、これなどは不快さと冷房病の押し売りとしか考えられない。ゆっ

＊**冷房病**：日冷房が強く効いた場所に長時間いた後、外に出るなどして外気温にさらされることを繰り返したときに起こる体調不良のこと。自律神経失調症に類似した症状が出る。日本独自の概念であり、特定の病気を指すものではない。

くりとした気流を人のいないところに風を送るのがよいのだ。ただし、この方法だと断熱性能の低い家では、いつまで経っても部屋全体が冷えない。直接冷たい風に当たるというのは、断熱性能の低い家の発想なのである。

もう1つの冷房病の原因が間歇冷房である。日射遮蔽が不十分で、外出時に安心して窓を開けたままにできないような家の場合、日中のわずかな外出にも窓を閉め切って出かける。帰ってくると家中が暑く、室温も40℃を超えている。帰宅後すぐエアコンをつければ、猛烈な冷風で部屋を冷やそうとするが、エアコンの空気は温かい空気が溜まっている天井付近や日射を受けて熱くなった壁、家具などをなかなか冷やせないため、この冷風強風運転は結構長く続く。これでは冷房病になるのも無理はない。

こうしたことを避け、快適な暖冷房とするには、エアコンが小風量運転になるように連続暖冷房として、かつ直接人に風が当たらないようにする。特に最近は大きなLDKなど開放的なプランが多いため、結局全室暖冷房をすることになる。一般の家ではとんでもないお金がかかることになるが、断熱性能を高めたうえで適切な日射遮蔽を行い、エアコンの必要のない涼しい日や時間帯は窓を開けて効率よく通風換気を行えば、全室冷房をしても普通の家の電気代以下で済むことが分かった。住宅の快適性を確保するには、こうした設計と住まい方のツボを外さないことが大事である。

図14　壁掛けエアコンと床下エアコン

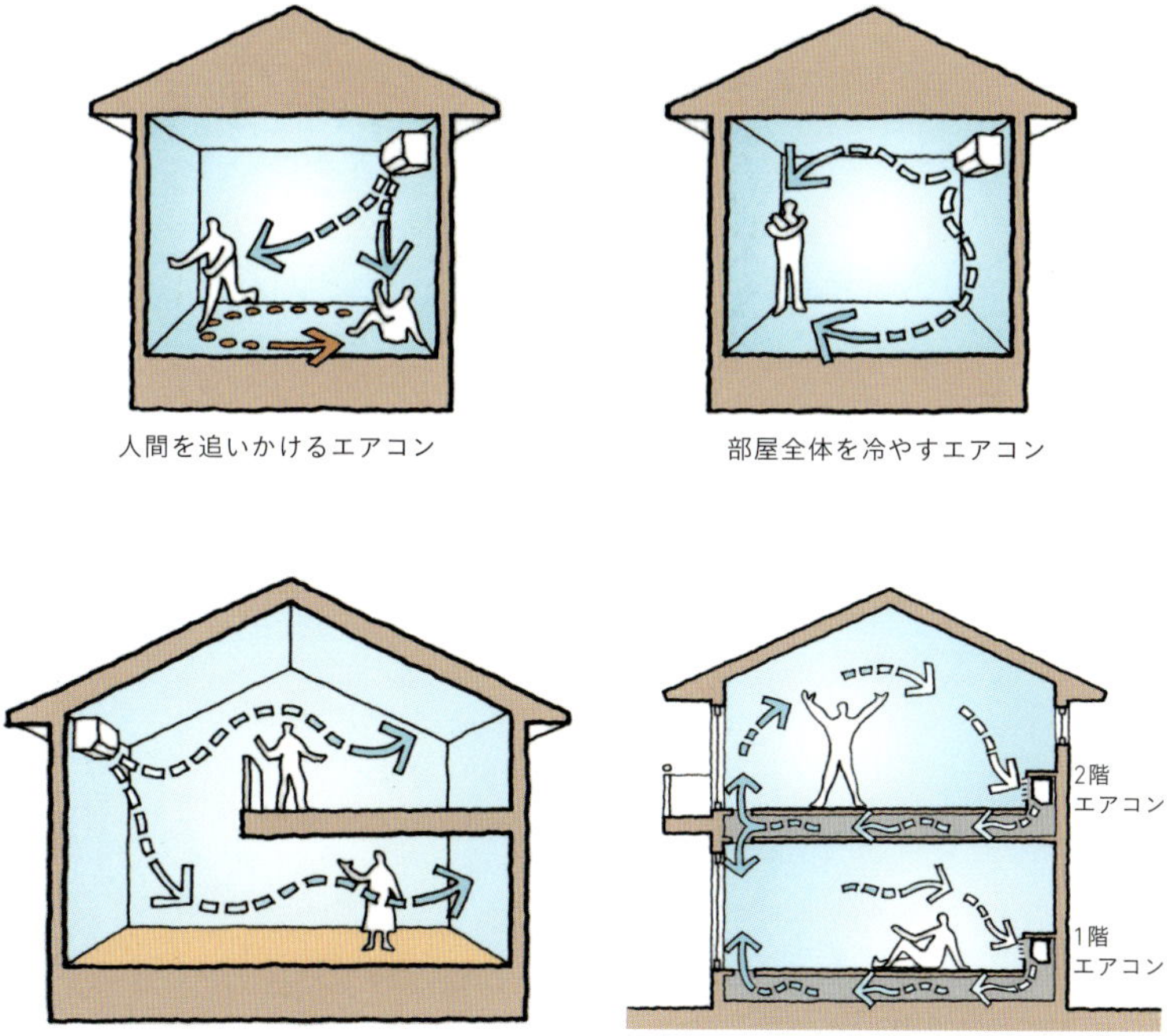

人間を追いかけるエアコン　　部屋全体を冷やすエアコン

全室冷房：吹抜け2階にあるエアコン　　快適な床下冷房

09 エアコンによる床下暖房と床下冷房

寒冷地の基礎断熱工法で床表温度の低下を改善する暖房方式として床下暖房が始まったことを第5章で説明した。温暖地では、寒冷地のように床下の水道凍結はないので基礎断熱は不要なのだが、発泡断熱材の外張り工法が基礎断熱だったためか、基礎断熱工法が意外に普及している。この住宅で床下暖房を採用しようとすると、なじみの少ないFFストーブやコストの高い**温水暖房***に変わって床下エアコンによる方法が自然に始まったようだ。

エアコンの設置に際しては、1階の空気を吸い込み全量床下に吹き出すようにエアコンを設置するのが重要だ。Q1.0住宅などの高断熱住宅では、2階まで暖かい空気が行き渡るように吹抜けやガラリ、欄間などを工夫すれば、エアコン1台で家全体が暖房できる。なお、2階のほうが、多少温度が低くなる傾向はあるが、温度分布はガラリや吹抜けの位置でだいぶ変わる。また、2階に居間があるような設計では、2階床下にエアコンをもう1台設置するのがよい。

＊**温水暖房**：熱源機で加熱した暖房用の温水を、暖房用のポンプで各部屋に設置した床暖房や放熱器などに循環させ、その熱を利用して暖房する仕組みのこと。1台の熱源機で部屋中を暖めることができる

図15　1階床下エアコンの仕組み

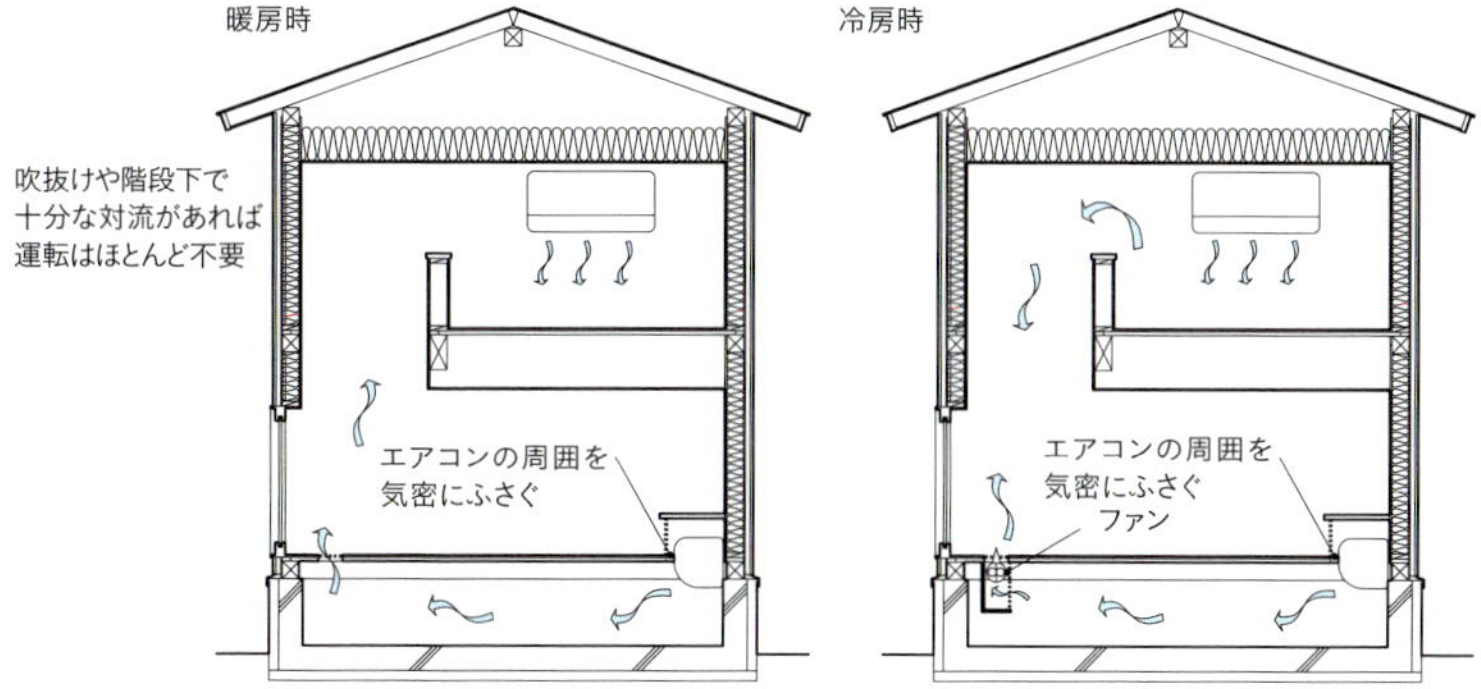

図16　1階·2階床下エアコンの仕組み

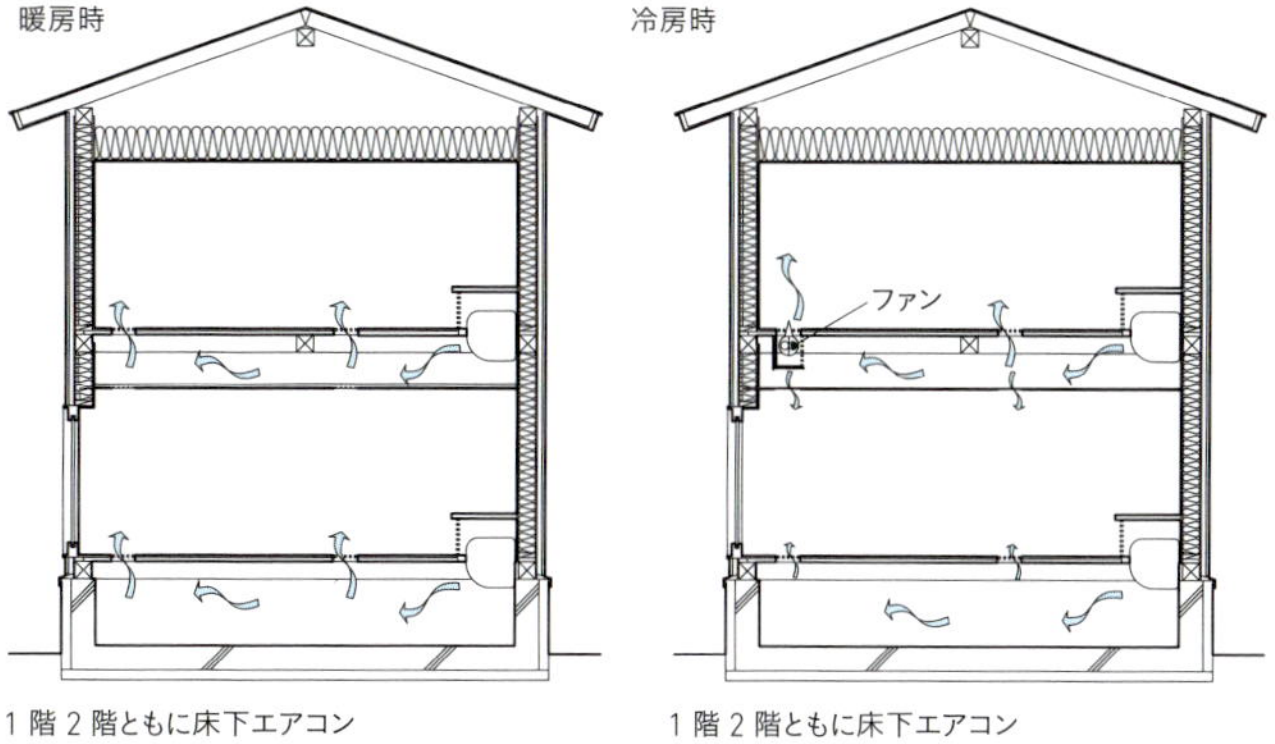

この考え方を冷房にも活用しようという試みを5～6年目から始めた。もともと、基礎断熱の床下が夏場に高湿度になるのを避けるために、エアコンを冷房で弱く運転している人たちもいた。ただし、床下冷房の場合、ガラリから出る冷風は上昇できずそのまま床付近に漂うこととなり、家全体を冷やすことができない。そのため、吹抜けや2階階段ホールにもう1台エアコンを設置して、吹抜けから冷気がゆっくりと1階に降りてくるような設計にする必要がある。

また、2階にも床下エアコンを設置して冷房するという考え方もあるが、この場合も冷気は下へと流れるため、2階の天井付近は十分に冷やされないかもしれない。床面の1部のガラリにファンを設置して、床下エアコンを冷房運転するときだけ冷気を上に持ち上げる方法がよいと思う。このガラリに取り付けるブースターファンはとても高性能で直流モーターと**シロッコファン***で、極めて細いスポット流を天井付近まで吹き出す。消費電力もとても少なく、使う価値がありそうである（写真3。デルタ電子製）。

床下エアコンの設置位置には、床上部～中間～床下の3つの位置が考えられるが、いずれもエアコン廻りをしっかりと気密して囲い、エアコンファンによる圧力が床下にかかるようにするのがよい。これでエアコンのショートサーキット運転が避けられ

***シロッコファン**：プロペラファンとは異なる、円筒状に細長い羽根を固定し、その円筒の中心軸にモーターを取り付ける。円筒の中心から空気を吸い込み外に吹き出すことで、強い圧力の風を送ることができる。

るし、柱状基礎などで床下開放をしなくても基礎全体に行き渡り、床下全体の温度が均一になる。当然エアコンから吹き出す風の通り道の上部は多少温度が変わるが、不快に感じることはない。

この1～2階床下エアコンという方法を、私は実際にはまだ試ていない。床表面温度を下げすぎると、日中家にいる主婦は足が冷たくなるという話も聞いている。また、間欠的に運転すると床下が冷えているために床下で結露が生じるという説もある。床表面温度を適当な温度にして、床全体の冷輻射も加味した快適な冷房システムになっていくとよいと考えている。

図17　床下エアコンの設置位置

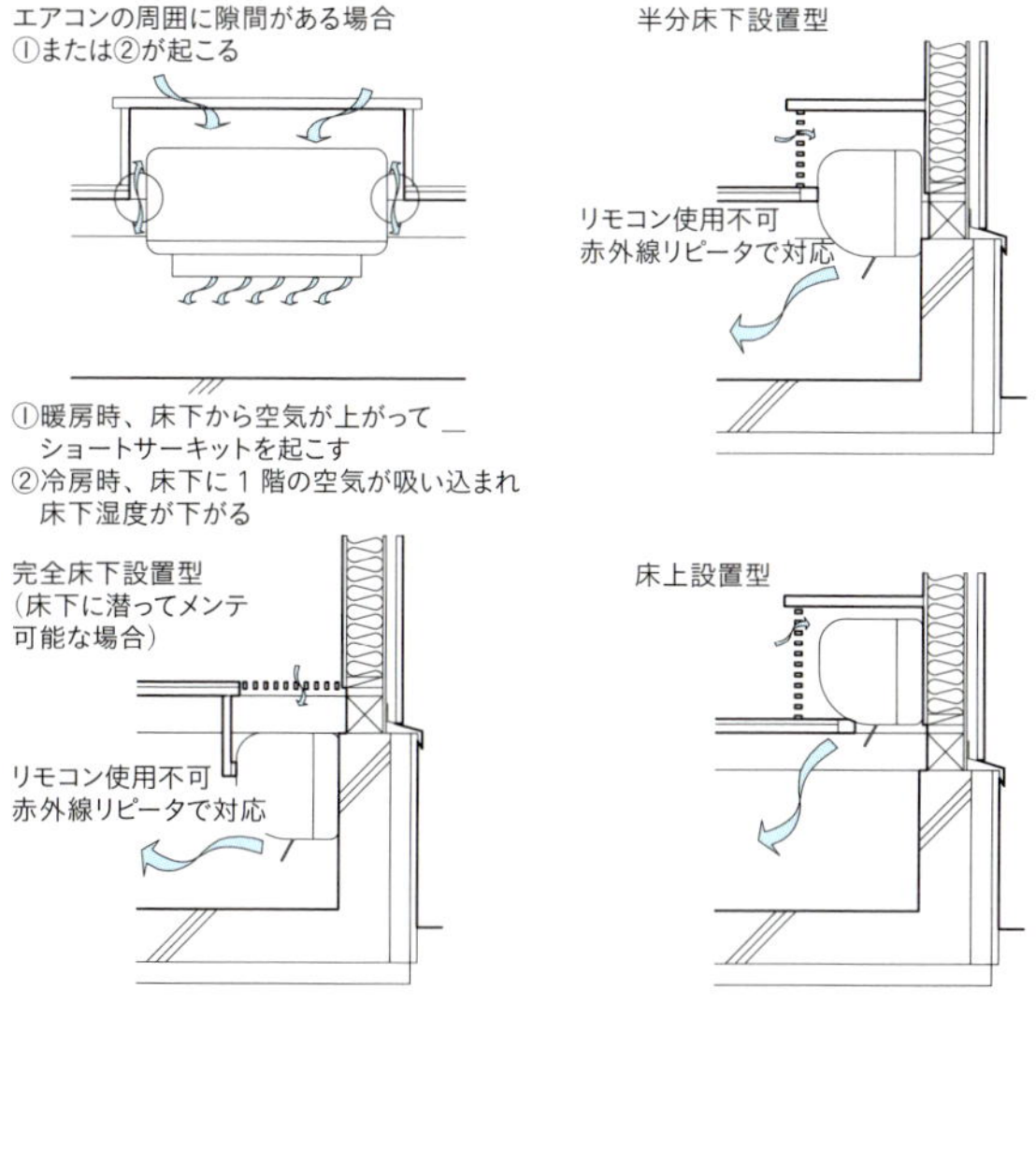
エアコンの周囲に隙間がある場合
①または②が起こる
①暖房時、床下から空気が上がって
ショートサーキットを起こす
②冷房時、床下に１階の空気が吸い込まれ
床下湿度が下がる
半分床下設置型
リモコン使用不可
赤外線リピータで対応
完全床下設置型
(床下に潜ってメンテ
可能な場合)
リモコン使用不可
赤外線リピータで対応
床上設置型

10 ダクトエアコン全室暖冷房システム

床下エアコンの暖冷房は、安価なエアコン2台程度で実現できる手軽さから、大きな関心を呼んでいる。設置する住宅は、基礎断熱で開放的な間取りであることが条件となる。一方で、床面のガラリから出る風量は制御しにくいため部屋ごとに温度を変えにくい、3階建てへの導入にはかなりの工夫がいるなど困難な点も多い。これらをクリアするために、本格的なダクトエアコンを使うことを考えていたが、従来こうした設備は容量が大きく、騒音レベルも高かった。また、本体価格も高いため、ダクト工事と併せて相当な金額になる。数年前にダイキンから住宅用ダクトエアコンの10畳用が発売され、これは使えると思い構想を練っていた（図18）。今回新住協会員の設計で採用が決まり、ダイキン、協立エアテックと共同で試験的な施工を試みた。

図19はその概念図である。2階をLDKとしたプランで、2階キッチンの天井裏にエアコン本体を設置し、1〜3階床下をチャンバー（空気室）としてそこに吹き出す方式とし、できるだけダクトを少なくした。このエアコンは3つの吹出し口をもち

図18　住宅用ダクトエアコン

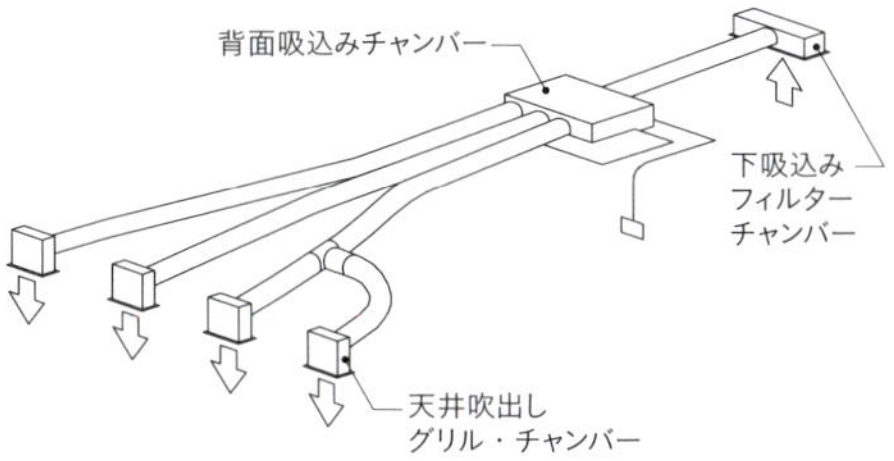

写真3　新型ブースターファン

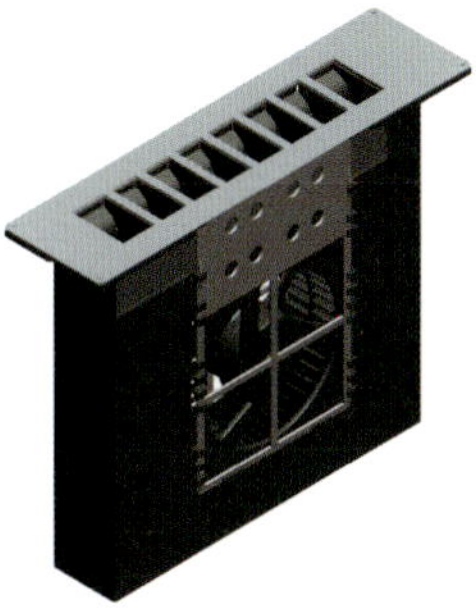

図19　ダクト暖冷房概念図

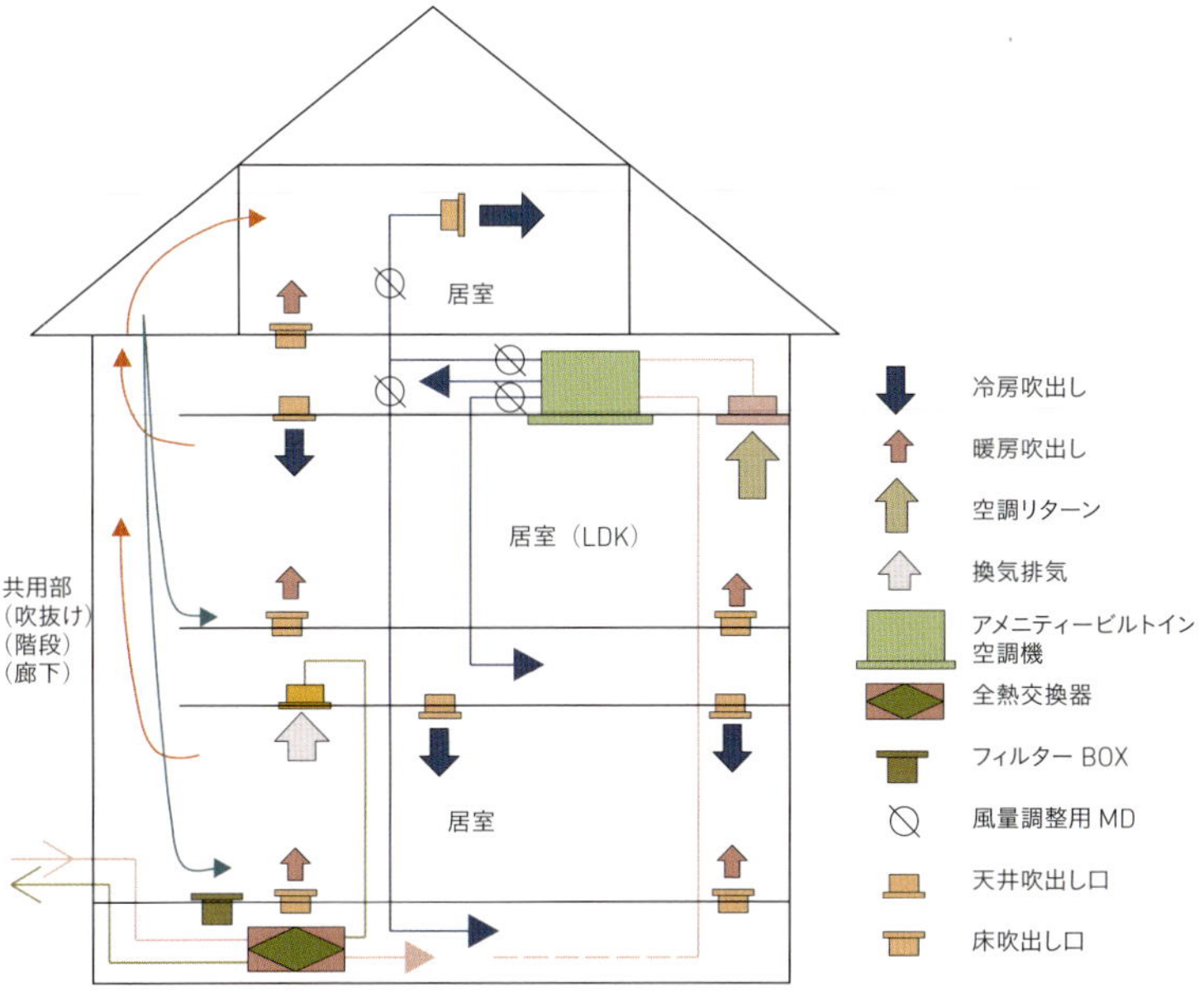

2つを3階床下・2階床下用とし、残りの1つを冷房時は3階の部屋に直接吹き、暖房時は1階床下に吹き出すような切替え式とする構想であったが、このシステムの採用・決定が遅かったため、縦ダクトのスペースが十分とれず、1階床下への吹出しは断念した。また熱交換換気もエアコンと直結する予定であったが、やはり設置スペースが足りず、床下に単独設置とした。ファン付きガラリ（写真3）も試験的に採用している。なお、床下をチャンバーとするため、冷房時、床下に面する外壁が冷やされることによる夏型結露を防げるように、外壁防湿層の内側に断熱補強を行った。

温暖地では、基礎断熱は必ずしも必要とされない。そもそも床断熱に比べてコストが掛かり、またQ1.0住宅のように暖房負荷の少ない住宅では、床下地盤に吸熱される現象も起こるため、基礎スラブ全面を断熱しなくてはならず相応の費用が掛かる。したがって、いまは住宅用ダクトエアコンを用いた床断熱住宅を模索している。実験段階ではあるが、床・天井の輻射暖冷房と風の動きをまったく感じないとても快適な環境が出来上がりつつある。本体からリターン取入れ口を離したことにより、音もほとんどしない。コスト的には50万～60万円程度で実現できそうである。快適性と設置自由度から十分普及してくと考えている（5章08参照）。

第7章

間違いだらけの日本の省エネ政策

政府の省エネ政策や政府が主導するZEHなどの基準住宅は、日本の住宅の省エネ化や快適性に貢献しているのだろうか。特に問題点が多いと思われる、ZEHと2020年の省エネ基準義務化の際に使われるWEBプログラムについて、その基準や仕組みを詳細に分析し、その問題点を明らかにする。

01 省エネ基準義務化とZEH政策の関係

制定から約20年近く経った次世代省エネ基準は、その普及率と要求される断熱レベルの低さによって効果を上げているとは到底思えない。高断熱・高気密住宅に住み始めて、全室暖房に近い生活を始めた人たちが増加した結果、増エネ基準と化している面もある。最新の平成25年省エネ基準では、断熱性能の基準を従来とほとんど変えない代わりに、2020年を目途に義務化するとされている。同時に一次エネルギーの計算も義務化するという。この計算はWeb上に公開されているプログラム（WEBプログラム）で計算することになるのだが、結構細かい内容を入力する必要があり、工務店や設計事務所も本腰を入れて勉強する必要がありそうだ。

このプログラムが登場して、この計算値を使ってゼロエネルギー住宅（ZEH）を定義し、経産省がリードする形でこれに莫大な補助金を出す制度が始まっている。住宅の消費エネルギーをできるだけ省エネ化を図り、残りを**太陽光発電***で賄うという計算上のゼロエネ住宅である。これは想像だが、経済産業省が近年、国交省主管の住宅

***太陽光発電**：太陽電池を用いて太陽光を直接的に電力に変換する発電方式。再生可能エネルギーのなかでも特に国が強く普及を促進しており、さまざまな補助金の交付や優遇政策が行われている。

分野での省エネが進まない現状に業を煮やしたからではないかとも思われる。このZEHを'20年には新築住宅の半数以上で実現し、'30年には新築住宅の平均で実現、'50年には全棟ZEHを実現することを目指すという。ただし、補助金がいつまでも続くとは思えないから、「本当ですか？」と言わざるを得ない。

どうであれ、ゼロエネルギーを標榜する省エネ住宅が多数建設されるのは望ましいことと思われるかもしれないが、いろいろな問題がある。これについては後述する。

そのZEHに対する補助金について、なんと国交省と経産省で基準が異なり、別々に補助金を出している。国交省は、住宅の性能は平成25年省エネ基準のままでOKとしたが、経産省は住宅の性能も平成25年省エネ基準よりは20％引き上げることを条件とした。国交省があれほど住宅の性能レベルの基準をあげないことにこだわっているのに対して、経産省があっさりその基準を引き上げたことに、私は内心喝采を送ったものである。

02 ZEHとQ1.0住宅どっちがえらい

私たちが推進しているQ1.0住宅は、一般住宅の暖房エネルギーを半分以下に削減する住宅である。一般住宅が寒さを我慢しながら必要な部屋を必要なときだけ暖房する「部分間歇暖房」であるのに対して、Q1.0住宅は平均室温18℃での「全室暖房」である。生活時間は20℃、就寝時は暖房を止めて、家全体、24時間の平均18℃で計算する。

地域によって目標レベルは異なるが、たとえば5〜7地域（山間部を除く南東北以南）では一番低いレベルでも省エネ基準住宅を18℃で全室暖房した場合に比べて暖房エネルギー40%以下とし、しかもコストは坪2万円以下で収められる。さらに坪1〜2万円ほどコストを上げればほとんど暖房を必要としない住宅をつくることもできる。しかし、ZEHは何しろ「ゼロエネ」である。暖房エネルギーだけでなく、住宅で消費するすべてのエネルギーがゼロにする。これでは誰が考えてもZEHのほうがえらいと思ってしまう。ところが経産省の資料を読んでみると、実はZEHは住宅の全エネルギーがゼロになるわけではないことが分かる。「換気・照明以外の家電と調理のエネルギーは除く」というのだ。これでは本当の「ゼロエネ」ではない。どうも、これらを含めるとなかなかゼロにならないため除いてしまったようである。何が何でも「ゼロエネ」というイメージをつくって政策を実現したいがための便法であるらしいことがうかがわれる。

多額の補助金がもらえるZEHを望むユーザーは多い。建築技術者としては実際にZEHをどのようにしてつくればよいか、どうすれば補助金がもらえるのかを分析的に把握する必要がある。それには、あの分厚い省エネ基準の解説書などの膨大な情報を読み砕く必要がある。私もまだ全貌を詳細に理解しているわけではないが、多少の分析的な解説を試みてみたいと思う。

03 試行錯誤する経産省主導のZEH

2015年12月に発表された経産省のZEHロードマップを見ると、概要は以下のとおりである。

❶平成25年省エネ基準の平均U_A値を強化する（ZEH基準）
❷WEBプログラムで、基準値に対して20％以上の省エネを実現する
❸この一次エネルギーを相殺する**太陽電池***を載せる
❹1～2地域では75％相殺の住宅をNearly ZEHと呼び、これにも補助金をつける

❶の省エネ基準の強化については、私としては大いに評価する。特に平成25年省エネ基準の最も甘かった5～7地域で31％も強化されている。もっともこれの実現は極めて容易で、平成25年省エネ基準ぴったりの住宅で検証してみると、5～7地域ではアルミサッシを断熱アルミサッシに交換したうえでガラスをLow-Eペアガラス（12㎜空気層）に替えるだけで実現する。北海道ではこのガラスが標準になっているので、アルゴンガス入りLow-E16㎜ペアガラスに変えるだけでよい。

＊太陽電池：光エネルギーを電力に変換する電力機器。電気を即座に出力する一方で、電気を蓄える機能をもたない。セルとも呼ばれ、セルを複数枚接続したパネル状の製品を、ソーラーパネル、ソーラーモジュールといい、都市部の住宅などでは屋根面に設置される。

❷では、そもそもWEBプログラムが、私たちには信じられないようなものである。暖冷房条件がいろいろあるが、全室暖房を目指すいわゆる高断熱住宅に対しては適合しない項目ばかりで、設備的な項目も疑問だらけの項目が並んでいる。あの厚い解説書にその内容が延々と記述されているのだが、どうもよく分からない。ZEHにとって最も大事な役割を担うこのプログラムについては後で詳しく述べる。

❸のZEHを実現するために必要な太陽電池を載せるためには住宅の屋根面積が大きくなければならない。ところが、全室暖房を目指す高断熱住宅でも間歇部分暖房を選択すると、太陽電池の必要面積が大幅に小さくなり実現しやすくなる。この住宅に住むユーザーが全室暖房をしてしまうとZEHにはならなくなってしまうのである。

❹がなかなか興味深い。この発表以前の昨年、新住協の北海道支部の会員の何社かがZEHに挑戦したのだが、達成には困難を極めた。実際にQ1.0住宅のかなりレベルの高い性能にする必要があり、相当コストの高いものになった。これでは'20年に全棟ZEHを公言した大手メーカーは困るだろうなと思っていたのだが、このNearly ZEH*でずいぶん楽になり一番低いレベルのQ1.0住宅以下でも実現するようになった。

*Nearly ZEH：ニアリーゼッチの読み、ZEHに準じた仕様をもつ住宅のこと。再生可能エネルギーを導入し、基準一次エネルギー消費量を75％以上100％未満の削減、20％程度の削減を求めている。現状では省エネ基準の1・2地域（主に北海道）のみ補助金の対象となっている。

04 WEBプログラムの不思議な内実

WEBプログラムでは、住宅で消費される電気や灯油、ガスなどのいろいろなエネルギーを一次エネルギーに換算して、それを地域ごとの代表都市で計算された基準値より小さくすることを求めている。建物の平均U_A値などの断熱性能に加え、効率の高い設備機器を用いることで住宅での省エネを強化しようという、どちらかというと経産省の意向に沿った規制だ。

しかし、計算してみると分かるのだが、今の新築戸建住宅で普通に用いられる設備(エコキュートやエコジョーズ、**LED照明***など)を選択すると、そのほかのさまざまな省エネのための選択肢を選ばなくても、基準値を超えることはなさそうなのである。省エネ基準でこの計算を義務づけて、設備の省エネ化を推進するという目的には何の働きもしないようで、やはり、このWEBプログラムはこの先のZEHをイメージして用意されたと思われる。

また、WEBプログラムを操作してみると、不思議な設定があることに気がつ

***LED照明**:発光ダイオード(LED)を使用した照明器具のこと。低消費電力で長寿命といった特徴をもつため、従来の白熱灯や蛍光灯からの代替が進められている。

く。暖冷房の設定が最初に出てくるのだが、高断熱住宅で全室暖房を選ぼうとすると、なんと**ダクト式全館暖房**＊しか選ぶことができない。オフィスなどで多く採用されるダクト式全館暖房は、エアコンを熱源としてダクトで温冷風を送る空調システムで、現時点では住宅で使われることはまれである。

また、寒冷地の高断熱住宅で最も一般的な温水パネルを用いる全室暖房を設定しようとしても、なんと居室のみ20℃連続暖房となり、居室以外のスペースは暖房されない設定になる。こんな住宅は誰も造っていない。同様にＦＦストーブやエアコンを選択すると、必ず間歇暖房になってしまう。要するに、温暖地の高断熱住宅でよく見られるような、吹抜けを介して居室と非居室が開放的につながった空間で、ＦＦストーブやエアコンを1～2台使う全室暖房はまったく選択肢にないのである。

連続か間歇かの運転方式が暖冷房機器によって決まることの不可解さもあるが、運転方式によって基準値自体が変わる点もまた、住宅性能を評価するという観点から見るとずいぶん不思議なことである。住宅の暖冷房の運転はユーザーが決めることで、設置された機器によって決まるものではないのである。

ＷＥＢプログラムを使って、省エネ基準住宅の地域ごとの暖冷房のエネルギーをグラフにしてみた（図1）。これを見てびっくりしたのが、居室のみ連続暖房した場合

＊**ダクト式全館暖房**：温風をダクトで各室に送り、家全体を暖める暖房方式。換気、冷暖房を兼ねる製品が多い。

の暖房エネルギーが、1地域を除くすべての地域で全室暖房より増えることである。この計算に用いられている120㎡のモデルプランでは、約1／3が非居室で、この部分を暖房しないぶん、全室暖房よりエネルギーが少なくなるはずである。どうも原因は、全室暖冷房はエアコンを使用し、居室のみ連続暖房はガスまたは灯油の温水暖房の設定になり、エアコンの効率が1地域は寒冷ということで低く見積もられているためらしい。冷房については全室暖房を選ぶと冷房も全室となり、それ以外では間歇冷房になる。全室冷房のエネルギーもずいぶん過大に計算されている。春秋の中間期には、窓を開けて冷房はしないことが考慮されていないようである。

また、私たちがQ1.0住宅の設計に使っている暖冷房エネルギー計算プログラム「QPEX」を使い、同じく省エネ基準住宅の室温20～15℃の設定で、各々全室暖房エネルギーをグラフ化したのが図2である。図1と図2はよく似ているが、図2の18℃全室暖房のエネルギーは図1の半分ぐらいしかない。WEBプログラムの暖房エネルギーはきわめて過大になっているような気がする。

図1　一次エネルギー計算プログラムによる暖冷房エネルギー基準値

	暖房方式		基準一次エネルギー（MJ/年）	冷房運転方式	冷房
	主な居室	その他居室			
1地域	住戸全体暖冷房		93,535	全室連続	2,401
北見	連続暖房	連続暖房	81,573	居室間歇	422
	間歇暖房	連続暖房	73,348	居室間歇	422
	連続暖房	間歇暖房	51,591	居室間歇	422
	間歇暖房	間歇暖房	43,366	居室間歇	422
2地域	住戸全体暖冷房		74,203	全室連続	2,161
岩見沢	連続暖房	連続暖房	72,996	居室間歇	444
	間歇暖房	連続暖房	65,010	居室間歇	444
	連続暖房	間歇暖房	45,940	居室間歇	444
	間歇暖房	間歇暖房	37,953	居室間歇	444
3地域	住戸全体暖冷房		61,956	全室連続	4,563
盛岡	連続暖房	連続暖房	65,686	居室間歇	866
	間歇暖房	連続暖房	57,729	居室間歇	866
	連続暖房	間歇暖房	40,118	居室間歇	866
	間歇暖房	間歇暖房	32,162	居室間歇	866
4地域	住戸全体暖冷房		64,838	全室連続	8,765
長野	連続暖房	連続暖房	67,055	居室間歇	1,467
	間歇暖房	連続暖房	57,161	居室間歇	1,467
	連続暖房	間歇暖房	41,436	居室間歇	1,467
	間歇暖房	間歇暖房	31,542	居室間歇	1,467
5地域	住戸全体暖冷房		55,232	全室連続	9,365
宇都宮	連続暖房	連続暖房	58,140	居室間歇	1,578
	間歇暖房	連続暖房	45,147	居室間歇	1,578
	連続暖房	間歇暖房	34,626	居室間歇	1,578
	間歇暖房	間歇暖房	21,633	居室間歇	1,578
6地域	住戸全体暖冷房		37,102	全室連続	23,294
岡山	連続暖房	連続暖房	44,002	居室間歇	4,331
	間歇暖房	連続暖房	33,364	居室間歇	4,331
	連続暖房	間歇暖房	26,033	居室間歇	4,331
	間歇暖房	間歇暖房	15,395	居室間歇	4,331
7地域	住戸全体暖冷房		19,932	全室連続	29,177
宮崎	連続暖房	連続暖房	23,924	居室間歇	4,778
	間歇暖房	連続暖房	17,934	居室間歇	4,778
	連続暖房	間歇暖房	14,323	居室間歇	4,778
	間歇暖房	間歇暖房	8,333	居室間歇	4,778

図2　QPEXによる省エネ基準住宅の設定温度別全室暖房エネルギー

	全室暖房設定室温	暖房負荷 kWh	暖房負荷 灯油ℓ(85%)	暖房負荷 MJ	20℃に対する%
1地域 北見	20℃	15,005	1,716	54,018	100.0%
	19℃	13,874	1,586	49,946	92.5%
	18℃	12,792	1,463	46,051	85.3%
	17℃	11,760	1,345	42,336	78.4%
	16℃	10,781	1,233	38,812	71.8%
	15℃	9,856	1,127	35,482	65.7%
2地域 岩見沢	20℃	13,248	1,515	47,693	100.0%
	19℃	12,119	1,386	43,628	91.5%
	18℃	11,051	1,264	39,784	83.4%
	17℃	10,045	1,149	36,162	75.8%
	16℃	9,099	1,040	32,756	68.7%
	15℃	8,227	941	29,617	62.1%
3地域 盛岡	20℃	11,947	1,366	43,009	100.0%
	19℃	10,767	1,231	38,761	90.1%
	18℃	9,660	1,105	34,776	80.9%
	17℃	8,627	986	31,057	72.2%
	16℃	7,664	876	27,590	64.1%
	15℃	6,733	774	24,239	56.4%
4地域 長野	20℃	12,184	1,363	43,862	100.0%
	19℃	10,895	1,246	39,222	89.4%
	18℃	9,710	1,110	34,956	79.7%
	17℃	8,602	984	30,967	70.6%
	16℃	7,569	865	27,248	62.1%
	15℃	6,610	756	23,796	54.3%
5地域 宇都宮	20℃	9,968	1,140	35,885	100.0%
	19℃	8,657	990	31,165	86.8%
	18℃	7,442	851	26,791	74.7%
	17℃	6,322	723	22,759	63.4%
	16℃	5,300	606	19,080	53.2%
	15℃	4,372	500	15,739	43.9%
6地域 岡山	20℃	7,430	850	26,748	100.0%
	19℃	6,365	728	22,914	85.7%
	18℃	5,375	615	19,350	72.3%
	17℃	4,460	510	16,056	60.0%
	16℃	3,632	414	13,075	48.9%
	15℃	2,855	326	10,278	38.4%
7地域 宮崎	20℃	3,981	455	14,332	100.0%
	19℃	3,275	375	11,790	82.3%
	18℃	2,626	300	9,454	66.0%
	17℃	2,033	232	7,319	51.1%
	16℃	1,496	171	5,386	37.6%
	15℃	1,014	116	3,650	25.5%

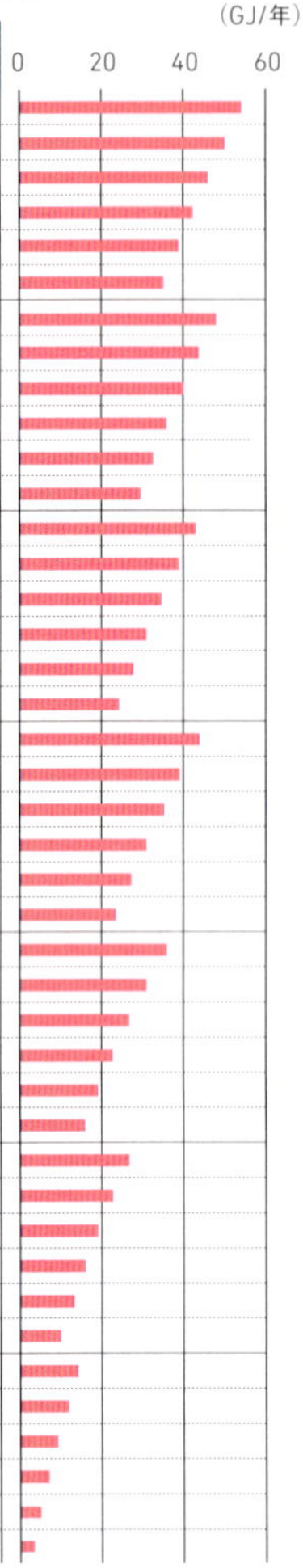

05 WEBプログラムの詳細

ここまで述べて来たWEBプログラムは正式名称を「エネルギー消費性能計算プログラム（住宅版）」といい、Web上で検索すると容易に見つかる。2020年に省エネ基準が義務化されると、このエネルギー計算も義務化するといわれている。最近では住宅についての省エネ基準の義務化は延期されるとの噂も出ている。ともかく、今はこの計算は義務ではないので、ZEHなどの申請を試みた人ぐらいしか実際に動かすことはないので、住宅関係者でも、詳細な内容を把握していない人が多いと思われる。ここで一通りの紹介と私の見解をまとめてみたい。

また実際の入力を行った結果のエネルギー消費性能についても、暖冷房エネルギーとその他の設備によるエネルギーについて計算した結果も合わせて紹介したい。

WEBプログラムの入力・選択項目の評価

WEBプログラムは、省エネ基準住宅の外皮平均熱貫流率（U_A値）や平均日射熱取得率を計算した後、当該住宅のエネルギー消費性能を計算するプログラムである。具体的には当該住宅の暖冷房、換気システムの動力、給湯、照明、調理、その他家電のエネルギーと、太陽光発電のエネルギーを一次エネルギーに換算して求めるプログラムで、WEB画面上の選択項目を指定し、数値を入力することで結果が得られるようになっている。入力・選択項目を一覧にしたものが表1である。

❶の基本情報では住宅の床面積に関して、居間・食堂・台所を主たる居室とし、その他の居室および非居室とに分けている。これは暖冷房エリアを決めるための設定である。私は、省エネ基準住宅は全室暖房を目指すのが当然だと思っているので、不要な項目である。

❷の外皮の数値入力はよしとして、通風、蓄熱の項目は適用させようとするとひどく面倒な計算が伴い、このプログラムに慣れている人でもここは適用しないで進めるという。このWEBプログラムは、計算結果が地域区分や暖房方法ごとに決められる基準値より低い値になれば0Kという判定で、あまり省エネを意識せずとも現在の新築住宅で使われる普通の設備機器を入力すれば、まず基準値を超えることはないようだ。したがって、省エネ基準をクリアすることだけが目的ならば、これらの項目を選択する必要はないようである。しかし、通風は冷房負荷を削減していくうえで重

要な項目であり、蓄熱は高性能住宅になると暖冷房エネルギー削減に相当効いてくる。敬遠されないためにはシンプルな入力に変える必要があろう。

❸の暖房方式では、全室暖房はダクト式セントラル空調しか選択項目がなく、普通の暖房設備を採用すると必ず居室のみの暖房になる。しかも連続暖房はパネルヒーターなどで、ストーブやエアコンを選択すると必ず間歇暖房になってしまう。

❹の冷房方式では、暖房と同様に全室冷房はダクト式セントラル空調のみで、普通にエアコンを選ぶと必ず間歇冷房になる。

❺〜❻の換気関係では換気動力の比消費電力（換気1m^3当たりの消費電力）を入力すればよいのだが、これを入力しないとデフォルトでずいぶん大きな数値になるので注意が必要である。

❼の給湯設備ではボイラーの熱源と機器の種類を選択して、その効率を入力するようになっている。当然だが、このほかに風呂追い焚きや給湯配管方式、水栓の種類などずいぶん細かな選択項目が設定されている。これらの省エネ効果については疑問もあるので、後で詳しく分析する。

❽の太陽熱給湯設備は、エネルギー消費量として大きい割合を占める給湯エネルギーを大幅に削減できる手法で、国を挙げて推進すべきと思うのだが、とても少ない

削減効果しか生じない設定である。これについても後で詳述する。

❾の照明は、LED、蛍光灯、白熱灯に分類されるようであるが、多灯分散照明とか、調光、人感センサーなどの細かい設定があり、これもまじめに考えると疑問を感じてしまう項目であろう。最近の住宅にはLED照明器具が普及しているので、この項目もLEDを選択するのが普通であり、これで相当の省エネが実現する。

❿～⓫の太陽光発電とコージェネは、設置する場合はそのまま入力すればよい。ただし、コージェネは機器の販売が少なく開発途上ということもあり、機器の品番を細かく問われる。

手間のかかるところを省けば、慣れれば10分程度で入力は終わる。ただし、多少なりとも住宅の省エネレベルを上げようと考え真剣に取り組めば、疑問が多々生じて考え込んでしまったり、資料をそろえるのに多くの時間を割く必要があったりする。

表1　WEB上のエネルギー消費性能計算プログラム（住宅版）Ver.2.1.1での入力・選択項目

❶基本情報	主たる居室、その他の居室の面積、住宅の全床面積、地域区分	
❷外皮	外皮面積、U_A値、暖房期・冷房期の日射取得率	
	通風の利用、蓄熱の利用、床下空間経由の換気	
❸暖房方式	住戸全体を暖房	ダクト式セントラル空調機（ヒートポンプ熱源）
	居室のみ暖房 （各項目で効率の入力を行う）	ルームエアコンディショナー、FF暖房器、パネルラジエータ 温水床暖房、ファンコンベクター、電気ヒーター床暖房 電気蓄熱暖房器、ルームエアコン付き温水床暖房器 その他の暖房設備機器
		暖房設備機器または放熱器を設置しない
❹冷房方式	住戸全体を冷房	ダクト式セントラル空調機（ヒートポンプ熱源）
	居室のみを冷房 （各項目で効率の入力を行う）	ルームエアコン、その他の冷房機器
		冷房設備機器を設置しない
❺換気設備の方式	換気設備の方式 （換気回数の入力）	ダクト式第1種換気（比消費電力の入力）
		ダクト式第2種または第3種換気（比消費電力の入力）
		壁付け式第1種換気
		壁付け式第2種または第3種換気
❻熱交換型換気設備	熱交換型換気設備の有無	温度交換効率、温度交換効率の補正係数の入力
❼給湯設備	給湯設備の有無	
	給湯熱源器の分類	給湯専用型・給湯温水暖房一体型・コージェネ型
	熱源器の種類 （各項目で効率の入力を行う）	ガス従来型・潜熱回収型、石油従来型・潜熱回収型電気ヒーター、電気ヒートポンプ（CO_2冷媒ほか）
	風呂機能の種類	給湯単機能・風呂給湯あり：追い焚きの有無
	配管方式	先分岐方式・ヘッダー式
	水栓	台所・浴室シャワー・洗面（2バルブ水栓・その他水栓）
		その他の水栓：手元止水・水優先吐水・小流量吐水の有無
	浴槽	高断熱浴槽の採用の有無
❽太陽熱利用給湯設備	太陽熱利用給湯設備の有無	太陽熱温水器・ソーラーシステム
		集熱面積・方位角・傾斜角・貯湯タンク容量
❾照明	照明器具の種類と その制御方式の有無	すべてLED・すべて白熱灯以外・一部白熱灯
		主たる居室：多灯分散照明方式・調光方式の有無
		その他の居室：調光方式の有無
		非居室：人感センサーの有無
❿太陽光発電	太陽光発電の有無	設置方位の数・パワーコンディショナーの効率
		システムの容量・太陽電池の種類・設置方式・
		方位角・傾斜角（設置方位ごと）
⓫コージェネレーション	コージェネレーションの有無	燃料電池・ガスコージェネ
		コージェネ機器の品番

06 WEBプログラムの過大な暖冷房費

図3は、暖冷房エネルギーに関して、2地域の代表都市に設定されている岩見沢と6地域の岡山について、WEBプログラム、QPEXそれぞれの計算結果を比較したものである。計算した住宅は、現行省エネ基準住宅、Q1.0住宅レベル1、Q1.0住宅レベル3である。

設定条件だが、暖房は岩見沢は居室のみ連続暖房として全室暖房に近い設定とし、高効率ではない普通の**灯油ボイラー**＊による温水パネル暖房とした。岡山はダクト式セントラル空調として、全室連続暖房（設定温度20℃）で暖房の効率は3.0とした。冷房は、効率は4.0である。WEBプログラムの計算では基準値も掲載した。QPEXの計算では、設定温度は、生活時間帯は20℃ではあるが、夜間は暖房を止め、納戸などは15℃程度を想定し平均18℃で全室暖房をするという設定である。居室のみ20℃連続暖房とあまり変わらないと考えた。

まず目につくのは岡山の全室冷房のエネルギーの大きさである。しかも、省エネ基

＊**灯油ボイラー**：熱源に灯油を使用して、水や液体を温める設備。温められた温水は調理や浴室のほか、床暖房やセントラルヒーティングなどにも使うことができるため、寒冷地を中心に普及している。

準住宅よりもQ1.0住宅のほうが、わずかに冷房エネルギーが増えているようにみえる。これは、冷房エネルギーの計算期間を暖房期以外の全期間、岡山では4~11月の期間、窓を閉め切って27℃設定で負荷計算をしているからであろう。春秋は普通に窓を開けエアコンを使わない期間でも、窓を閉めれば室温は27℃以上になり冷房負荷が発生し、より高性能なQ1.0住宅では、より大きな負荷となる。6~9月のエアコンが必要とされる期間だけで計算すると冷房負荷は当然ながら少なくなり、かつQ1.0住宅のほうが冷房負荷はずっと少なくなる。

WEBプログラムの暖房のエネルギー計算結果をみると、全室暖房のエネルギーが大きすぎるような気がする。QPEXの結果に比べてはるかに大きいのだ。QPEXの計算と実際の住宅での測定結果はそんなに大きな差がないことを考えると、過大な結果としか思えない。これは間歇暖房についてもいえ、WEBプログラムの間歇暖房とQPEXの全室暖房の計算結果はあまり変わらない。間歇暖房のエネルギーは暖房時間を減らした割合ほどには減らないのだが、それでも多すぎる。何よりも、全室暖房と居室のみ暖房、連続暖房と間歇暖房でいろいろな設定で計算できるのでは性能表示が複雑になる。この数値を使って部分間歇暖房で性能表示をした家で、居住者が全室連続暖房の生活をすれば、この**性能表示***はまったくの虚偽になってしまう。WEBプ

＊**性能表示**：住宅性能表示制度といい、耐震、断熱など主に10の項目に基づき住宅の性能を表示したもの。「住宅の品質確保の促進等に関する法律（品確法）」によって制度化された。長期優良住宅などを認定住宅や、住宅ローンや保険の優遇などの基準としても使われている。現行省エネ基準は性能表示の断熱等級4に当たる。

ログラムは住宅本体の性能を判断するためにあるのだから、暖房、冷房の方法は一本化すべきだ。

図3　暖冷房一次エネルギー

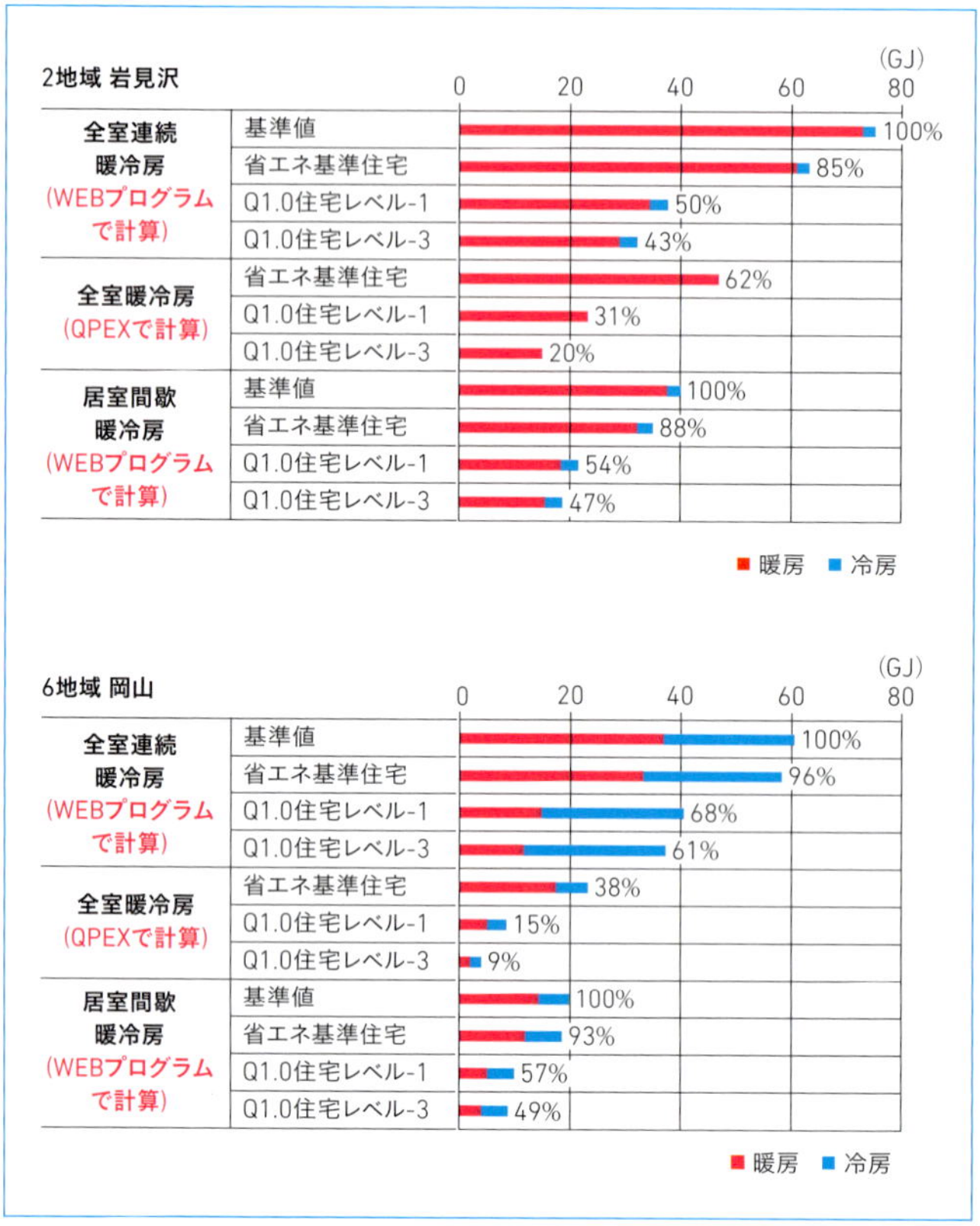

07 設備の消費エネルギー

さて本題の設備の消費エネルギーであるが、図4では換気動力、給湯、照明、調理家電の分類で計算している。調理家電は、床面積で決まる定数になっている。冷蔵庫やテレビの消費電力は省エネ化が進んでいるが、建築工事とは関係ないということだろう。グラフは上から順に

❶基準値
❷一般的な給湯ボイラーと給湯関係の設備項目を選択し、照明は白熱灯を使用しない設定
❸給湯の岩見沢では灯油ボイラーを高効率のエコフィールとし、その他の給湯に関する省エネ選択項目をすべて選択、照明も調光などの選択項目を選択
❹換気設備を省エネ化
❺太陽熱給湯を追加

という設定で、順番に省エネレベルを上げていった。岩見沢は灯油ボイラー、岡山

はエコキュートとしたが、水道水の水温が異なることも給湯エネルギーに差がある原因になっている

❷ですでに基準値より少なくなる。❸では岩見沢の灯油ボイラーの効率が10％高くなっている効果を含むが、岡山では給湯省エネの選択項目の効果だけであり、この効果がずいぶん高く見積もられていることが分かる。❹の換気動力は基準値が大きすぎるようで、直流モーターを採用した機器に設定するととても小さくなった。❺のソーラー給湯を導入した場合であるがその削減効果はあまり大きくない。

図3・図4の2つのグラフ、すなわち暖冷房エネルギーと設備によるエネルギーの比較であるが、全室暖房の場合、住宅の消費エネルギーは岩見沢でも岡山でも暖冷房と設備が半分ずつという結果である。省エネ化を進めると暖冷房エネルギーのほうが、省エネ効果が大きいということが分かる。QPEXの計算結果でも、暖冷房エネルギーは設備より小さくなるが、省エネ効果はかなり大きい。ところが、間歇冷暖房と設備を比べた場合、設備の省エネ効果のほうが大きくなる。これから日本の住宅の省エネ化を進めるうえで、省エネ基準住宅での全室暖房がどのくらいになるかが政策判断の分かれ目になるということだろうか。いずれにしても暖冷房エネルギーを過大に見積もっていたのでは何の参考にもならないことははっきりしている。

図4　設備による一次エネルギー

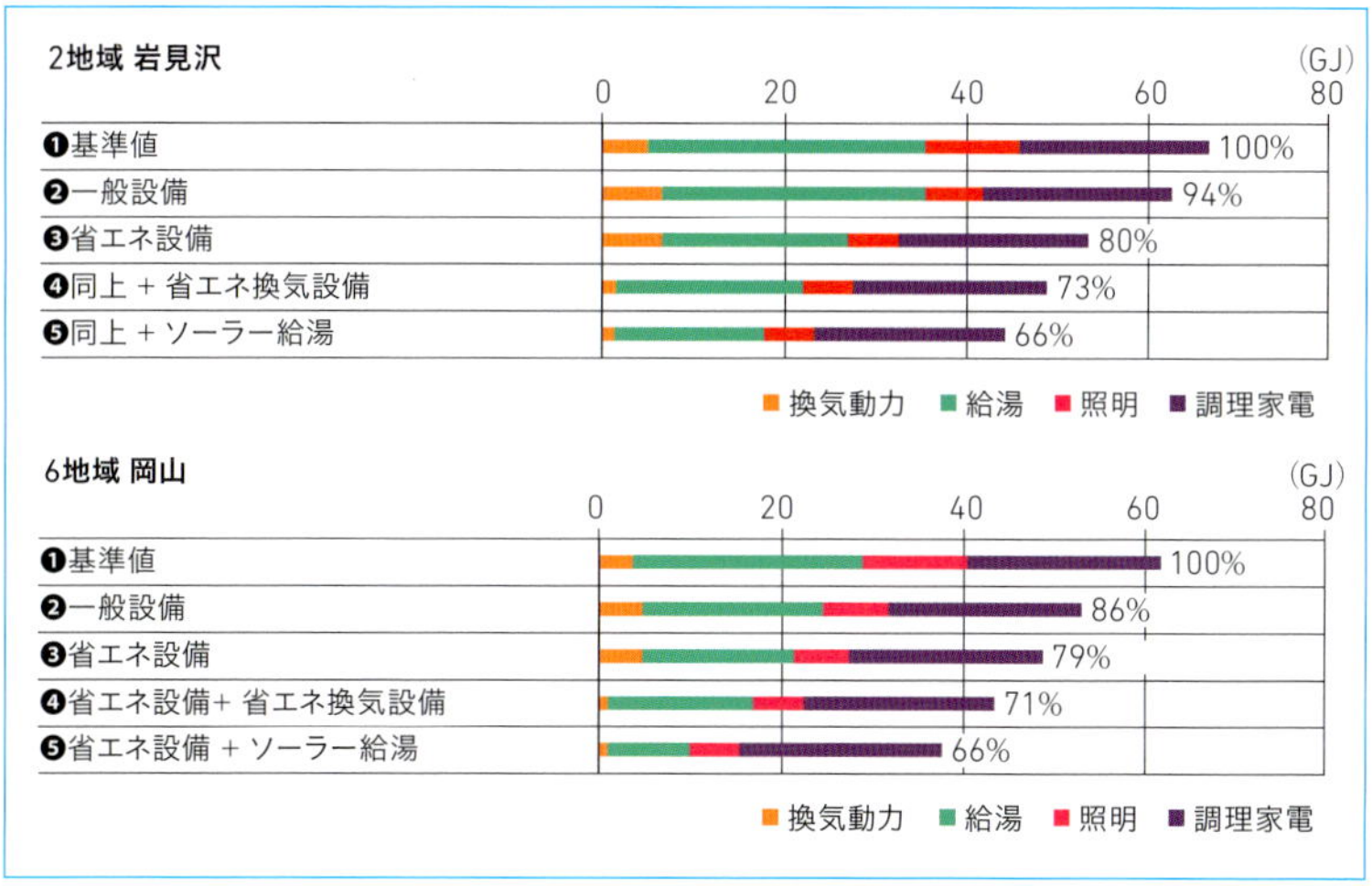

図5に給湯に関するもう少し詳細な分析グラフをまとめた。給湯のボイラーの効率別に基準値と比べたグラフでは、給湯の基準値がかなり厳しい数値になっていることが分かる。効率85%のボイラーではわずかに基準値を上回っている。最も省エネ基準適合かどうかはすべての項目の合計で判断されるのでここで基準値を超えても問題にはならない。エコキュートのエネルギーが一番少ないことが分かる。もっとも、岩見沢のような寒冷地では、冬の効率が極端に落ちるので、通年で効率は3以下になるとも考えられる。さらに、一次エネルギーではなく二酸化炭素の排出量で省エネ評価をすれば必

ずしもこうはならないかもしれない。二酸化炭素排出量では灯油よりガスのほうが遥かに少なく、電気も多少変わるようである。

給湯のそのほかの選択項目による給湯エネルギーの削減率のグラフを見ると、グラフの各選択項目別にどのくらいかが分かるが、水優先水栓や手元止水水栓がこれほどの削減効果があるとはとても思えない。ユーザーの考え方一つでこの項目は大きく変わるだろう。効果を過大に見積もってこうした設備の普及を促そうという魂胆が丸見えである。このなかで**高断熱浴槽***の削減効果が少ないが、実際はお湯が冷めにくくなり、追い炊きではなく差し湯で十分になることが予想され、効率の極端に悪いボイラーの追い炊き機能を同時にやめればこの効果はとても大きくなるのではなかろうか。

最後に、**太陽熱給湯***の削減率であるが、これは岡山でのソーラーシステムを採用した場合で、コレクター面積4㎡、集熱タンク200ℓとしてWEBプログラムから算出したものである。動力を使わない屋根上温水器の場合は、動力分だけ効果が大きくなるようだ。

それにしても設置傾斜角が違っても削減率が変わらずわずか20%というのはどうもこれまでの常識から大きく外れた数値である。10年ほど前までNEDOのホームページでダウンロードできた太陽熱給湯の集熱量の計算表では、給湯負荷が50%近く削減さ

＊**高断熱浴槽**：浴槽や蓋に断熱材を充填した製品で、お湯が冷めにくいため追い炊きの回数を減らすことができる。

図5　電気・灯油・ガス・太陽熱などの給湯設備の一次エネルギー比較

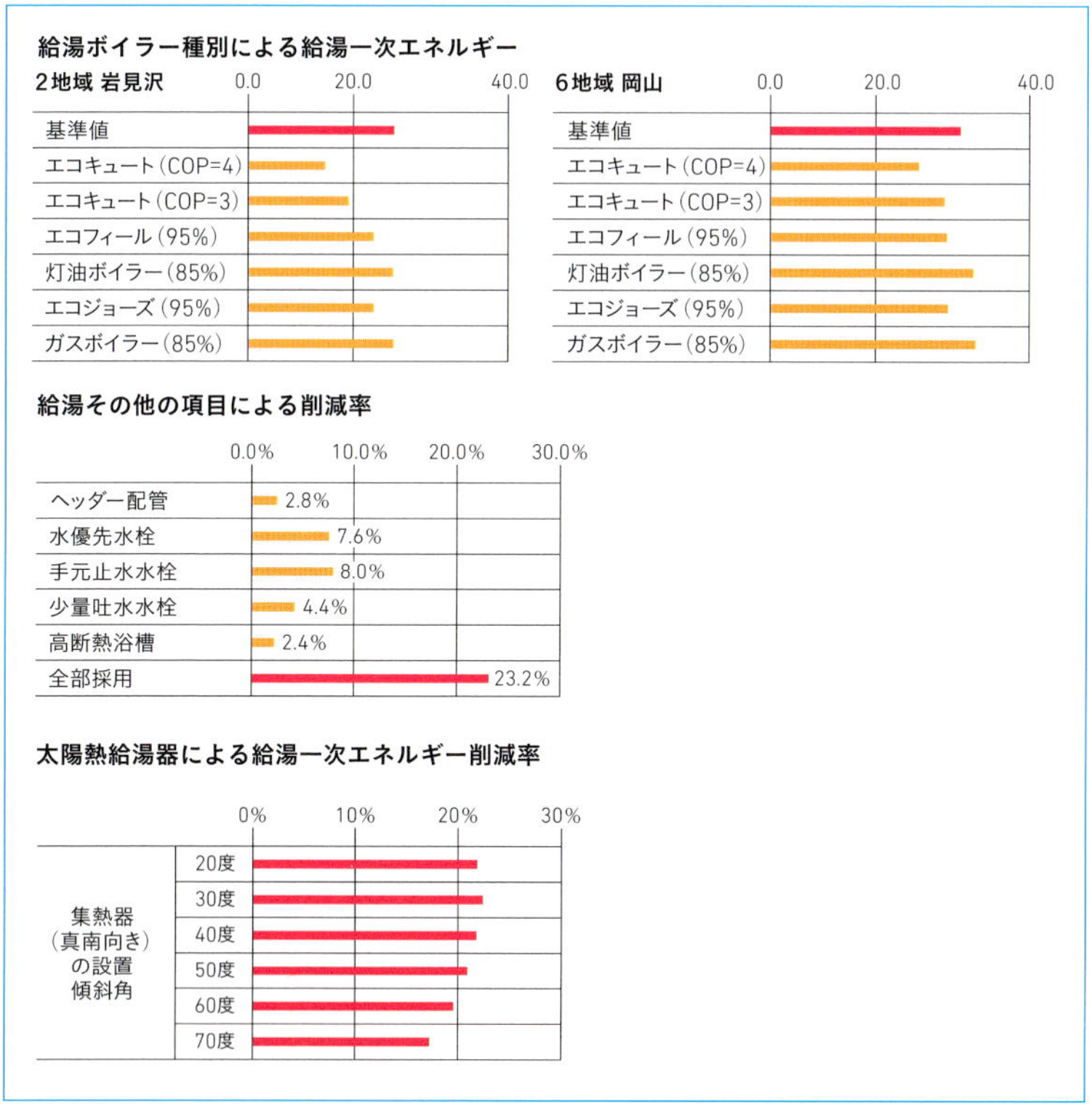

＊太陽熱給湯：太陽エネルギーを利用して温水をつくり出す設備。太陽の放射熱を集める集熱器とタンクで構成され、給湯や暖房などに使用される。太陽光発電に比べてエネルギー効率がよく、また仕組みも簡易なため壊れにくい特徴をもつ。

れるようになっていたはずである。不思議で仕方がない。

日本では太陽熱給湯設備はすっかり廃れてしまって、販売している会社は数社しかない。それをこのように効果がないという判断では、ますます廃れてしまう。価格の安い**屋上太陽熱温水器***も今では珍しくなった。しかし販売しているメーカーは多少なりとも技術開発を進めているようである。エコキュートと組み合わせた製品も開発され販売されている（図6）。エコキュートとガスボイラーとを組み合わせたハイブリッドなんとかよりははるかに効果がありそうである。

中国では住宅などでの省エネの強力な手法として太陽熱給湯が相当普及し、ヨーロッパからの技術導入で真空管式のコレクター（平板コレクターより効率が1.5倍になる）がとてもローコストで製造され、日本にもわずかではあるが輸入されている。一方で日本の同種のコレクターを製造していたメーカーはすでに辞めてしまった。ヨーロッパではこうした中国製のコレクターを輸入し集熱タンクの技術開発が進められ、多くのメーカーが製造販売している。図6❸はヨーロッパ製の暖房給湯機能を持つ500ℓ級の大きなタンクである。日本でもこうした技術開発が復活することを願う。エコキュートや太陽熱の集熱タンクがあると、災害時に断水しても大量の水が確保でき、お湯も使えるのだ。

＊**屋上太陽熱温水器**：屋上に設置する太陽熱給湯で、かつて日本全国で普及した。

図6　太陽熱給湯設備の新しい取り組み

❶ヒートパイプ式真空管コレクター（中国）

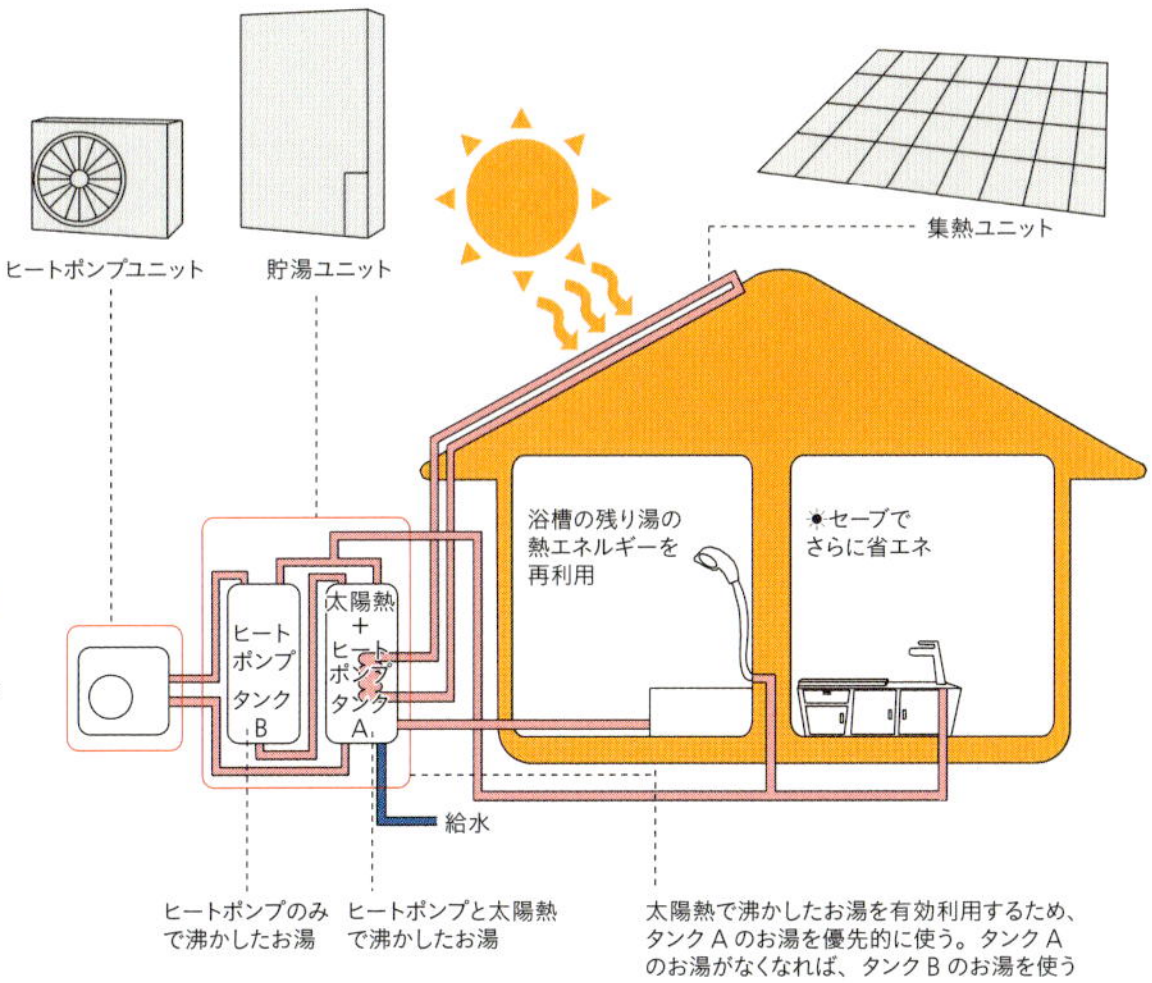

❷エコキュートと太陽熱給湯システムの組み合わせ
［浴槽の残り湯の熱回収も可能］（長府製作所）

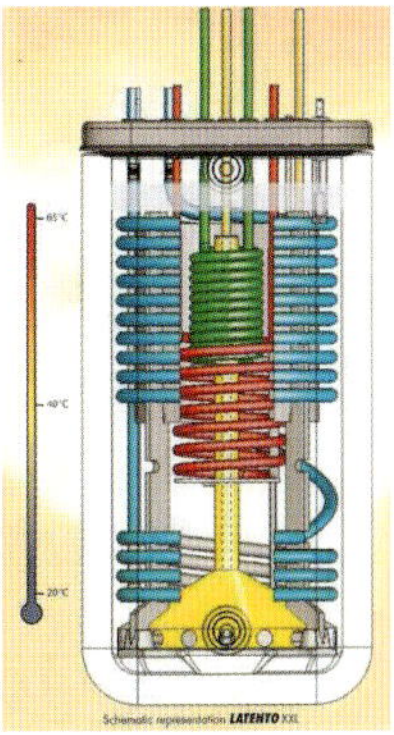

❸暖房・給湯用太陽熱集熱タンク（ドイツ）

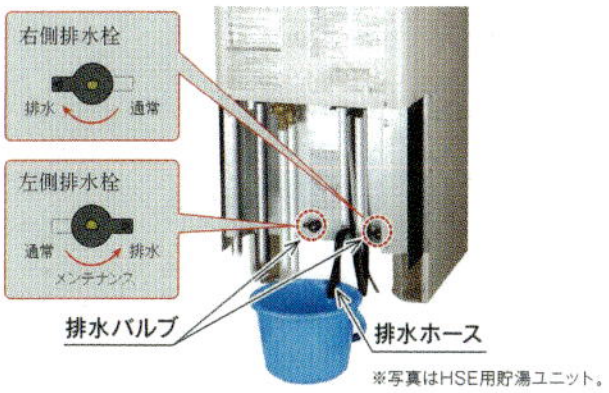

❹集熱タンクのお湯を断水時に使える仕掛け（長府製作所）

❺簡便な屋根上設置の太陽熱温水器（長府製作所）

08 全室暖房で住宅性能を評価しないわけ

全室暖房を日本中に普及させることを国交省はずっと避けてきた。全室暖房を寒冷地だけで容認し、その他の地域では間欠暖房を想定してきたのであるが、実態は温暖地でも全室暖房に近い生活をする人が多かったのである。しかし今回、一次エネルギー計算で評価するのは設備を含めた住宅本体の性能であり、そこに住む人たちの生活様式・暖冷房方式ではないはず。住宅性能を評価するのなら、最もエネルギー消費の大きくなる全室暖房に統一して評価する必要がある。

それをやると省エネ基準住宅の暖房エネルギーが大きくなって省エネ法上不都合なのかもしれないが、ならば設定温度を18℃位にして、一次エネルギーの計算が過大な値になっているのを是正すればよいのだけである。なお、WEBプログラムで使われている熱負荷計算用ソフトのSimHeat*より、私たちのQPEXのほうが、多少大きな値を示すことは確かめられている。それにも関わらず一次エネルギーの基準値がこれほど大きな値を示すのは、どこかに間違いがあるとしか思えない。

＊SimHeat：熱負荷計算プログラムで、窓開け・換気口などによる自然換気（通風）量計算機能ももつ。建築環境ソリューションズが開発・販売している。

図7は2地域（代表都市：岩見沢）、3地域（盛岡）、6地域（岡山）の各地域で平成25年省エネ基準住宅とZEH基準住宅について、電気を熱源とした場合の一次エネルギーの計算結果と、ZEH実現のための太陽光発電パネルの容量を求めたものである。ZEH基準が効果を上げていることがよく分かる。やはり設定を間欠暖房としないと太陽光発電パネルの容量が大きくなり、ZEHの実現は難しくなるようだ。灯油やガスを熱源とした住宅でもほとんど同じ結果が得られる。北海道はNearly ZEHによって見事に緩和され、3地域が最もZEHの実現が難しいことも示されている。

ZEHの申請を多数行っている人の話によると、ZEHを安くつくるためのポイントは次の2点だという。

❶開放的なプラン（吹抜けのある居間や居間から階段で直接2階に上がる設計、廊下と居間の間にドアのない設計など）をつくると、主たる居室に廊下やホールが含まれて面積が増え、暖房と照明のエネルギーが増え、太陽光発電パネルの必要量が増えるので避けたほうがよい

❷暖房はエアコンやFFストーブを選び、間欠暖房にすると、暖冷房エネルギーが大幅に減るので太陽光発電パネルが小さくて済む

岡山（6地域）

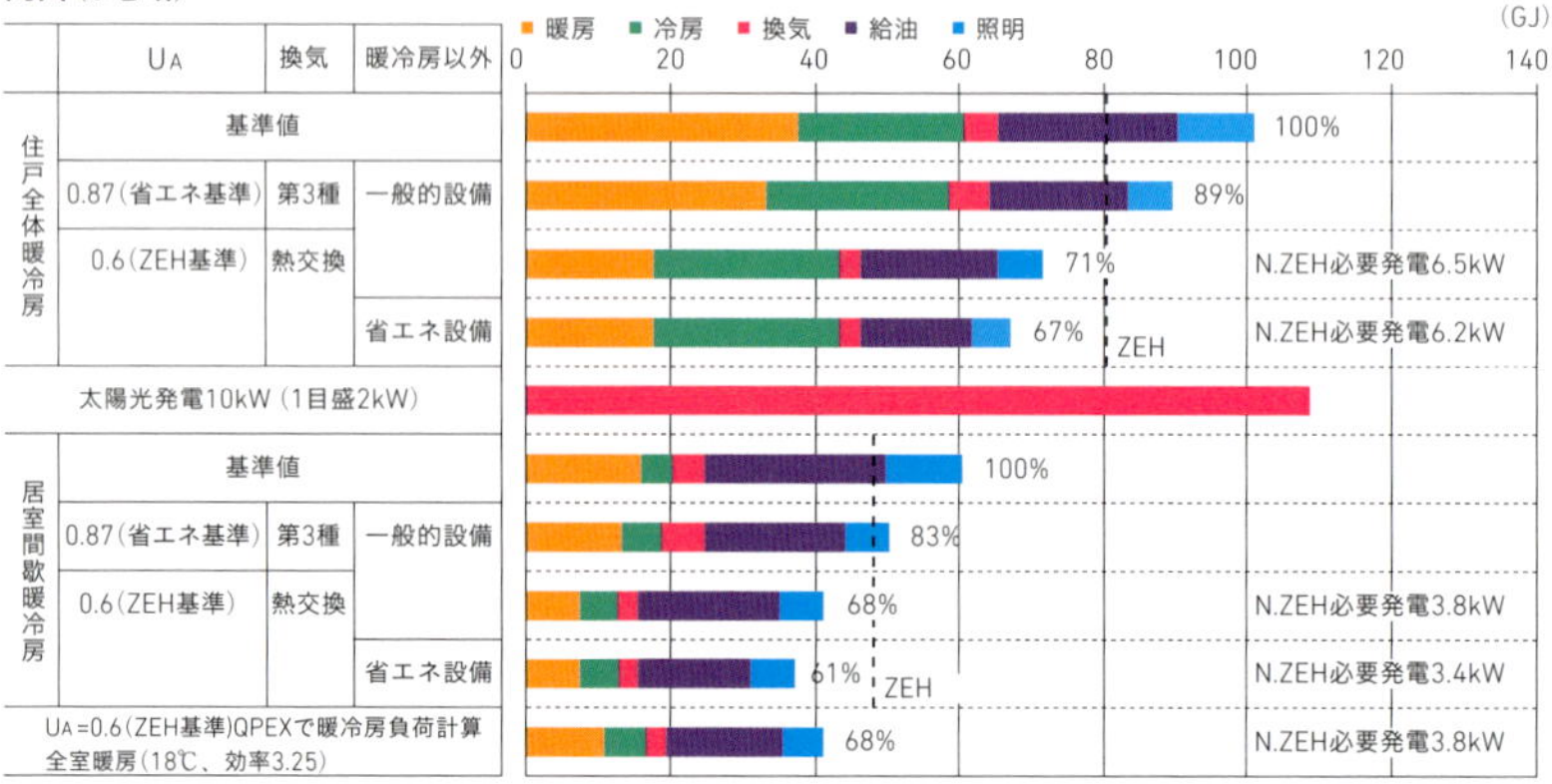

これでは開放的な高断熱住宅の設計はできなくなり、実際の快適性とはほど遠い閉鎖的な住宅ができてしまうことになる。この設定通りの生活をすると住宅内に大きな温度差が生じ、快適にならないばかりかヒートショックの問題が生じてしまう。

同じ外皮性能で、QPEXで計算した全室暖房と、WEBプログラムで計算した間欠暖房のエネルギーを比較してみると、ほとんど同じであることが分かる。要は、WEBプログラムの暖房エネルギー計算がおかしいのだ。

図7　2·3·6地域における平成25年省エネ基準住宅とZEH基準住宅の一次エネルギーと太陽光発電パネルの容量

岩見沢（2地域）

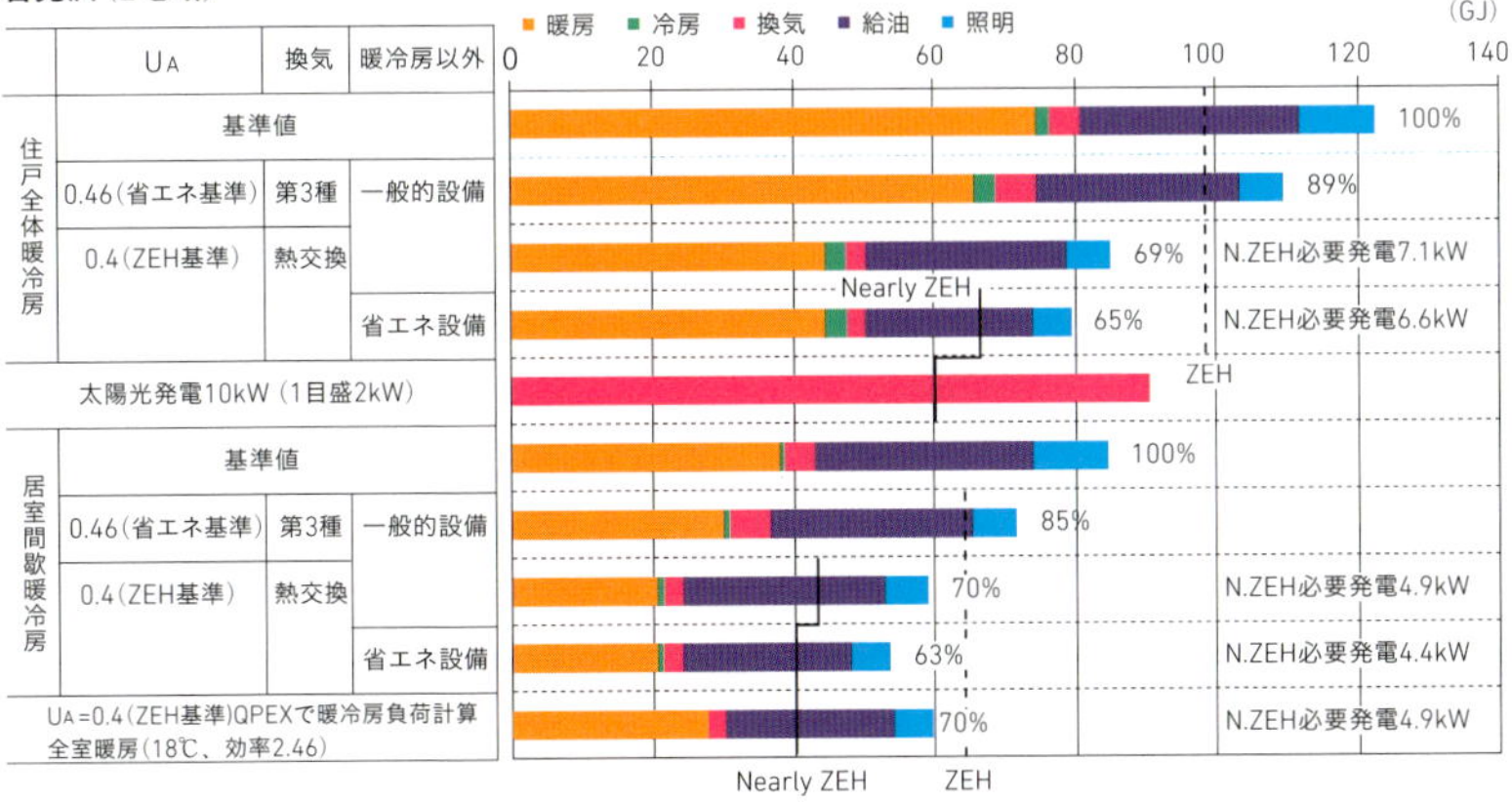

盛岡（3地域）

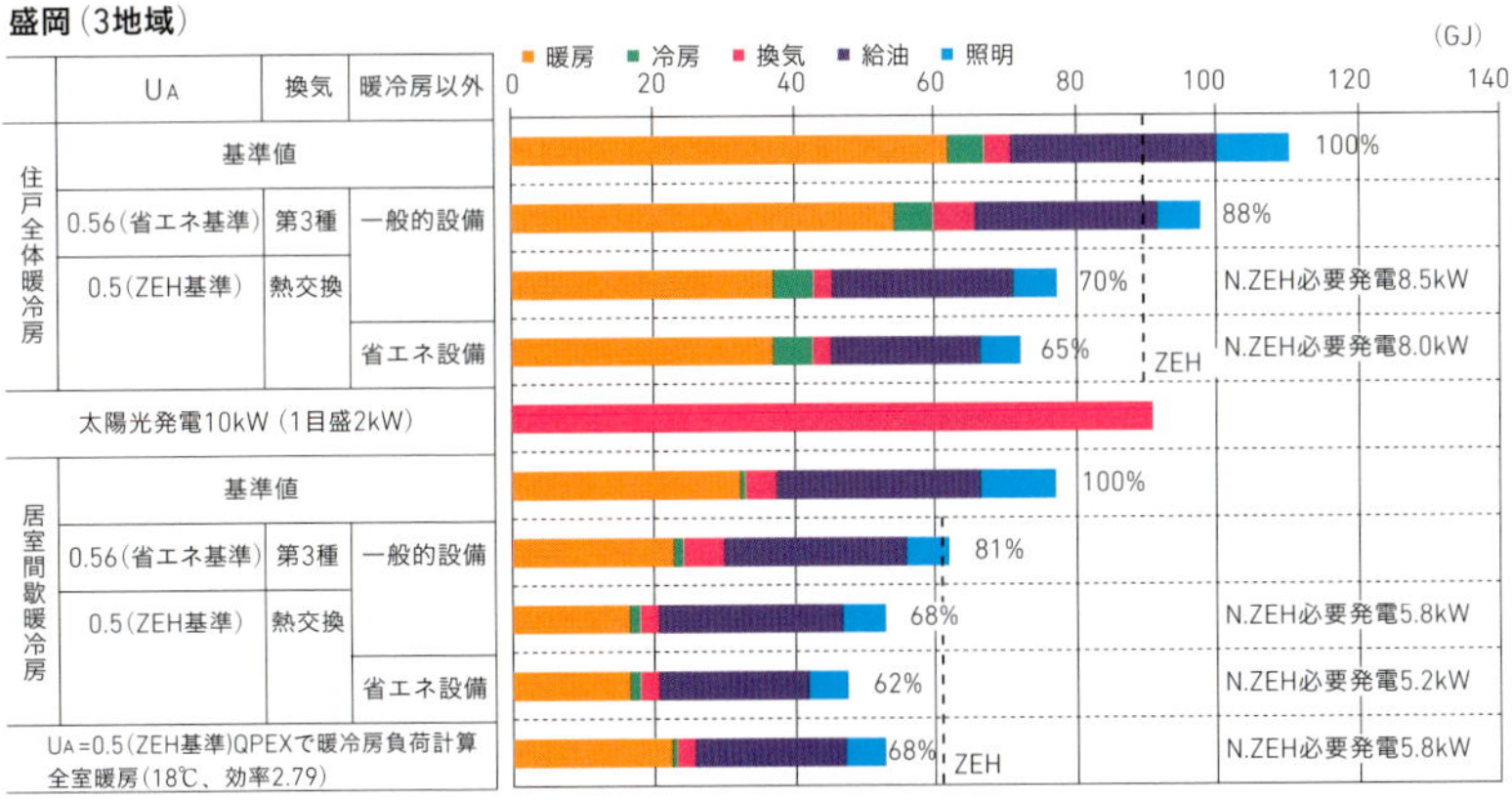

09 義務化するなら基準を明快にすべし

2020年の省エネ基準の義務化、そしてZEHを推進するという政策は、日本の住宅の省エネ化を大手住宅メーカーも巻き込みながら推進するには必要なことなのかもしれない。しかし今の基準では、閉鎖的なプランを押しつけられ間歇暖房で申請したZEHに住む居住者が、連続暖房の生活を始めたら途端にZEHではなくなるという偽装ZEHが建てられるのは確実である。

居住者の生活ではなく、住宅そのものを評価するためにも、冷房は間歇運転としても、暖房エネルギーについては全室暖房に一本化する必要がある。このように単純化することで、省エネ基準の解説書が数百ページ薄くなる。義務化するための必須の条件として、単純明快な基準書をつくらなければならないと考える。

私たちは、ZEHをつくるなら、家電と調理のエネルギーを除いてネットゼロということではなく、家電と調理のエネルギーも加えて本当にネットゼロエネルギー住宅になる「Real ZEH*」の建設を目指そうと思っている。住宅の性能をQ1.0住宅レベ

*Real ZEH：新住協が提唱するZEH（ネットゼロエネルギーハウス）の基準で、リアルゼッチと呼ぶ。ZEHは年間の一次消費エネルギー量の収支をプラスマイナス「ゼロ」にする住宅を指すが、一次消費エネルギーに家電を含んでいない。Real ZEHは家電を含む一次消費エネルギー量の収支をプラスマイナス「ゼロ」にする住宅を指す。

ル3ぐらいにすると十分可能である。しかも極力太陽光発電パネルの容量の少ないかたちで考えている。そして太陽光発電パネルを搭載しなくても「Real ZEH」と呼びたい。太陽光発電パネルを搭載するかどうかは、住宅の性能にはほとんど関係ないのである。お金があれば太陽光発電パネルはいつでも載せられる。

太陽光発電パネルによる電力の高額買い取りはいずれ終わるはずである。それでも効果の大きなReal ZEHなら、その価値を失うことはない私は確信している。

10 結局省エネ基準はどうあるべきか

❶省エネ基準本体について

平成11年の次世代省エネ基準の時から一貫して主張しているのだが、基準となっている断熱レベルが低いため、増エネ基準にしかなっていない。かつて断熱性能の低い家で寒さを堪え忍んできた人々が、省エネ基準住宅＝高断熱高気密住宅になったということで、家中が暖かく快適な全室暖房に近い生活を望んだ結果、暖房エネルギーが増えているということをもっと認識すべきであろう。このエネルギー増は、5〜7地域（山間部を除く関東以南）で顕著である。その点では今回経産省が打ち出したZEH基準には注目すべきであろう。断熱厚さは現行の省エネ基準そのままで、開口部の性能を上げるだけで達成できる。

具体的には、アルミ樹脂複合サッシにアルゴンガス入りLow-Eペアガラス16㎜に替えるだけでよい。断熱材を厚くすることに反対している大手住宅メーカーも対応しやすい。1〜4地域（東日本山間部および東北以北）もガラスをこれに変えるだけで十分だ。全室暖房に近い生活でも、この基準なら暖房エネルギーはあまり増えないで済む。

今回の義務化と同時に省エネ基準のレベルを上げることは、各業界団体の反対も多く難しいと思われるが、せめて推奨基準としてはっきりと方向性を打ち出してほしいと考えている。

❷一次エネルギー計算プログラムについて

最大の問題は、住宅性能を評価するのに、暖冷房方式として全室・部分、連続・間歇が想定されていることである。しかもそれが暖冷房設備の種類によって自動的に決まるようになっており、何を評価しているのか分からない。エアコン1〜2台で全室冷暖房をする住宅も多いのだが、エアコンを設定すると必ず部分間歇冷暖房の計算をしてしまうのである。

私は、生活温度20℃、住宅全体24時間の平均温度18℃の全室暖房と、春秋の冷房を使わない期間を除いて外気温が27℃を超えたときだけ全室冷房という設定で計算するのがよいと考えているのだが、もちろん、このような計算は現行のＷＥＢプログラムではできない。住宅本体の性能を比較するには暖冷房方式は1つに絞るべきだと考える。それ以外は設備を選択すればよく、すこぶるシンプルになる。

この条件で試算すると、全室冷暖房のエネルギーは、現行のプログラムで部分間歇冷暖房をしたときとあまり変わらない数値になる。そのため、快適性・健康被害などを考えて、やがて実現していくだろう全室冷暖房を、省エネ基準で住宅を評価するときの暖冷房方式としたいのである。

全室冷暖房に決めれば、エネルギー消費量の少ない部分間歇冷暖房で計算した家でZEHの補助金を受け取りながら、実は全室冷暖房の生活をするとZEHではなくなるという「偽装ZEH」の問題もなくなる。

その他の細かい設備的な手法については誘導的な措置として並べることは構わないが、住宅の通風関連はあまりにも面倒くさすぎる。また、日射遮蔽もあまり盛り込まれていないが、両方とも簡素に誘導的な基準を打ち出すべきではないか。ほかに、太陽熱給湯設備の評価が低すぎるのも大きな問題で、太陽光発電とともに住宅省エネ設備の目玉として、早急に見直してほしいと思っている。

20年ぶりに義務基準に生まれ変わる日本の住宅の省エネ基準は、地球環境問題に対処するために省エネを推進しつつ、国民に快適で健康的な生活を提供できる住宅を示していくことが本来の目的であるはずである。細かいことを議論してきたが、真に実効のある、そして日本国民が納得できる基準にして欲しいと願っている。

用語索引

あ

圧損（あっそん） 119
アルゴンガス 158
アルミ樹脂複合サッシ（アルミじゅしふくごうサッシ） 148
一次エネルギー（いちじエネルギー） 126
エアコン 171
エコジョーズ 196
FFストーブ（えふえふストーブ） 182
LED照明（えるいーでぃしょうめい） 256
OSB（おーえすびー） 83
オール電化住宅（オールでんかじゅうたく） 92
屋上太陽熱温水器（おくじょうたいようこうおんすいき） 274
温水セントラルヒーティング（おんすいセントラルヒーティング） 180
温水暖房（おんすいだんぼう） 242
温度差換気（おんどさかんき） 173

か

外皮平均熱貫流率（がいひねいきんねつかんりゅうりつ） 52
壁内気流（かべないきりゅう） 14
壁内部結露（かべないぶけつろ） 30
換気回数（かんきかいすう） 105
基礎断熱（きそだんねつ） 166
気密測定（きみつそくてい） 98
旧省エネ基準（きゅうしょうえねきじゅん） 13
Q値（きゅーち） 132
QPEX（きゅーぺっくす） 22
Q1.0住宅（きゅーわんじゅうたく） 23
気流止め（きりゅうどめ） 15
グラスウール充填工法（グラスウールじゅうてんこうほう） 79
計画換気（けいかくかんき） 110
顕熱型（けんねつがた） 123
現場発泡ウレタン吹付け工法（げんばはっぽうウレタンふきつけこうほう） 87
高性能フェノールフォーム（こうしつフェノールフォーム） 82
剛床工法（ごうしょうこうほう） 45
高性能グラスウール（こうせいのうぐらすうーる） 25
高断熱浴槽（こうだんねつよくそう） 272
小屋裏結露（こやうらけつろ） 29

さ

次世代省エネ基準（じせだいしょうえねきじゅん） 9
自然換気（しぜんかんき） 108
シックハウス新法（シックハウスしんぽん） 155
室内取得熱（しつないしゅうとくねつ） 138
SimHeat（しむひーと） 276
住宅金融公庫（じゅうたくきんゆうこうこ） 71
樹脂サッシ（じゅしサッシ） 147
省エネ基準義務化（しょうえねきじゅんぎむか） 44
省エネ法（しょうえねほう） 12
省令準耐火構造（しょうれいじゅんたいかこうぞう） 49
ショートサーキット 208
恕限度（じょげんど） 154
自立循環型住宅（じりつじゅんかんがたじゅうたく） 146
シロッコファン 244
新省エネ基準（しんしょうえねきじゅん） 21
新耐震適合住宅（しんたいしんてきごうじゅうたく） 62
性能表示（せいのうひょうじ） 267
ZEH（ぜっち） 219
全室連続暖房（ぜんしつれんぞくだんぼう） 8
相当隙間面積（そうとうすきまめんせき） 100
外付けブラインド（そとづけブラインド） 161
外張り工法（そとばりこうほう） 78

た

第1種換気（だい1しゅかんき） 111
第3種換気（だい3しゅかんき） 113
太陽光発電（たいようこうはつでん） 250
太陽電池（たいようでんち） 254
太陽熱給湯（たいようねつきゅうとう） 273
太陽熱空気集熱パネル（たいようねつくうきしゅうねつパネル） 94
ダイライト 83
ダウンドラフト 96
ダクト式全館暖房（ダクトしきぜんかんだんぼう） 257

断熱ブラインド（だんねつブラインド） 151
暖房設備容量（だんぼうせつびようりょう） 179
暖房負荷（だんぼうふか） 178
暖冷房負荷（だんれいぼうふか） 55
中間期（ちゅうかんき） 222
長期優良住宅（ちょうきゆうりょうじゅうたく） 76
通気層工法（つうきそうこうほう） 31
低密度現場発泡ウレタン吹付け充填工法（ていみつどげんばはっぽうウレタンふきつけじゅうてんこうほう） 85
透湿抵抗（とうしつていこう） 32
透湿防水シート（とうしつぼうすいしーと） 34
灯油ボイラー（とうゆボイラー） 266
トリプルガラス 149
ドレーキップ 234

な

内外温度差（ないがいおんどさ） 121
内部発生熱（ないぶはっせいねつ） 226
Nearly ZEH（にありーぜっち） 255
日射遮蔽（にっしゃしゃへい） 161
日射取得（にっしゃしゅとく） 170
日射熱（にっしゃねつ） 227
根太レス工法（ねだれすこうほう） 45
熱貫流率（ねつかんりゅうりつ） 137
熱交換換気（ねつこうかんかんき） 10
熱損失（ねつそんしつ） 24
熱容量（ねつようりょう） 206

は

パイプファン 115
パッシブハウス 143
発泡ポリスチレン（はっぽうポリスチレン） 88
ヒートブリッジ 207
ファンコイルユニット 194
VOC（ぶいおーしー） 106
ブースターファン 200
不快指数（ふかいしすう） 238
付加断熱工法（ふかだんねつこうほう） 60
不燃断熱材（ふねんだんねつざい） 48
部分間歇暖房（ぶぶんかんけつだんぼう） 11
フラット35（フラットさんじゅうご） 63
プレカット 47
平成12年建築基準法改正（へいせい12ねんけんちくきじゅんほう） 72
平成28年省エネ基準（へいせい28ねんしょうえねきじゅん） 96
防火構造（ぼうかこうぞう） 91
防湿層（ぼうしつそう） 46
ポリエチレンシート 102
ホルムアルデヒド 150

ま

薪ストーブ（まきストーブ） 214
真冬日（まふゆび） 220
みなし仕様（みなししよう） 163
蒸暑地（むしょち） 224
無暖房住宅（むだんぼうじゅうたく） 28
猛暑日（もうしょび） 221

や

夜間通風（やかんつうふう） 236
U_A値（ゆーえーち） 132
床下暖房（ゆかしただんぼう） 195
床暖ストーブ（ゆかだんストーブ） 184
床断熱（ゆかだんねつ） 167
床暖房（ゆかだんぼう） 186

ら

Real ZEH（りあるぜっち） 280
冷輻射（れいふくしゃ） 172
冷房必須期間（れいぼうひっすきかん） 223
冷房病（れいぼうびょう） 239
冷房負荷（れいぼうふか） 140
Low-E（ろうぃー） 53

数字

24時間機械換気（24じかんきかいかんき） 16

おわりに

本書は「建築知識ビルダーズ」に連載や特集記事として書いてきたものを再構成したものである。本書の中の図版を見たことがある人も多いのではないかと思う。私は高断熱住宅に関する情報を、図面や図表の形にしていろいろと発信してきた。省エネ基準の解説書、いろいろな講習会テキスト、雑誌などに私が作った図版が掲載されているのを目にすることも多い。私には何の断りもなくても、高断熱住宅が普及するのに役立つのであれば、よかれとしてきたが、私の図版を使いながら、間違った主張を展開されると、困惑してしまう。また、海外の情報を鵜呑みにして、日本の工法に適用すべしという論も最近多いような気がする。

これまで高断熱住宅の技術を開発してきて分かったことを中心に、今進めていることなども含めて、本書に紹介するのは、ここをスタートとして高断熱住宅の技術が正しく、スピーディに進んでいって欲しいからである。そして、日本の住宅が、高断熱が当たり前のものになっていって欲しいからである。国の省エネ基準住宅では余りにも不十分だと感じている。

最後に、筆無精の私の尻をたたき、なんとか本書をまとめるべく努力してくださった、建築知識ビルダーズ編集部の山崎潤市君に多大なる感謝を申し上げたい。

鎌田紀彦

本音のエコハウス

2018年7月23日　初版第一刷発行
2020年2月 3日　　　第二刷発行

著者　鎌田紀彦
発行者　澤井聖一
発行所　株式会社エクスナレッジ
〒106-0032
東京都港区六本木7-2-26
http://www.xknowledge.co.jp/

問合せ先
編集　Tel 03-3403-1381 Fax 03-3403-1345
info@xknowledge.co.jp
販売　Tel 03-3403-1321 Fax 03-3403-1829